迈向『外部』

柄谷行人的思想历程

王钦 著

中国出版集团
东方出版中心

图书在版编目（CIP）数据

迈向"外部"：柄谷行人的思想历程 / 王钦著.
上海：东方出版中心, 2025. 2. -- ISBN 978-7-5473
-2668-8

Ⅰ. B313.5

中国国家版本馆CIP数据核字第2025JA2686号

迈向"外部"：柄谷行人的思想历程

著　　者　王　钦
责任编辑　陈哲泓
封面设计　陈绿竞

出 版 人　陈义望
出版发行　东方出版中心
地　　址　上海市仙霞路345号
邮政编码　200336
电　　话　021-62417400
印 刷 者　上海万卷印刷股份有限公司

开　　本　890mm×1240mm　1/32
印　　张　11.5
字　　数　220千字
版　　次　2025年7月第1版
印　　次　2025年7月第1次印刷
定　　价　75.00元

目　录

引　言

作为批评家的柄谷行人

　　在当代日本思想史上，柄谷行人（Karatani Kōjin）无疑是一位不可忽视的思想家：自 20 世纪 60 年代末凭一篇探讨夏目漱石的论文获得"群像新人奖"以来，柄谷在其每个思想阶段留下的大量著述，都引起日本学界的关注和讨论。而以 70 年代撰写的《日本现代文学的起源》为标志，柄谷的著作逐渐在海外学界产生影响力，并陆续被翻译为英文、中文、韩文、德文等，在世界范围内获得大量读者。在过去数十年中，日本国内有关柄谷的思想的集中讨论和整理，曾经数次见于《现代思想》《文学界》《国文学解释与教材的研究》等著名的思想杂志上；至于日本之外的地区，则不仅在美国、中国、韩国等国的大学中，研究者们围绕柄谷的思想展开多次学术会议和研讨班，甚至一些社会和群众运动乃至政治家也受其著作影响。更有论者认为，从 60 年代末至 90 年代后半叶，"柄谷行人无疑以一己之力体现了日本的批评图景的趋势"。①

---

① 参见大澤聡「批評とメディア——『史』に接続するためのレジュメ」，東浩紀監修『現代日本の批評　1975—2001』所収，第 23 页。

然而，柄谷也是一位在思想上难以定位和概括的作者：从其早期的文学批评到对于马克思的独特解读，再到亲自发起的"新联合运动"（New Associationist Movement），最后到其后期构筑的"交换样式"理论。柄谷似乎自亮相于日本批评界以来便一直在不同的领域、对象、实践方式之间进行不断地移动和试错。在论述的方法和风格上，柄谷不断穿梭于文学、经济学、哲学、美学、语言学、政治学、历史学、人类学、数学等领域，从不满足于在具体的某个领域"安营扎寨"。在社会认知的层面，从被视为继小林秀雄、吉本隆明、江腾淳之后的新一代"批评家"代表，到被视为兴盛于 80 年代日本社会的后现代主义思想（即所谓"新学院派"）的领军人物之一，再到被视为"对于现代哲学、哲学史和政治思想做出根本性的原创贡献"① 的伟大思想家，柄谷的身份似乎从未稳定在某个特定的范畴或位置。尽管如今有越来越多的论者愿意将柄谷称为"哲学家"，但或许"批评家"仍是一个更恰当的称呼。与此同时，对于任何试图整体性地梳理柄谷的前后期思想的尝试，将柄谷视为"批评家"的做法或许是一个颇具生产力的视角或线索。至少可以说，这符合柄谷的自我定位。例如，柄谷在 1990 年的一次座谈会上谈及自己的早期批评时说道：

> 我在 60 年代选择批评这一领域的一个原因，或

---

① 这是柄谷行人在 2022 年获得号称"哲学的诺贝尔奖"的"博古瑞奖"时所获得的评价，参见 https://berggruen. org/laureates/2022-laureate-kojin-karatani。

许是因为它能包罗万象。我当时并没有把批评仅仅当作文学批评来看待。换句话说，批评没有界限，它可以涉及任何领域。虽然在那个时候我的想法还很模糊，但我隐约觉得批评是一种无界限的东西，甚至能够消解界限。后来，我对此有了更明确的认识。

真正对批评有了自觉是在1975年后，那时对我来说，批评开始接近康德所说的"批判"。康德的批判是一种在没有预设标准或立场的情况下进行的自我反思与检验。在某种意义上，它可能会挑战一切立场，但它并不结束于怀疑主义，而是从没有标准的状态开始探索。对我来说，1975年以后的批评，关注的对象已不再局限于文学，而是更多转向哲学、文化科学、经济学、心理学、人类学等学科。尽管这些学科有各自的标准，但在我看来，它们其实没有固定的标准。所有这些学科归根到底都是基于语言的。[①]

当然，我们不能从这段话得出结论，认为柄谷的思想落足于对"语言"的推敲——的确，对语言本身的关切构成柄谷在某一思想阶段的重要议题，但这种关切本身也将随着其思想的展开而逐渐改变。在我看来，上述引文中更关键的地方有二。第一，"批评"对于柄谷始终意味着在论述方法和对象上保持开放性和非规定性——不同于具体的学科领域，"批评"对于柄谷来说从一开始就是能够横

---

① 参见柄谷行人编『近代日本の批評Ⅱ』，第238页。柄谷关于"批评"所做的类似阐述还有很多，在此不一一赘述。

跨各种领域、边界、前提、范畴的文类，甚至是一种非文类的文类或"去文类"的文类。因此，无论是对马克思和《资本论》的解读，还是对康德的解读，抑或是对柳田国男的解读，在柄谷这里都成为"批评"（有时他也称之为"文学批评"）的一种实践。（在某种意义上，如柄谷自己明确意识到的那样，他对于"批评"的这种开放式的、非限定性的理解，与20世纪60年代流行于欧美学界的"［文学］理论"颇为类似。）

第二，在上述引文中，同样重要甚至更重要的一点是，柄谷表明，自己对于"批评"的理解有一个逐渐自觉的过程。不过，这里的"自觉"指的不是关于方法和对象的自觉；相反，它指向的是某种根本性的生存方式。用柄谷自己的话来说，"批评"不是"理论或方法，而是一种充满矛盾的、脆弱的存在方式：既属于一个体系（话语空间），又不属于这个体系"，而这种特殊的存在方式的不稳定性足以把人"撕裂"。[1]

毫无疑问，上述引文中提到的"1975年以后"，具体指柄谷撰写《马克思，其可能性的中心》《日本现代文学的起源》和《柳田国男试论》的阶段。然而，尽管柄谷说自己直到这时才"真正对批评有了自觉"，但这一表述绝不意味着此前他未曾反思过"批评"乃至"批评家"。恰恰相反，"批评家"的身份对柄谷而言始终是一个问题。不

---

[1] 柄谷行人「批評とポスト・モダン」，柄谷行人『批評とポスト・モダン』所收，第20页。

如说，康德意义上的"批判"使柄谷能以更系统的方式重新看待自己一直以来在"（文艺）批评"的名义下展开的工作。在这个意义上，我们只有恰当把握柄谷在早期作为"文艺批评家"登场阶段对自己"批评家"身份的思考，才能更好地理解柄谷在 70 年代对于"批评"的"自觉"。

值得注意的是，柄谷在 1971 年发表的文章《批评家的"存在"》，直接围绕这一主题展开了一番艰难的探索。在这篇文章开头，柄谷引用了前辈批评家江腾淳在其著作《小林秀雄》开头写下的一句话："人可以成为诗人或小说家。但是，成为批评家究竟意味着什么?"① 在小林秀雄那里，"批评"和"批评家"的含义同样得到了批判性的考察，甚至小林在昭和初期作为"批评家"亮相日本文坛不久后，便撰文《失去批评家资格》来反思自己的"批评家"身份。而在柄谷这里，这个问题如今显得更复杂，因为由小林秀雄开创并由江腾淳等人继承的"批评"，在数十年的发展过程中已然成为一种既定的独特文类，而柄谷自己着手的"文艺批评"也已顺理成章地被归入其中。无疑，这与柄谷对于"批评"作为"非文类的文类"的期许相去甚远。换言之，对于柄谷来说，如今问题的出发点不再是"批评何以可能"，而是这种在现实中始终已经成立的文类与自己"批评家"身份之间的张力:

> 在我们出生的时候，批评已经作为一种分工形态而存在了。我开始写作评论，无非也是出于这个原

---

① 柄谷行人「批評家の『存在』」，柄谷行人『畏怖する人間』所收，第 339 页。

因，但是"成为批评家"则完全是另一个问题。因为即使批评**存在**，［写作者］也必须要成为批评家。不存在天生的批评家。所以，在一个人成为批评家的过程中，就存在着某种不可避免的因素，使得他无法采取除此以外的其他表达（生存）形式。这种因素不可能是偶然写点评论。毋宁说，确实可能存在的情况倒是，只有批评家才能进行批评。这也就意味着，"批评家"是通过放弃某些东西而获得的一种精神的存在形态。①

不同于既定文类意义上的"批评"，"批评家"并不是一个人出于自己的意愿而主动选择的某项活动或职业，更不是随性而至的结果；针对某些作家或文本撰写一点文艺批评，并不能让人因此成为"批评家"。恰恰相反，"批评家"产生于一种决定性的"放弃"：柄谷在此没有具体阐述这种放弃的内容，但从上下文可以得知，这种放弃不仅指向其他表达方式或类型——如小说、戏剧或诗歌——甚至指向"语言表达"这一根本前提。也就是说，这里的放弃与是否从事虚构写作无关，而是意味着"批评家"不可能站在一种客观、中性或超越性的立场，针对某个文本做出批评；毋宁说，正是意识到任何"批评"都指向表达的不可能性，指向写作者自身立场和前提的危险和脆弱，甚至最终指向"批评"的不可能性，才使得一位写作者能够在不可能的写作中成为"批评家"。归根结底，"批评家"

---

① 柄谷行人「批評家の『存在』」，第 340 页；强调为原文所有。

意味着写作者对于"失去批评家资格"的必然性的自觉。对于这一点，柄谷写道：

> 在批评这里，比起写什么，问题是怎么写。例如，无论愤怒和悲哀是多么真率，一旦用语言表达出来，就变得平庸而无法感动他人，这是因为［语言］一举跨越了原本难以传达的失语的沟壑而诉诸社会化了的陈词滥调。尽管是确实存在的愤怒和悲哀，将它们变成语言的时候，我们就只能获得他人的愤怒和悲哀。无论书写的意图和动机是什么，我们都必须通过与社会性语言的搏斗才能实现真实性。所以，"怎么写"不是技术性问题，而是最具伦理性的问题，一切都包含在此。只有在这一地点，批评才能变成文学。也只有在这个时候，批评才确实触及批评家自身的存在。①

在这里，"写什么"和"怎么写"这一在各国现代文学史上不断被讨论的经典议题，涉及的与其说是内容和形式的关系问题，不如说是"语言表达"本身的限度问题。值得注意的是，这里所谓的"真实性"和所有现实主义表现手法都无关，甚至与现代主义所强调的"语言的物质性"也无关。既然语言本身注定是社会性的（不存在"私人语言"），那么，作为"与社会性语言的搏斗"的一种不可能的写作，"批评"就必须利用语言来和语言表达的前

---

① 柄谷行人「批評家の『存在』」，第341页。

提本身、语言的可能性条件对峙。当然，如果将这里的论述翻译为情感的独特性和语言再现的普遍性之间的矛盾，那么柄谷的思考并没有提供太多新的内容；然而，柄谷试图传达的"批评家"的（不）可能性的条件毋宁说是，"批评家"必须始终站在两种彼此不可调和的事实性之间：一方面，语言只能通过"陈词滥调"的方式、通过"他人的愤怒和悲哀"的中介，以不充分的、错位的、失焦的方式表达固有的、本真的、独特的东西，以至于"失语的沟壑"根本而言无法被克服；另一方面，我们通过语言表达自身的情感并实现与他人的交流，甚至对虚构人物的喜怒哀乐"感同身受"，同样是一个始终已经在日常生活中不断得到实现的事实。毫无疑问，当"批评家"站在上述两种事实性之间的时候，他并不能占据任何实质性的位置或立场，甚至这里的事态无关乎做出选择或决断。毋宁说，这种"之间"的不稳定性、游移性、非实质性，对柄谷而言恰恰是"批评"的意义所在。

例如，在写于 1984 年的《批评与后现代》一文中，柄谷将这种不可能的位置表达如下："在自己的思想和自己的实际存在方式之间，始终有一种张力。……可以说'批评'就是对这种张力（或差异）的意识。"[①] 而在 1974 年开始连载的文章《柳田国男试论》中，柄谷关于"语言"则如此写道：

柳田所谓的"物"，不是事物或对象。它是语言，

①　柄谷行人「批評とポスト・モダン」，第 28 页；强调为原文所有。

而且是无法言表的沉默的语言，后者绝对无法作为明确的观念被意识到，却是人们生存的条件。当我们和这种"物"断绝时，就不可避免地需要语言——作为观念的语言。①

在此，作为人们"生存的条件"的"沉默的语言"，与"作为观念的语言"形成了鲜明的对照。然而，柄谷要表达的绝不是某种神秘主义，这种"沉默的语言"也不指向任何本质性的形而上学；毋宁说，所谓"无法言表的沉默的语言"，指的其实就是人们的日常行为本身。在柄谷看来，这就是柳田笔下的"固有信仰"的含义：

> 柳田试图探讨的"固有信仰"，不仅是一种心意现象，而且包含了人的所有行为。也就是说，柳田试图"从内侧"下降到达的地方，恰恰就是外部无法直接表现的、在内部不断持续的"经验"。这是语言以前的语言，无法与各种感觉和行为切割开来。②

> 柳田提到"固有信仰"，让我们考虑一下他所说的"固有"到底是什么意思。他并不是指日本人特有的且仅存在于日本的特殊信仰形态。例如，祖先信仰在形式上存在于世界各地，并非日本独有。因此，"固有"这个词并不是指"特殊"。打个比方，作为"我"的存在，固有的意思是不可替代，但这并不意味着我与他人不同或特殊。其他人同样是独特的存

---

① 柄谷行人「柳田国男試論」，柄谷行人『柳田国男論』所收，第 187 页。
② 柄谷行人「柳田国男試論」，第 110 页。

在。因此，柳田所说的"固有信仰"并不是指与他国不同的信仰，而是来源于我们身处此地、无法替代的存在性的"固有性"。①

不难发现，存在的"固有性"对应于上文提到的事实性，即我们总是已经利用语言来（不可能地）表达本身无法通过语言表达或再现的东西——无论它是本真性的情感，还是我们作为个体的独特存在。然而，通过将这种"固有性"或"事实性"翻译为"语言之前的语言"或"沉默的语言"，柄谷表明，正是在我们的日常行为中，在每一次与他人的交流或交易中，始终存在着关乎生存本身的"失语的沟壑"。交流总是可能的；与此同时，交流总是不可能的。

在这个意义上，我们已经可以看到柄谷后期关于"交换样式"理论的思想萌芽。不过，面对柄谷这样一位始终对自身的"批评家"身份、对语言表达的可能性与限度有高度反省与批判意识的思想家，我们究竟能否为其思想阶段划分出"前期""中期"和"后期"? 的确，从表面上看，柄谷的分析对象逐渐从文学领域转移到哲学、社会学乃至数学领域，并最终落在世界史领域的理论建构，仿佛这些视点转移透露了某种"思想分期"式的信号。然而，这种皮相之见非但无助于为柄谷的思想划出阶段，甚至可能让人无法准确把握一以贯之的思想线索和问题意识。况且，在试图对一位思想家进行思想分期时，我们都不得不面对一个原理上的困境。在为《柄谷行人的初期思想》（注意

---

① 柄谷行人「柳田国男試論」，第 117 页。

这个书名!)的"文库版"撰写的解说中,国分功一郎将这个困境表述如下:

> 当我们认为二十几岁的作者那里也存在着自己熟知的柄谷行人时,难道不应认为,我们抽象掉了某些非常重要的东西?关于一位我们对其所知甚少的人,凭什么我们仅仅通过阅读其文章就能做出"从初期开始一直没变"之类的感觉和判断?[1]

当然,如国分立即补充的那样,这样说并不是为了否定所有传记写作的可能性,也不意味着对一位思想家的思想做出阶段划分毫无意义;倒不如说,指出这一困境是为了表明,在针对一位思想家做出"思想分期"式的论断时,论者必须以此为契机来进行"自我检验"或自我剖析。国分认为,没有经过自我检验的分析和论断,都有悖"批评"之名。[2] 因此,无论是从柄谷过去数十年的思想历程中看到"变化"或"不变",最终都是论者对于自己的思想前提和立场进行反思的表达。——经过一番兜兜转转,我们似乎又回到了小林秀雄对于批评给出的著名定义:批评是一种自我表达。或许的确如此,但让我们做一点补充:这里的"自我"不再是一个稳定的、自足的、明确的存在,而必须是一个脆弱的、分裂的、不断移动的、处于不同的"事实性"之间的存在,一个只有在不断的自我检

---

[1] 國分功一郎「解説 本質的な思想家は一つの課題しかもたないのか?」,柄谷行人『柄谷行人の初期思想』所収,第 222 页。

[2] 同上书,第 225 页。

验中才能找到自身所处的思想和历史位置的存在。

因此，带着上述问题意识，让我以非常明快的方式勾勒一下我自己在接下来的论述中为柄谷的思想划分出的几个阶段。而指引我做出如此划分的线索，便是在柄谷的思想中贯穿始终的一个关键词：外部。关于这个语词在柄谷的著作中扮演的复杂角色和带有的丰富含义，我将在整本书的不同章节中做出具体说明，在此从略。而根据"外部"带有的不同含义，我认为柄谷的思想可以大致分成以下四个阶段。（无须多言，这些阶段彼此之间有着密切的关联，许多相同的主题会在不同阶段以不同的方式得到复奏或变奏；但我认为这些阶段也的确呈现出柄谷的思想重点或位置的变化，足以让我们将它们作为不同思想时期来分别对待。）

第一个阶段以柄谷的前两部论文集《畏惧之人》和《意义之疾》为代表，标志着柄谷在早期的批评实践中作为文艺批评家的关切和风格。在这一时期，柄谷的关切具有浓厚的"存在主义"色彩，用他自己的话来说，便是通过同时与存在主义和结构主义保持距离而展开论述。生存的无根基性、意识的自我封闭的（不）可能性、"作为他人的自我"与"站在内侧观察的自我"的张力和无法调和，构成了这一阶段的思考重心。

第二个阶段以70年代出版的两部著作（《马克思，其可能性的中心》和《日本现代文学的起源》）为代表。正是从这一阶段开始，柄谷的著作逐渐为日本学界之外的读者和研究者所知，同时他也积极主动地寻求突破日本内部的那种自我封闭和自我赋义的话语空间——包括"（文艺）批评"这个文类和与之相关的知识分子群体。通过考察体系内部的"差异的嬉戏"或"颠倒"来松动貌似稳固不变的、自然而然的体系的运作，成为柄谷在这个阶段的主要思想倾向。

第三个阶段的代表性著作是《作为隐喻的建筑》和《内省与溯行》。柄谷在这一阶段的思想，可以被视为对上一阶段思考的延续和深化，但也执拗地封闭在柄谷所谓的"形式化"内部。对"形式化"问题的穷追不舍，以及试图通过将自己关闭在某个体系内部、对其逻辑贯彻到底，从而找到向外部突破的道路，成为这一时期柄谷的核心思考方式和写作方式。同样在这一时期，柄谷高度理论化的写作加上其独特的行文风格，让他的著作成为流行于日本社会"后现代主义思想"的标杆性文本。柄谷也被视为"'新学院派'的创始人之一"。①

第四个阶段以 80 年代中期的两卷《探究》为代表，并一直延续到后来在《跨越性批判》《世界史的构造》等著作中对"交换样式"理论的阐述和建构。之所以将主题截然不同的这些著作收拢在同一个思想阶段，是因为在我看来，这些分析对象和领域迥异的文本有着相同的问题意识，即强调"他者"、强调交换＝交流的偶然性、事后性、强调对于共同体的超越。在这个意义上，柄谷关于（例如）"交换样式 D"的思考，同样处于 80 年代以来反复论

① 参见柄谷行人『批評とポスト・モダン』的"文库版后记"，第 314 页。

述的"单独性""专名""个体"等问题的延长线上。反过来说,如果看不到这一阶段的思想上的延续性,就很容易将柄谷关于"交换样式"的理论错误理解为一种静态的历史哲学图式。

当然,如果不结合具体文本的仔细阅读,那么上述四阶段论就是单薄且随意的论断。鉴于柄谷的众多著作的普及度和知名度,任何人想要做出其他类似的划分,或干脆认为柄谷的思想从始至终毫无变化,划分出几个阶段实在毫无必要,都不是什么困难的事情。因为真正困难的从来不是给出某个斩钉截铁的论断,而是带着它进入文本的细部。另外,我们也必须指出,在干瘪地提炼出的上述四个思想阶段的背后,日本社会经历了众多影响深远的事件:例如,60 年代的"安保斗争"、学生运动、高速经济增长、东京奥运会、能源革命,70 年代的三岛由纪夫自杀事件、冲绳返还、"联合赤军事件"、石油危机、激进运动的全面退潮、越南战争结束,80 年代的"新学院派"思想的流行、大众文化的全面开花、昭和天皇的去世,90 年代的阪神·淡路大地震、奥姆真理教、泡沫经济崩溃、海湾战争……这些日本国内外的事件无疑都影响着柄谷的思考和写作;然而,既然任何思想都无法被还原为产生这些思想的历史语境,我们在大部分情况下就不可能也不应该为柄谷的著作和它们所处的历史状况建立确凿的"镜式"对应关系,甚至凭借对历史背景的叙述来解释(或稀释)柄谷的文本。毋宁说,这些历史事件或语境同样构成了柄谷不断与之对话并试图超越的"话语空间"。

第一章

"意识"的终点与"自然"的起点

——《意识与自然》与柄谷行人早期批评的问题

> 内在道路所能走到的最远处，就会与我们所称的自我相遇。它是内在世界的准备，缺少这种准备，任何向外的凝视都会变得空洞。
>
> ——恩斯特·布洛赫

一 "精神地下室的毁灭"与"内部之人"

1969 年 5 月，柄谷行人凭借《"意识"与"自然"——漱石试论》（以下简称《意识与自然》）一文获得第十二届群像新人文学奖，正式作为新一代的文艺批评家亮相日本文坛。无须多言，柄谷的这篇文章如今已被视为其早期批评的代表作，也是讨论柄谷思想时无法绕开的文本；然而，在最初刊登于《群像》1969 年 6 月号上时，当时的评审委员们对此文的意见却不尽积极。例如，同样以夏目漱石研究著称的批评家江腾淳如此讲述评选的过程："读了今年的小说和评论，并没有发现让人眼前一亮的新鲜作品。通读下来，若要勉强选出入选作品的话，我觉得是李恢成的《再一次走的路》（小说）和柄谷行人的《意识与自然》（评论），但评选会上气氛消极，我也不打算固执于这两篇作品。"① 而具体到柄谷的文本，江腾淳的论述显得更严厉：

> 在讨论漱石的时候，作者利用了多位前人的研究成果，但利用方式有欠公正，没有明确注明出处，显得有些敷衍。因此，作者描绘的漱石形象并不很清晰，有时甚至让人搞不清楚，作者到底是在讨论漱石还是克尔凯郭尔，不知道是为了证明哪一方而引用另一方。此外，作者对当前文坛的状况过于敏感，过多地使用本质论的语词来讨论现状。②

很显然，江腾在这里提到的所谓"搞不清楚到底是在讨论漱石还是克尔凯郭尔"的类比式论述，日后将越发成为柄谷思考和行文的标志性特征；只不过，在柄谷早期批评的阶段，这种运用有时还显得稚嫩或牵强。有意思的是，当时注意到这种奇特论述风格的评委不只江腾一人，倒不如说，几乎所有评委都提到这一点。例如，大江健三郎也语带贬义地写道："柄谷行人的评论几乎充斥着各种类型的思想快照，这让人联想到当今社会所谓的信息泛滥现象，似乎这种现实也如实反映在年轻知识分子的内心世

---

① 江藤淳「真の新しさについて」，『群像』1969 年 6 月号。
② 同上。

界中。"① 似乎在他看来，这种论述风格与其说是柄谷的自觉选择，不如说是受时代的不良风气所致。同样地，另一位评委野间宏也针对柄谷的风格做出批评："对于涉及哲学理论，我并不反对，但如果它不能作为一种新的文学理论确立起来，反而会削弱作品的吸引力。"②

当然，从文坛前辈们并不太积极的评语和他们共同指出的"问题"来看，我们也恰恰可以认为，柄谷正是凭借这种独特的思考和写作方式，将自己和前辈批评家们——如小林秀雄、吉本隆明以及江腾淳——区别开来。如今，对于任何一位阅读过柄谷著作的读者而言，当年这几位评委指出的"问题"在柄谷其后的一系列著作中不仅没有收敛，反而不断被发扬光大，进而成为柄谷借以思考"形式化"问题、思考"跨越性批判"，乃至思考"世界史的构造"的重要手段和工具。小林敏明曾将柄谷的这种论述风格称为"类比性思考"，并对此阐述道："类比（analogy）一词源于希腊语 *analogía*，意思是'沿着逻各斯'或'超出逻各斯'。换言之，即从一个事象出发，沿着它的逻各斯跳跃到别的事象那里去，从这种类似中抽取出某种共通的东西。重要的是这一'跳跃'。如果没有跳跃，就只能发现谁都能想到的平庸类比，而无法期待发现新的类似性并把它抬高到新的论题和观念的层次。……在我看来，柄谷将通说予以颠倒的'反时代的考察'，有一大半都是这样

---

① 大江健三郎「正統的な在日朝鮮人」，『群像』1969 年 6 月号。
② 野間宏「新作家生誕の予感」，『群像』1969 年 6 月号。

形成的。"①

　　不过，《意识与自然》最为人瞩目的地方，还不是其中的"类比性思考"，而是柄谷提出的所谓"伦理维度"和"存在论维度"的二重性，以及标题中的"意识"和"自然"的关系。不夸张地说，这篇关于夏目漱石的评论，以及柄谷早期批评的大部分实践，都是围绕这两组语词的复杂互动而展开的。因此，在这一章中，我将主要围绕《意识与自然》来阐明"伦理维度/存在论维度"和"意识/自然"这两组语词的意义，并由此探讨柄谷前期思想的基本关切和问题意识。

　　柄谷在《意识与自然》中开宗明义地指出，夏目漱石的一系列长篇小说中都存在结构上的明显断裂，他将此称为"伦理维度"与"存在论维度"的二重性。这种二重性意味着什么？若要谈论柄谷的早期批评，这无疑是一个至关重要的问题。事实上，迄今为止也已有不少论者关于"伦理维度/存在论维度"做出过解释。例如，在为柄谷的《作为幽默的唯物主义》一书"文库版"撰写的"解说"中，批评家东浩纪如此写道：所谓"伦理维度"和"存在论维度"的断裂，归根结底意味着"人总是在特定的社会状况中受苦，这种痛苦有时候会超越状况本身。而且，一旦痛苦向存在论维度进行转移，它就无法通过个别状况的改善得到治愈。所以，人们此后就要抱着绝对无法治愈的

<hr>

① 小林敏明『柄谷行人論』，第18页。

痛苦和绝对没有回答的疑问生活下去"①。

然而，如果这种"二重性"意味着，个体所处的特殊的、偶然的状况与人作为人的存在所必需的本体论条件之间的紧张甚至矛盾，或者说，如果这里的问题可以大致翻译为海德格尔（Martin Heidegger）所谓的"存在者"（ontisch）和"存在论"（ontologische）的差别，那么就如东浩纪指出的，其实在日本战后的文艺批评界，尤其是在批评界的两大重镇江腾淳和吉本隆明那里，借助"政治"与"文学"之关系的面目而出现的"伦理维度"与"存在论维度"的矛盾、对峙或冲突，从来都是讨论的焦点所在。在这个意义上，似乎柄谷只是通过对夏目漱石的新颖阅读再次提出相同问题。尽管如此（或正因如此），东浩纪关于"伦理维度/存在论维度"的简要说明，其实恰恰将我们重新带回出发点：我们需要追问的是，为什么在20世纪60年代的柄谷思想中，这个问题以如此鲜明的方式重新浮现？换言之，柄谷自己如何理解60年代的知识处境和时代氛围？进一步说，柄谷在《意识与自然》中的具体关切是什么？

为了回答上述问题，我们不妨在开始阅读《意识与自然》之前，首先简单看一下柄谷发表于1971年的一篇文章，它的标题同样包含"自然"一词，即《自然的、太自然的……：精神地下室的毁灭》。在这篇不到十页的短文中，柄谷不仅令人眼花缭乱地引用了埴谷雄高、三岛由纪

---

① 東浩紀「解説」，柄谷行人『ヒューモアとしての唯物論』所收，第340页。

夫、夏目漱石、吉本隆明，还提到同时代的作家群"内向的世代"以及针对这些作家的一些批判。① 而柄谷借此探讨"精神地下室的毁灭"的问题，根本上指的是 20 世纪 60 年代以来一般社会对于曾经被视为离经叛道者的这些作家和思想家的接受乃至拥抱——柄谷认为，这种社会规模的接受所造成的结果是，作家们原本通过抵抗社会而给自己留下的"精神地下室"逐渐消失了：

> 60 年代的社会开始接受三岛由纪夫。不仅是三岛，吉本隆明和埴谷雄高等人也迅速开始被接受。令人害怕的不是把他们这种"地下室"思想家拉到阳光底下，而是在这一过程中，精神的"黑暗"本身被连根拔起、一饮而尽。从某种程度上说，60 年代以后的思想和文学状况，不过是将迄今为止的地下室的思考作为遗产而蚕食殆尽，是对它的巧妙整理、应用和练习，尽管手法变得精巧，但只是一种陈腐而空洞的修辞的沿袭。②

众所周知，20 世纪 60 年代的日本社会在经历了"安保斗争"、"全共斗"学生运动、东京奥运会、经济高速增长之后，开始从"政治的季节"进入向政治告别的"消费社会"。这种特殊的时代氛围，使得知识分子的"精神地

---

① 关于柄谷和"内向的世代"的关系，参见本书关于《日本现代文学的起源》的讨论。

② 柄谷行人「自然的なあまりに自然的な……——精神の地下室の消滅」，柄谷行人『畏怖する人間』所收，第 335 页。

下室"不仅丧失了继续存在的土壤，甚至可能被当作一种商品来消费。的确，在形式上结束了被占领时期、恢复独立主权国家地位后的短短十多年里，日本社会几乎跑马灯般地遭遇了政治、文化、经济等各个领域的变革或动荡，在此期间思想和政治上的各种或激进或保守的立场和论述轮番登台亮相，然而，最终这些喧嚣都消弭在由经济增长所带来的去政治化氛围和消费主义浪潮之中，"只剩下兜售'70年代的思想'这种广告一般的标语的黑市贩子"。①

在1990年举行的一次座谈会上，柄谷如此回顾60年代后期至70年代的思想和文化状况："［1973年］石油危机以降也只有日本还在高速增长。从这个时候开始，［日本］就进入了一个与世界状况无关、只有日本自己的自足性的想象空间，尽管实际上仍然依存于外部。［日本］已经不需要历史了。"② 在某种意义上，这种"自足性的想象空间"无疑同样可以用来描述60年代以学生运动为标志的"政治的季节"。反过来说，站在60年代末的时间节点上，面对这个貌似自足的、封闭的、自我赋予意义的"想象空间"，年轻的柄谷产生了一种颇具存在主义色彩的焦虑和

---

① 参见柄谷行人「自然的なあまりに自然的な……——精神の地下室の消滅」，第337页。

② 参见柄谷行人编『近代日本の批評Ⅱ』，第190—191页。另外，在2001年的一次访谈中，柄谷将"精神地下室的毁灭"和当时田中角荣政府的农村保护政策联系起来，指出现实和思想的对应关系："只要在社会的意义上存在着'地下室'，那么无论［作家］本人是否在那里，精神的地下室也就存在。而从此以后，再怎么谈论地下室，它的基础都不存在了。因此语言就开始空转。"（参见柄谷行人「飛躍と転回」，柄谷行人『柄谷行人インタビューズ 1977—2001』所收，第273页）

不安。因为如果这个空间"已经不需要历史",那么其中就只剩下"存在"。我们将会看到,在柄谷的早期思想中,社会和思想层面的这种自我封闭、自给自足的"想象空间",同时对应于个体层面的某种自给自足的"意识"。

值得注意的是,批评家浅田彰在为1990年的这次座谈会准备的一份历史梳理中,明快而凝练地勾勒了60年代后半叶至70年代初的时代氛围——由于这段回顾性的总结有助于我们迅速定位柄谷本人当时的思想处境,在此较为完整地引用如下:

> 60年代后半叶,也是现代的前进运动显示其最后的狂热的时期。事实上,这一时期的首要特征是经济的高度增长。不过,在意识形态层面,为此奠定基础的现代主义可以说已经是明日黄花,在这一时期表现突出的毋宁说是"克服现代的异化"之类的反现代主义。在1968年的大学纷争中扮演主要角色的"全共斗"运动,也带有试图重新获得由于现代化而失去了的"自然"与"共同性"的侧面,这一时期的反现代主义也可以被视为"为68年奠定基础的思想"。然而,不可忽视的是,这种反现代主义[其实]是现代主义的镜像,甚至可以说是现代主义的补完。事实上,如果现代主义是追求个体性身份认同的叙事,那么反现代主义可以说就是关于共同性身份认同的异化与再取得的叙事。两者都是异化论式的叙事,只不过叙事的主体从个体变成共同体而已。1968年在现实上带来的

结果——促使从 68 年到 73 年的断层呈现出来的［契机］——就是这种想象性的叙事空间的破碎。①

根据这段描述，我们或许正可以将"想象性的叙事空间的破碎"与柄谷所谓的"精神地下室的毁灭"联系起来。也就是说，柄谷的关切并不在于如何恢复这样一个"想象空间"；恰恰相反，他的问题在于，围绕"主体""共同体""异化""身份认同"等观念编织起来的叙事——无论是马克思主义式的，还是反马克思主义式的——都无法与现实社会建立起有效关联，仿佛后者是一个比这些叙事更庞大的、几乎没有边界的"想象空间"。同样是在前面引用过的那篇发表于 1971 年的文章中，当谈到"精神地下室的毁灭"时，柄谷以几乎与浅田彰所描绘的时代氛围形成呼应的方式，将自己当时的感受表达为一种对于"存在"本身的焦虑和不安——面对巨大的、无以名状的"存在"，一切抵抗和对峙都变得毫无意义：

> 我们的思想无论多么具有反叛性和革命性，其实恰好与这个时代和社会的节奏完全契合，不是吗？实际上，我们只是在与这个节奏共振，甚至连试图脱离这种节奏的动作也不过是另一种共振罢了。……如果把拒绝这种趋势的东西称为精神的黑暗或精神的地下室，那么，我在当代思想和文学中几乎已经找不到

① 浅田彰「現代批評史ノート」，柄谷行人編『近代日本の批評Ⅱ』所収，第 137—138 页。

"黑暗"了。巨大的"存在"吞噬了所有的"黑暗"。①

需要注意，在这里的语境下，"存在"并不是在存在主义哲学——无论是萨特式的，还是克尔凯郭尔式的"存在主义"——的意义上被使用的；柄谷对于"存在"的焦虑，既不是如大江健三郎所认为的那样，是包括存在主义哲学在内的"信息泛滥现象"在青年知识分子思想中的折射，也不是一种去历史化的、关乎人的"本真存在"的焦虑。② 毋宁说，"存在"在此始终具体而切身地指向柄谷自己置身的时代状况：在其中，一切激进的思想和实践都会被轻易吸收而失去力量、失去现实的针对性。换言之，反叛性和革命性的思想显得"恰好与这个时代和社会的节奏完全契合"，并不是说整个社会处于革命的动荡中；恰恰相反，它意味着革命思想轻而易举地在一个无所不包的"想象空间"中被转化为失去现实对应物和接触点的自我意识的幻想。"'存在'不断膨胀，使得我们的所有行动都与之共振和同调。"③ 当然，柄谷的这些说法或许缺乏理论上的严格性和准确性；但无论如何，我们从这些段落可以

① 柄谷行人「自然的なあまりに自然的な……——精神の地下室の消滅」，第331页。

② 因此，柄谷在《意识与自然》等早期批评中对"存在论"一词的使用着实有些"以词害意"的味道，而上文引用的东浩纪的阐述也显然在通常"本体论"的意义上理解柄谷对该词的使用。但是，在1989年的一次对谈中，柄谷回顾《意识与自然》时说："讨论夏目漱石的时候，我使用了'存在论的'一词。但是，这并不是人们所说的那种存在论［即本体论］。我的用法很随意。当时我想说的是，存在着无论如何都无法和他人产生交涉和交流的领域。"（参见柄谷行人、三浦雅士「他者とは何か」，『国文学　解釈と教材の研究』1989年10月号）

③ 同上书，第334—335页。

清楚看到，柄谷试图利用手边能够动用的各种词汇，竭力把握自己对处境的无力感和疏离感。当柄谷对于"政治的季节"和政治的退潮同时感到失望且进退维谷时，他在夏目漱石的思想中找到遥远的呼应：

> 漱石说，自己确实现在就在这里，但实际上不过是"存在"而已，不是吗？通过整个明治时代所做的事情也不过是"自然"的产物，根本算不上做了什么，不是吗？如果真是这样，那么自己即使不存在，事情也同样如此，不是吗？这绝不是老人感慨之辞，而是对明治时代的痛切认知：苦苦孕育出的成果，其实一无是处。[①]

值得注意的是，在这段话中，"这个我"的独特性或单独性的问题已浮现出来，而这一问题将作为一个贯穿始终的重要主题，在柄谷今后的思想生涯中以不同方式得到复奏和变奏。不过在这里，柄谷有关"这个我"的焦虑，直接体现为它与"存在"（＝"自然"）之间的关系或无关系。换言之，柄谷当时面临的主要问题在于：如果现实社会呈现为无所不包、无远弗及、宛如"自然"本身一般的某种封闭性"存在"，如果任何反对、抵抗、斗争乃至革命思想和行动都可以如其对立面那样与"时代和社会的节奏完全契合"，即迅速被吸纳到日本社会这个庞大的"存在"内部，如果知识分子彻底丧失了克服或超越这种"存在"

---

① 柄谷行人「自然的なあまりに自然的な……——精神の地下室の消滅」，第334页。

的一切思想资源，那么，由此造成的一个悖论性的结果便是，现实作为一个"想象空间"的"不断膨胀"反而会使得处在其中的人们丧失对"外部"的边界感，仿佛一切都发生在个人的"意识"内部。貌似相互对立的"外部"（＝"存在"）与"内部"（＝"意识"），在这里吊诡地形成了对应甚至平行的关系：无论是"外部"还是"内部"，都在无形中构筑起一种自我封闭、自足自洽的完整空间。而柄谷提出"伦理维度/存在论维度"的双重性问题，指向的就是对于这种空间的突破。这一点再好不过地体现为柄谷在《意识与自然》中提到的"内部之人"一词。①

    正如柄谷在文中明确指出，"内部之人"并不是他自己提出的说法，而是来自同时代的文艺批评家秋山骏。柄谷曾经坦言，自己在 60 年代不仅"非常喜欢秋山骏"，而且"在某种意义上对他感到畏惧"。② 在柄谷眼里，秋山骏是"60 年代唯一一位存在主义者"，并且难能可贵的地方在于，他在自己的著作中并不依赖同时代流行的任何哲学或理论词汇；更重要的是，"他并不认为适用于'我'的主张就适用于他人；不如说，他所思考的就仅仅是这种'我'"。③ 可以说，柄谷在《意识与自然》中有关"意识"和"自然"的论述乃至对于这两个词的用法，很大程度上借鉴和针对了秋山骏的论述。例如，秋山骏在发表于 1964

---

① 参见柄谷行人「意識と自然——漱石試論（Ⅰ）」，柄谷行人「畏怖する人間」所收，第 37 页。以下引自此文处的引文皆随文标注页码，不另作注。
② 参见柄谷行人编『近代日本の批評Ⅱ』，第 186、188 页。
③ 同上书，第 187—188 页。

年的一篇讨论陀思妥耶夫斯基的文章中，关于"自然"和"意识"如此写道：

> 自然是最为奇妙而可怕的存在。在［《白痴》的主人公］伊波利特看来，它是直接与人的生存深处互动的某种存在。①

> 陀思妥耶夫斯基的意识……是某种谜，某种不知所谓的东西，严格来说，它是某种不能称为属己之物的莫可名状的东西，是仿佛存在于自身内部的另一个其他生物一般的存在。……"意识"这另一个生物，直接下手将人毁灭。陀思妥耶夫斯基的意识，可以说是撕下所有可疑面具后的人的赤裸裸的生存本身。②

"自然"在此不是独立于人的生存而存在的客观事物，而是一种与人的生存方式密切相关又无法被理论化、无法被理解的"奇妙而可怕的存在"。归根结底，"自然"就是人的生存状况的无根基性本身。然而，根据秋山骏的论述，在表面上与之形成对立的"意识"，同样是一种不可理喻、莫可名状的东西，它非但不意味着人的理性、意图、规划、自我认同、自我规定，反而是足以将这些统统摧毁的某种"内部的外部"，某种无法被人的理性充分驾驭的东西。也就是说，一反通常人们理解的"意识"（或"自我意识"），秋山骏笔下的"意识"非但不是一个自足自洽的空间，反而呈现为对这种空间的某种悲剧

---

① 秋山骏「イッポリートの告白」，秋山骏『内部の人間』所收，第46页。
② 同上书，第49页。

式的、根本不可能的追求和实现。如加缪笔下的西西弗斯一般，人不断地试图完善这个名为"意识"的内部空间，却注定一次次在其中遭遇无法理解的、骇人的"自然"。秋山骏在同时期撰写的文章《意识的现实主义》中，对"意识"进行了一番几乎称得上"现象学式"的描绘：

> 所谓意识，指的是自己仅仅活着这个意识吗？还是说，它指的是在"活着"的每时每刻的活动中显现的现实，与我们相关的唯一一个不可名状的、与我们共生死的某种绝对之物？何谓意识？我存在，所以我有意识吗？还是说，我意识，所以我存在？何谓意识？意识就是这一个点。发问的这一个点。在这一个点上，我们那种难以名状、没有明确形状的呼喊，化为了我们赤裸的声音。而与这声音相对的现实，若仔细凝视，则显现为一种与我们的存在同质的基础——没有它，这声音便仅仅是毫无意义的叫喊。在这一点上，这两者就显现为与我们自身生存相关的某种毋庸置疑的、极限状态的姿态。这个场所就是意识。在这里，我们面对着我们自身那难以言喻的生存的真相。……意识仅仅是彻底进行意识的某种运动，过热的意识就是这种运动的疾病，如此而已。[1]

在此，我们没有必要纠缠于秋山骏的晦涩措辞，只需

---

① 秋山骏「意識のリアリズム」，秋山骏『内部の人間』所收，第69、71页。

把握一个要点："意识"不是人的某种给定的属性，不是一个能够在内部达成自洽和完整性的封闭空间，而是无时无刻不在对人进行重新规定的、无休止的运动。并且，因为人的生存的无根基性和偶然性，这种"彻底进行意识"的运动与它的"外部"——无论称之为"现实""社会"还是"历史"——形成一种奇妙的不对称关系：如果站在"意识"的"外部"，那么这种不断进行着的内部运动只会呈现出平平无奇的外观，正如每个人都只是"人"这个范畴的特殊个例；但反过来，如果站在"意识"的"内部"，那么就会看到，这种运动将无止境地试图把外在于自身的一切都纳入"意识"，以完成"意识"的自足和自洽。这种运动之所以无止境，是因为人们在自身的生存根基处无法找到任何稳固的基础，而只能找到一种空无，这种令人难以忍受的、莫可名状而只能强名之为"自然"的空无，时刻提醒着生存的偶然性。正是这种近乎病态的"过热的意识"，产生了秋山骏笔下的"内部之人"：

> 所谓内部之人，就是被封闭在自身内部，或深深隐藏在内部。从现实的观点来看，这种人在这个世上毫无作用，其行为没有明确的理由，他是非实在的人。所谓内部，也就是自己的意识。[①]

> 所谓内部之人，就是将自己封闭起来的人，亲手将自己封闭在内部的人。但是，正确来说，并不是亲手封闭。为什么以及谁的手将自己逼到内部，自己也

---

① 秋山骏「抽象と現実」，秋山骏『内部の人間』所収，第81页。

不知道。这就是真正的内部之人。在内部之人那里，一切现实事物、事件、外部的行动、经验，最终都仅仅被当作内部世界的内在性质来感知。[1]

与其说这是一种心理主义或经验主义式的观察，不如说它正是对 20 世纪 60 年代时代氛围和思想状况的症候性反应。换言之，秋山骏的这些拗口论述，恰恰发生在柄谷所描述的"精神地下室的毁灭"的过程中：我们在这里看到的是一个失去"内部"与"外部"对应关系的孤独和偶然的个体，他没有一个充实自足的、稳固的"内在世界"作为根据来抵抗或反对"外部"，因为在其生存最根底处所能发现的，无非是赤裸裸的生存的偶然性；与此同时，这个"内部之人"也不得不意识到，无论他的内在世界显得分崩离析还是五彩缤纷，无论他多么努力地在自己的感受和现实事件之间确立某种关联，在"现实"或"社会"（或柄谷所谓的"伦理"）的外在维度上，他的存在都是无关紧要的、空洞的、偶然的。

事实上，柄谷在 1968 年撰写的一篇文章中，已经以几乎与秋山骏同样的口吻阐述了后来被称为"伦理维度/存在论维度"的二重性问题：

> 在我们立足于个别意识或实践的场合，与试图洞察超越于意志的关系和结构的场合之间，存在着决定性的维度断裂，没有任何逻辑可以将这两种场合结合

---

① 秋山骏「想像する自由」，秋山骏『内部の人間』所收，第 134 页。

起来。这是譬如"存在主义与马克思主义"或"存在主义与结构主义"等说法无法表达的一种断裂。[①]

不难看到,"意识/实践"与"关系/结构"的这种断裂之所以无法通过任何既有的理论话语得到表达/接合(articulate),根本上是因为一个无法通过任何理论性的抽象予以"扬弃"的事实,也就是"我们的〔存在的〕事实性,我们偶然的、不属于我们的责任或功绩的事实性"。[②] 这种"事实性"与秋山骏笔下的"自然"遥相呼应,两者都指向人的生存的非根基性。重复一遍:正是这一无法表达、无以名状的"(非)存在",作为存在于人之生存最深处、最内部的"外部",推动着"意识"出于焦虑和不安而不断试图将一切都纳入自身,同时又无法为这些被纳入内部的事件、经验、感受、行动建立一种连贯的秩序。如一根不断自我循环的莫比乌斯带一般,"自然"和"意识"、"内部"和"外部"病态地交织在一起,将个体逼入自我封闭的状态,又让个体不得不意识到这种自我封闭的不可能性。个体就这样嵌入"外部"与"内部"之间,既动弹不得,又无法停止意识的狂热运动。

现在,让我们整理一下迄今为止的论述。对于柄谷的早期批评而言,其问题意识的出发点可被概括为"精神地下室的毁灭"。这一表述意味着两点:第一,以战后左翼

① 柄谷行人「『アメリカの息子のノート』のノート」,柄谷行人『柄谷行人の初期思想』所收,第100页。
② 同上书,第108页。

运动为代表的革命性思想和行动，逐渐在现实社会中失去对应物和接触点，甚至越发可以被去政治化的社会轻易接受为一种商品或表演。在这个意义上，知识分子们以前作为抵抗和斗争的根据的东西——主体性、阶级意识、内心世界，等等——开始失去其重量和实在性，而从前建立在这些前提基础上的"伦理"也相应地失去了它的现实性。第二，与此同时，作为这一状况在思想上的症候性表现，与"现实"失去接触点的知识分子不得不被抛到自身生存的无根基性那里，不得不面对自己作为荒诞和偶然存在的历史事实，也就是"自然"。

可以说，围绕"自然"和"意识"所形成的上述悖论，正是《意识与自然》讨论的核心问题。接下来，让我们进入柄谷的这篇成名作，考察一下这个问题通过何种表述呈现，以及柄谷的早期批评实践如何具体围绕这个核心问题展开。在我看来，关于如何重建"伦理维度"的主体性，乃至如何在当下社会的政治状况下构建新的"伦理"，《意识与自然》最终并没有给出任何积极的论述；倒不如说，柄谷首先要做的是摧毁一切残存下来貌似自洽自足的"意识"——因为在"精神地下室"已经毁灭的时代，对"意识"的坚持不仅具有欺骗性，而且只能遮蔽我们所处的现实。柄谷之所以选择讨论夏目漱石，正是因为他的小说揭示了这种"意识"的内部裂隙："漱石的小说的结构，大体上都是主人公因为被某种莫可名状的不安侵袭而逃到自我封闭的烦闷中后所产生的龟裂。"①

接下来，就让我们带着上述思考线索，重新进入《意识与自然》。

二　"自然"与生存的（无）根基

在《意识与自然》开始的地方，就出现了标题中的关键词之一：自然。柄谷告诉我们，正在夏目漱石笔下，"自然"这个词恢复了它原本的暧昧性和多义性，而不再仅仅意味着现代科学认知下产生的含义，即作为客观存在的、有待被科学和理性分析或分解的"大自然"。接下来在分析夏目漱石《后来的事》中的主人公代助时，柄谷写道："代助说的是，人的'自然'与社会的规矩（规范）相悖，人虽然在生活中压抑并无视这种'自然'，但这只能导致自我的荒废。"（第14页）毫无疑问，如果我们将这里的对立单纯地视作个体与社会的对立，就无法理解为什么人要"压抑并无视"自身的这种"自然"。柄谷在这里所谓的"自然"，既不是一般理解的"大自然"，也不是一般理解的"人性"（human nature），而是前述秋山骏所再三强调过的"自然"，即某种与人的生存本身密不可分却对人显得陌生乃至可怕的东西；换言之，"自然"就是生存的无根基性本身。在文章的另一个地方，柄谷明确把"自然"解释为"在始于自我并终于自我的'意识'之外展开的非存在的

---

① 柄谷行人「内側から見た生」，柄谷行人『畏怖する人間』所收，第98页。

黑暗"（第 58 页）。不仅如此，在柄谷看来，这种"自然"不但关系到个体的生存，更可能涉及一个时代的存亡："事实上，大正人道主义或现代主义，就是被如地下水脉一般流淌的非理性'自然'的喷涌摧毁的。我们也以'战后民主主义'这种理性的体系来压抑漱石所窥见的非理性的、丑恶的'自然'冲动，只不过我们看不到这一点而已。"（第 21 页）

柄谷并没有解释这里的"'自然'冲动"是什么意思；不过，结合前面的论述可以认为，这种冲动不仅无法被人的理性吸收，而且，哪怕是在能够将任何立场和行动都驯服的思想和文化状况下，它仍然潜藏着毁灭性的破坏力，它仍然保存着突破让包括柄谷在内的知识分子感到焦虑、不安乃至绝望的那个"想象空间"的潜能。换言之，对于彼此呼应、相互成就的"意识"和"社会"而言，"自然"始终提示了一种"外部"。反过来，这种不可名状的"自然"也非常具体地呈现在个人的身体和物理层面：

> 漱石并没有通过某种抽象（观念）中介看待人与人的关系，而是将它视为肉体空间中赤裸裸地出现的赤裸形态的关系。……与其说漱石把人和人的关系看作意识与意识的关系，不如说他首先是在存在论的层面感受到人和人的关系的鲜活的身体感觉，这种感觉类似于就算双方都想占据同一个空间也办不到。（第 16—17 页）

一旦将人和人的关系从意识性的或社会性的规定中抽离，

从种种观念和话语的预设中摆脱，还原为空间性乃至身体性的"赤裸形态的关系"，那么就能看到，人与人的关系也始终包含着破坏性的"自然"——需要强调的是，这种"自然"并不取代任何"抽象（观念）"来"中介"人与人的关系，更不是人与人的关系的另一种说法；恰恰相反，作为生存本身的（无）根基，它意味着在任何人与人的关系、自我与他人的关系中，始终存在着一种无法被任何理论或话语克服的断裂。一种"自然的关系"的意思是，它是偶然的、可切断的、可变更的、无根基的。在柄谷笔下，这种断裂同样是"伦理维度/存在论维度"的二重性问题的变奏：

> 漱石的小说带有伦理维度和存在论维度的二重结构。换言之，即作为他者（对象）的我和无法被对象化的"我"的二重结构。（第 35 页）

在另一个地方，柄谷借助漱石的说法，将这种拥有二重结构的"我"称为"不可思议的我"：

> 何谓"不可思议的我"？它同时意味着作为他者的我（从外侧观察的我）和无法作为他者被对象化的"我"（从内侧观察的我）。（第 37 页）

在这里，所谓"作为他者（对象）的我"，也就是一般而言在理性和反思的层面上确立起来的有关"自我"的认知，以及在社会关系的意义上建立的个体与个体之间的联系乃至契约；与之相对，"无法被对象化的'我'"，则对应于从"纯粹内侧"（第35页）观察的那个作为"意识"或"内部之人"的"自我"，那个无法自我同一、缺乏连续性和完整性、不断处于变化之中的自我。于是，在柄谷对夏目漱石的分析中，阐述后面这种"自我"显然是重中之重。关于这种位于"纯粹内侧"的"自我"，柄谷同样以与秋山骏相仿佛的语调写道：

> 这种向自我袭来的非现实感的正体，即"这种正体不明的东西"是什么？例如，我们感觉到事实，把它作为概念加以认识，而根本上对此加以统合的是"（我）此刻（存在于）此地"的时间性和空间性。说是"此刻"，但也不是作为对象来把握；说是"此地"，但也不是作为对象来把握。这种对象性认识本身就成立于已经在"此时此地"存在的时间性和空间性之中。因此，漱石在这里说的自我同一性和连续性的问题，不是作为对象的自我（如容貌、姓名等等）的同一性和连续性的问题，而是把对象性知觉予以统合的"我"的同一性和连续性的问题。也就是说，漱石关注的不是作为对象的自我，而是无法被对象化的"我"的同一性和连续性。（第24—25页；强调为原文所有）

值得注意的是，柄谷在此似乎区分了两种"自我"的"同一性和连续性"，但是，正如我们在引用秋山骏的论述时已经看到的，事实上在"纯粹内侧"的"自我"那里，没有任何一种原则或理论能够"统合"出现在"意识"中的纷乱感觉、经验和事件。认为后面那种"自我"同样具有"同一性和连续性",甚至能够形成自我封闭的自洽空间,不过是一种历史残留的错觉,甚至是一种意识形态。

因此,如果"作为对象的我"不仅意味着处于社会关系、人际关系中的自我,而且根本上意味着可以通过概念和语言进行规定的与"始于自己并终于自己"的"意识"相关的自我,那么,"无法被对象化的'我'"就对应于"自然"。它是动荡的、不停歇的、偶然的、空洞的、病态的,它一方面试图把一切都包含在自身内部,另一方面则不得不在自己的最深处遇到破坏性的虚无(="自然")。更进一步,如果"作为对象的自我的同一性和连续性"是"伦理"的必要条件(第29页),那么可以说,从"意识"的"本体论维度"看,任何一种"伦理"都已不复可能,因为所谓的"同一性和连续性"在后者那里指的无非就是意识彻底的、散乱的、不断的自我运动,而这种自我运动不可能成为伦理的坚实基础。当然,我们在此反复强调柄谷与秋山骏在论述上的相似性,并不是为了主张柄谷受到后者的深刻影响,更不是要主张秋山骏有关"内部之人"的阐述可以涵盖柄谷早期批评的问题意识;恰恰相反,对于柄谷而言,关键问题从来都在于如何在认识到"伦理维度/存在论维度"的二重性或断裂的前提下,从"意识"或"内部"迈向对于新的"伦理"的建构。

因此,如何揭示新的伦理的可能性,如何以不同于传统伦理学规定的方式重新确立自我和他人的关系,或者说,当这种关系已经被还原为一种"自然"的、单纯空间和物理上的关系时，"伦理关系"是否以及如何可能，就成为柄谷接下来必须回答的问题。在阐述夏目漱石的小说《行人》中的主人公一郎及其妻子的关系时，人与人关系中的断裂被柄谷突出地表述为"根源的关系性"：

> 《行人》的一郎对妻子产生怀疑，是因为他感到妻子像这个地底的坑夫那样漠然地站着。怔是，不仅妻子无法进入一郎的世界，别人有谁能进入一郎的世界吗？在一郎自己这里，和他者之间血脉相连的联系已经被切断了。我将此称作根源的关系性（relatedness）。一郎对于自己也罢，对于他者也罢，根源的关系性都被切断了。他可以意识到他者，或不如说因为强烈的猜疑心而痛苦。但他无法感受他者。（第28页；强调为原文所有）

最后一句话或许有误导性：这里的关键问题并非"认知"和"感觉"的差异，更不是"经验"和"判断"的差异，而是被切断了的"根源的关系性"与"意识"之间的关系。换言之，一郎之所以无法"感受"他者，恰恰是因为他已经从一切"关系性"那里退出，并将自己封闭在"意识"的内部。因此，与之相对，"根源的关系性"就意味着外在于"意识"的、无法作为任何一种"事件、经验、感知"而被纳入"意识"内部的东西。需要注意：不同于吉本隆明笔下的"关系的绝对性"，柄谷这里讨论的关系性既不是绝对的，也不是给定的，而始终是偶然的、可切断的。^①但是，作为"自然"的一种表现，它对应于人的生存处境的根本偶然性，因而具有"根源"的性质。"根源的关系性"无非再次表明，"自然"不仅关乎个体的生存，更涉及个体与他人的关系，也涉及整个时代和社会的存在状况。

但是，对《行人》的分析也表明，恰恰是在我们和他人的关系中，在关系的相互性中，个体首先遭遇到"意识"所无法涵盖的"自然"。对此，柄谷着重补充：

> 漱石关注的是超越心理和意识的现实，不是可以被科学地对象化的"现实"。他关注的不是可以作为对象被认知的人的"心理"，而是人通过相互关系、作为相互性存在时揭示的"超越心理之物"。（第 44 页）

如果我们把这段话和柄谷写于 1972 年的一篇文章的论述结合起来看，就能发现所谓"超越心理之物"指的仍是那种与生存处境相关的、莫可名状的"自然"：

> 问题不仅仅是艺术论，可以说也关系到我们的存在［本身］。因为它和下面这种不合逻辑的事态有关：如果追求自我存在的根据，那么什么都不会找到，恐怕只能说**不存在的东西保障了他**［的存在］。在漱石

---

① 在 1971 年的一篇文章中，柄谷同样谈到这个主题："如果无法将自己进行统合，那么与他者的根源的关系性就不得不被切断"（参见柄谷行人「閉されたる熱狂——古井由吉論」，柄谷行人『畏怖する人間』所收，第 175 页）。无疑，这是站在"伦理维度"得出的判断。如果站在"存在论维度"，即"纯粹内侧"的维度，那么"根源的关系性"就呈现为可切断的。

那里，这种虚无面前出现的是"自然"。所以，"自然"就是不存在的东西。[①]

在这个意义上，通过个体与他人的相互关系而呈现的"超越心理之物"（="自然"），既是一种"存在"，也是一种"非存在"。当然，柄谷并不是在玩语词游戏，而是试图用当时自己熟悉的存在主义式的语言来把握本身逃离语言和意识的东西。所谓的"自然"，无非就是我们的生存本身，但由于我们无法在概念上为它划定一个准确的位置或功能（甚至不能称之为"无意识"），因而从对象的角度来看，从"伦理维度"的角度来看，它只能是一种"非存在"。关于这种"（非）存在"，小林敏明如下阐述："柄谷所谓的'自然'，不是自明性那里的'自然'。相反，'自然'是被剥开后令人害怕地敞露出来的某种东西。……它是那种要说存在确实存在，要说不存在确实不存在的'非存在'。"[②]

不过，令人感到害怕的并不是他人的存在本身（例如，萨特所谓的"他人即地狱"），甚至也不是与他人的关系，而是任何一种关系的偶然性。而且，如我们已经反复指出的，这种偶然性无涉他人的身份、性质、立场。这种偶然性正是来自生存本身。也就是说，人的生存根本上无法从任何地方获得意义和依据，因此也无法为自我与他人

---

① 柄谷行人「心理を超えたものの影——小林秀雄と吉本隆明」，柄谷行人『畏怖する人間』所收，第 104 页；强调为原文所有。
② 小林敏明『柄谷行人論』，第 37 页。

的关系提供充分的基础和中介，这种状况就是柄谷所谓的"作为赤裸形式的人的不安"（第47页）。在柄谷的论述中，这种不安始终伴随着人的生存状况，但又无法被如其所是地把握——如秋山骏笔下不断运动的"意识"的病态那样，处于生存根底处的"自然"为人的生存刻入了一道永远无法填补的缝隙，它不仅让人与他人和社会隔离开来，而且让人与自己疏离：

> 我们或许可以说，真实始终只能以迟到的方式——迟于应该说出的时刻——到来，只能以对无可奈何之事后悔的方式到来。而这种偏差带有某种根本性的意义。……若要探究"坦白"的不可能性，我们要关注的不是欺骗和自尊心，而恰恰是人在这个世界上的存在方式本身。换言之，我们在这个世上存在的方式本身，将我们从真实（自然）那里隔离（偏离）开来，不是吗？所谓"不可思议的自我"，其不可思议的地方就在于，人只能如此这般存在。（第40—41页）

我们"只能以迟到的方式"进行告白或说出真相，不是因为心口不一或认知偏差，更不是出于欺骗等主观动机，而是我们的生存本身的结果——就我们存在于此时此地这一无法改变的事实而言，任何有关这个事实的理论或话语表述都依赖于"作为对象的我"所产生的对于时间性和空间性的认识，而如果告白意味着如其所是地表露内心，那么这个"作为对象的我"已经是偏离"内侧"的结果了。"迟到"和"偏离"已经在"此时此地"的瞬间发生了。反过来说，"我"的生存的任何一个时刻，都有可能成为一个让"自然"或生存本身的无根基性骇人地敞露出来的契机。在这个意义上，我们或许需要修正之前的论断：如果我们正是在"关系的相互性"中遭遇"自然"，那么这种关系不一定是与他人的关系——不如说，它是与他物的关系。例如，柄谷在讨论夏目漱石的小说《道草》中主人公健三面对池塘里的绯鲤所感到的恐怖时写道：

> 这正是在"自为"的意义上去把握"单纯的存在"的瞬间［所感到的］恐怖。……在他对绯鲤所感到的恐怖中，投射了他的下述认识，即他与自己的存在（自然）发生乖离，他作为异样［的东西］而存在着。作为对象的绯鲤没什么大不了的，但这时他所感到的不安并不具有对象性。我所谓的漱石的"梦境"世界，就是这种不具有对象性的"我"自身的世界，打个比方来说，漱石作品的二重结构，便基于"单纯的绯鲤"和"无法与之对应（相称）的恐怖"的二重性。（第 51 页；强调为引者所加）

在这一场景中，"不具有对象性的'我'"指的就是自我的生存本身；也就是说，"我的生存"在此向"我"显现为某种仿佛是异样的、外在的东西，但同时它又绝不像石头那样"自在"地与生存着的"自我"（例如，萨特意义上的"自为"存在着的"自我"）相对峙的东西。毋宁说，"我"的生存的无根基性，诡异地、偶然地通过眼前的绯鲤向"我"突然敞露，不仅切断了"我"与外部现实的稳固关系，而且切断了"我"自身的（无论是内部还是外部的）"同一性和连续性"。健三感到的恐怖，来自"他的意识被物牵引，几乎要向着物同化"（第57页）；不过，健三所恐惧的并不是自己被转化为客体意义上的"物"，而是任何一个看似无足轻重的"自在存在"都可能打破他的意识的边界，将他拽到无法忍受的"自然"面前：

> 　　对于"始于自我并终于自我"的健三的意识进行否定的，不仅是妻子、姐姐或岛田那样的他者。如果仅仅如此，那么《道草》的世界就不过是自然主义式的物理世界。正是"自然"打破了健三的自我完成的意识，让他成为一种暧昧模糊的存在。当然，这个"自然"并没有在概念的意义上被书写。它只有通过物理性的物才能呈现。（第57—58页；强调为原文所有）

因此，"自然"向个体侵袭而来的时刻，既可以发生在与他人的关系中，也可以发生在与他物的关系中；甚至可以说，这样的契机遍布于我们生存的每一个角落。"《道草》的每个角落存在着的，就是这种非存在"（第57页）。事实上，对于"从内侧观察的我"而言，问题恰恰在于无法将他人作为有别于其他物体的、同样在存在论的意义上与"我"共同存在于世（in-der-welt-mitsein）的"人"来对待，无法在恰当的意义上建立与他人的伦理关系。"存在他者，却无法感知他者"（第30页）——我认为，这不仅是柄谷对于当时轰动一时的凶杀案罪犯李珍宇的评价，某种意义上也可以被视作柄谷的夫子自道。例如，在后来的一次对谈中，柄谷说道："60 年代的时候所感到的孤立一直持续至今。……尽管说是孤立，但并不是与某种东西对立，而是情绪上不知所措。"①

三　新的伦理关系的可能性

上文提到，对于如何在"伦理维度"上重建与他人的关系，柄谷并没有给出一个确定的答案，哪怕这一问题在我看来恰恰体现了柄谷早期批评的核心关切。或许是由于自己所感到的没有反抗对象的"孤立"，或许是为了打破所有仍然残留着的、貌似封闭自足的"意识"，柄谷在《意识与自然》中的着力点始终在于以"自然"切断或破坏作为伦理关系前提的自我同一性和连续性。如照相的负片一般，对于一种替代性的、尚未到来的伦理关系的想象，或许只能从柄谷这一阶段的思考的症候性细节中窥见一丝端倪。如小林敏明所说，在某种意义上，柄谷所感到的"孤立"是经历了 20 世纪 60 年代社会运动和学生运动的挫折后的一代青年知识分子所共同拥有的情绪，但很少有人能像柄谷这样以近乎"饶舌的失语症"一般的方式，用语言表达那种无法用语言表达出来的疏离感和违和感。② 在同一时期的所写的一篇文章中，柄谷如此表达自

---

① 参见柄谷行人、三浦雅士「他者とは何か」，『国文学　解釈と教材の研究』1989年 10 月号。
② 参见小林敏明『柄谷行人論』，第 28 页。另外，小林将柄谷早期批评的论述和精神病学家木村敏有关精神分裂症的论述进行比较，颇有启发。

己的感受：

> 坦率地说，我自己的现实感也很稀薄。当然，这
> 并不是说我对"现实"闭眼不看或漠不关心。要说关
> 心，那是过度关心了，因而在我内部没有留下任何痕
> 迹。所谓现实感的稀薄，是这个意思。……表面上仿
> 佛接触到丰富多彩的"现实"，实则深陷浓雾之中。
> 无论多么深重切实的体验，一旦被这浓雾吞没，一下
> 子就显得很辽远。例如，发生了"全共斗"运动，发
> 生了三岛［由纪夫］事件，发生了很多事件。但是，
> 处于漩涡之中的我，与现在的我之间，无法找到确实
> 的自我同一性。如果勉强承认这种自我同一性，语言
> 就会充满虚伪。"现实"是存在的，却没有现实感。[①]

一方面，"现实"在这里指的当然是客观存在的外部
现实，或者是社会上发生的各种事件；另一方面，"现实
感"的缺失则恰恰意味着"我"无法在"伦理维度"上与
这些事件之间建立起连贯的、稳定的、有意义的、由近及
远的关联。需要注意的是，如果我们不仅仅将这段话理解
为柄谷的内心剖白——严格来说，如上文所示，这种行为
已经在"存在论维度"被证明是不可能的——而是将它理
解为关于人的生存状况本身的论断，那么可以说，造成
"现实感"缺失的并不是私人的或心理的原因，而是试图
自我封闭和自我完成的"意识"，即试图对"现实"最深处

---

① 柄谷行人「内面への道と外への道」，柄谷行人『畏怖する人間』所收，第322
页。

的"自然"采取"闭眼不看或漠不关心"的态度，自欺欺人地固守在意识的"不可思议的球体"（小林秀雄语）之中。

在这个意义上，柄谷对"从内侧观察的我"的强调，构成了对"伦理维度"上有关自我、意识和主体的话语的根本批判。在《意识与自然》中，这一点通过夏目漱石笔下对"对等的他者"的发现而表达出来：

> 漱石从下述残酷的认识出发——一个人的活是通过换取另一个人的死来实现的——发现了对等的他者，而从"人人平等"的人道主义观念出发的文学家反而认为，要求大众做出牺牲是理所当然，这实在是讽刺。（第 54 页）

对于在 20 世纪 60 年代知识分子之间流行的人道主义马克思主义和"异化论"，柄谷的批判是釜底抽薪式的：问题不在于宣传"人人平等"或其他口号的论者是否真诚，也不在于这些口号的内容是否自洽，问题在于所有这些讨论的出发点，即它们都试图从"观念"出发——也就是从"意识"出发——并以此建构一套连贯的也是自我封闭的学说。然而，无论是预设一种纯粹的"人性"还是"人的类本质"，这些对生存的无根基性视而不见的学说只能受困于意识的"不可思议的球体"。在现实政治中，无论是柄谷也一度参与其中却逐渐拉开距离的左翼学生运动，还是试图革命性地改造社会的各种理论，都随着日本社会迅速的去政治化过程而越发显得与现实格格不入，它们自欺地将自身限制在由各种抽象理论和观念构筑起来的"想象空间"中。毫无疑问,这样的理论无法应对具体处境下的人们的时代感觉,更无力建立新的伦理关系。

那么,如果我们不自欺欺人地构建自我封闭的"想象空间",如果我们从生存本身的无根基性出发,如果我们正视自我与他人、与他物的关系中的"自然",可以在哪里找到新的伦理的可能性? 我认为,最终在柄谷的论述中,正是在我们与自身生存的距离或偏差这里,正是在"自我"的二重性这里,我们得以为新的伦理关系、为自我与"他者"的连带留出位置:

> 在《道草》中,健三已然不可能是"始于自己并终于自己"的个人了。因为他者站在他的意志无能为力的地方,而且,甚至他和他者的关系也受到他自己对之无可奈何的东西的支配。换言之,《道草》的物质世界被形而上学之*物*的感触所包围,"开端"和"终结"都溶解在巨大的黑暗中。(第60页;强调为原文所有)

这种让健三感到无能为力的东西,无疑就是"自然"。但这里的关键在于,柄谷以《道草》中健三夫妇的关系为例说明,当人与人的关系不再是意识和意识的关系,不再受到任何概念和理论的中介或规定,当人与人的关系仅仅是偶然的、非实质性的、不稳定的,甚至根本而言仅仅是空间性和物理性的,"对于健三来说,歇斯底里也好,什么也好,'夫妻'处于'皮筋'式的关系中,已经作为单凭

彼此意志对此无能为力的相互规定而存在"（第 59—60
页）。我们当然无法期待这种同样被柄谷命名为"自然"
的、非常贫瘠的关系性能够成为新的伦理关系的基础；但
无论如何，这种偶然的、可切断的、非实质性的"根源的
关系性"，至少意味着一件事：哪怕在我们的孤立状态中，
哪怕在我们与他人断绝关系的、自我封闭的同一性和连续
性中，在我们的"意识"的最深处，总是已经存在着我们
对之无能为力的"他者"——无论它的名字是"自然"
"存在"还是"外部"。我们所能做的，就是为这种"外部"
的突然袭来做好准备，为未来的伦理做好准备。

　　然而，我们在下一章中会看到，柄谷围绕"意义"和
"存在"展开的一系列思索，将随着 1972 年撰写的《论麦
克白》一文发生重要改变。随之而来的是，柄谷对于早期
批评中涉及的"自然""告白""他者"等主题的思考和论
述方式，也将发生重大调整。

第二章

"意义"的悲剧与"悲剧"的意义
——《论麦克白》与方法

"什么是意义"成为一个根本性的问题。

——吉本隆明

一　作为学生运动参与者的柄谷行人

1961 年，作为东京大学驹场校区的本科生和学生运动组织的一位代表，柄谷行人写下了《重建社学同的倡议》这篇文章。所谓"社学同"，全称为"社会主义学生同盟"，是 1958 年成立的一个日本新左翼学生组织，组织上隶属于"共产主义者同盟"的指导。在这篇向日本全国的学生同仁发出重建倡议的宣言式的理论文章里，柄谷写道：

> 战后学生运动的历史向我们显示——尤其如安保斗争所显示的那样——学生运动在摆脱既有的党派支配、挣脱出既成体制而向现实日本社会和世界资本主义进行理论肉搏的时候，最能发挥它作为社会运动的自主性，也能为无产阶级运动造成影响。作为一个社

会运动，学生运动不仅可以在客观上成为布尔乔亚的敌人，而且在自身的内部，通过让全社会思想和政治的潮流以最纯粹和极端的形式得到兴盛，它也可以成为革命思想的创造和实验的场所。[①]

很明显，在当时对左翼学生运动尚存些许希望的柄谷看来，学生运动必须是自发性的、思想性的、非党派性的。它与现实的接触必须是直接的、非中介的、脱离体制规定的。如小林敏明所说，柄谷在这里否定了上层指导性组织（"共产主义者同盟"）的优越地位，从始至终对于自上而下的领导不抱幻想，转而诉诸每个人自我行动的主体性和能动性，"这种基本姿态在他的'无政府主义'那里贯穿始终"。[②]

关于他在东大驹场校区参与学生运动的经历，柄谷自己在访谈中也有过披露。据他自己说，当时他住在东京大学的"驹场宿舍"的一个名为"社会科学研究会"房间里，那里也是"共产主义同盟"在驹场的一个活动据点。尽管柄谷表示，自己"不记得正式加入过'共产主义者同盟'"，但是

在"共产主义同盟"解散后的1961年5月，我构

---

① 引自小林敏明『柄谷行人論』，第284页。不过，容易引起误解的是，虽然柄谷参与了驹场校区的学生运动，但他当时并没有在组织上正式加入"社学同"，只是作为"重建社学同"过程中的重要一员而与组织中的一些人有过大量交流。在柄谷看来，重建后的组织是"自由活动家的联合组织"，是"1960年共产主义者同盟所具有的无政府主义因素的纯粹化"（参见柄谷行人「文学と運動」，柄谷行人『柄谷行人インタビューズ　1977—2001』所收，第232页）。

② 参见小林敏明『柄谷行人論』，第287页。

想了"社会主义学生同盟"（社学同）的重建。首先是在驹场重建社学同。然后以此为基础，我撰写了全国性的社学同重建倡议。社学同重建的时候，目标不应该是作为前卫党的"共产主义者同盟"。按照我当时的想法，目标事实上也可以说是"全共斗"那样的东西。[1]

这里的"全共斗"（又称"全共斗会议"），指1968年至1969年期间日本各个大学之间的学生运动所联合成立的一个运动组织，包含了当时的"共产主义者同盟"和多派"全学联"；这一联合性的学生运动在全国各个大学展开各种斗争，在不同的地区和学生群体那里形成了不同的目标、手段、诉求和运动方针，等等。当时在各地的"全共斗"运动中发生的最有名的事件，或许当属缘起于东京大学医学部而后发展为"东大安田讲堂攻防战"的"东大纷争"。如后文所述，强调自发性和个体性、脱离上层指导组织，有时甚至不可避免采取暴力对抗手段——这些在"全共斗"运动中屡见不鲜的运动性质，无论在好的还是坏的意义上，既使得当时的学生运动相比于既有的左翼政党更具灵活性和浪漫色彩，也历史地标志着日本社会中左翼运动影响力的急速衰退，标志着学生运动和现实社会日益迅速地脱节。

其实，从某种角度来说，20世纪60年代末的各种学生运动，本身便是1960年"安保斗争"的一种遗产（或负

---

[1] 柄谷行人『政治と思想 1960—2011』，第27页。

资产）。在这里，我们无法详细展开日本战后的左翼运动历史，只能做一个挂一漏万的粗陋勾勒。[1] 在战后日本历史的很长一段时间内，日本共产党和同样代表左翼思想的社会党拥有大规模的民众支持。因此，包括曾经在战时遭到多年囚禁后成为日本共产党总书记的德田球一在内，当时的许多日本共产党人深信不疑：通过 GHQ 的介入和日本政治的民主化运动，日本最终将迈向社会主义。然而事与愿违，由日本共产党和包括国铁职员等众多劳动者在内的"全国劳动组合共同斗争委员会"策划、原定于 1947 年 2 月 1 日进行的以推翻吉田茂政府和树立人民民主政府为目标的大规模罢工（"二一罢工"），最终因政府和 GHQ 的联合阻挠而失败；这次失败也很大程度上象征着日本共产党和 GHQ 之间的短暂蜜月期的终结。

在"二一罢工"失败后的第二年即 1948 年 9 月，"全学联"（全日本学生自治会总联合）宣告成立，它是一个包含日本 145 所国立、公立和私立大学的超过 30 万名学生的组织。——尽管"全学联"的成立是在日本共产党的指导下进行的，但它今后的发展和分裂则远远超出日本共产党所能预判和规定的限度，从而为日本左翼思想和运动乃至为一般意义上的社会运动和民众的政治参与，投下了一道长长的影子。

工人总罢工的策划失败之后，日本共产党在 1951 年

---

① 以下关于战后学生运动的描述，参考了如下著作：伴野準一『全学連と全共闘』；池上彰、佐藤優『激動　日本左翼史：学生運動と過激派 1960—1972』；立花隆『中核 VS 革マル』。

10 月举行的第五次全国协议会（"五全协"）上，决定今后党组织的指导方针向军事武装革命的方向转换，具体措施包括农村包围城市、发展山村游击队、发展暴力袭击的手段，最终依靠强力（而非议会）来夺取政治权力。然而，此后相继发生的一系列引起社会动荡的骚乱事件，使得日共逐渐丧失民众支持；最终这些暴力性社会事件不仅导致了政府针对日共的"破坏活动防止法"的出台，更是让其在 1952 年 10 月 1 日的众议院议员选举中失去了原有的 35 席。痛定思痛的日本共产党在 1955 年 7 月举行的第六次全国协议会（"六全协"）上，宣告了基本方针的大转变，放弃武装斗争而改走和平路线。

不难想见，在逐渐失去民众支持的情况下，日共也在学生群体中引起了不满和怀疑。于是，在 1958 年 12 月 10 日，45 名大学生在东京成立了名为"共产主义者同盟"的组织，将自己和日共区分开来。这些年轻人不满于日共的做法，但也并不以当时的莫斯科或北京为自己的行为目标或规范；毋宁说，挣脱既有的党派组织结构和自上而下的指导方针，发挥自身的个体性和主体性，将自己与所谓无产阶级革命或共产主义思想等宏大叙事直接地、无任何中介地关联起来——这种"没有目标的手段"便是"共产主义者同盟"最初的也是根本的抱负。正因如此，就像之后的历史所表明的那样，大规模的学生运动乃至群众运动将成为这些年轻人实践自己的政治理想和热情的主要甚至是唯一的形式。

毫无疑问，无论是对于"共产主义者同盟"的年轻人们来说，还是对于一般意义上的左翼运动来说，甚至是对于整个战后日本社会来说，1960年的"安保斗争"都是最重要的一次社会事件，它标志着群众运动的巅峰，同时标志着社会运动由此走向低谷。由于岸信介政府不顾民众抗议和反对党的抵制，强行在众议院裁决了新的"日美安全保障条约"（最终条约在未经参议院批准的情况下于1960年6月19日自然成立），数十万民众聚集在国会周围进行抗议示威，而这场声势浩大的群众运动以岸信介政府的下台和池田勇人内阁于7月19日的成立告终。在抗议最高潮的6月18日，面对周围排山倒海的人群，作为"共产主义者同盟"创立者之一，生田浩二的声音道出了或许是当时左翼运动的推动者和组织者都抱有的不甘心："畜牲，畜牲，这个能量啊！这个能量啊！什么也不能做！共产主义者同盟也什么都做不了！"[1] 简单地说，在斗争中始终未能稳定成一种明确的政治形式的群众能量，最终消散在池田内阁提出的"收入倍增计划"中；随着日本经济进入高速增长时期，大众也逐渐向政治背过身去，开始安心工作、享受生活，被称为"三神器"的电冰箱、电视机和洗衣机即将在千家万户普及开来。甚至一些曾经的学生运动领袖们，也将陆续穿上西装、拿起公文包，投身于大大小小的企业，淹没在没有独自形象和声音的上班族人群之中。当然，这些都是后话。

此外，经历了大规模群众运动的"共产主义者同盟"

---

① 引自伴野準一『全学連と全共闘』，第138页。

在"安保斗争"结束后，早早便开始了自身的分裂。例如，1960年8月下旬，"共产主义者同盟"分成"无产阶级通信派""革命通达派""战旗派"三大派别，而后这些派别要么进一步分裂，要么与其他派别（如"革马派"）融合。从总体上看，步入60年代后，日本全国范围内的学生运动已逐渐呈现出群雄割据或者说四分五裂的状态。在这一过程中，出现了"革马派"与"中核派"在大学校园里发生的多次械斗和凌迟，也出现了许多一开始就希望与这些危险的激进团体保持距离的"中立"学生。毋须多言，当这些不同的学生组织为各自的"马克思主义"和"主体性理论"做出理论背书和正统性说明的时候，它们不但不能对现实政治和社会改革产生实质性影响，而且也不再能够回应民众的现实关切，反而成为一般人眼中的危险、暴力乃至恐怖主义的代表。

60年代末，在这一整体的历史背景下发生的"东大纷争"，事实上与其说是又一次具有历史意义的大规模群众性社会运动，不如说正由于它涉及被视为"精英"的东京大学和东大学生，才引起了大众和媒体的广泛关注。在"1968年学潮"的背景下，日本的激进学生似乎也参与到这股具有世界性规模的运动的特殊时间之中，然而，在日本战后社会运动的语境下，这股运动倒更像是对于整个社会的"去政治化"过程的一次确认。例如，当时以助手身份参加斗争、堪称战后学生运动的"老资格"的盐川善信，关于"东大纷争"有过一段值得玩味的论述：

东大斗争属于那种如果不质疑自己的内心就无法参加的斗争。1960 年的安保也好，街头政治斗争也好，我参加的时候都相对地下了决心，但街头抗议是有回去的地方的。回到研究室后，就可以装作啥也不知道，埋头学习。但东大斗争的话，还能回到哪里去呢？所以，在这个意义上，参加东大斗争，而且是以助手的立场参加，这是非常沉重的事情。[1]

在这段话中，重点并不是（例如）"东大纷争"对东大学生的重要性——也就是说，重点并不是指出这场斗争取消了内部与外部的分别，让这群潜在的"社会精英"们不得不开始严肃考虑关乎自己命运的抉择。毋宁说，盐川善信的这段话关于斗争透露的两点关键之处在于：第一，既然这是一场没有退路的斗争，甚至是"质疑自己内心"的斗争，那么对于参与斗争的学生来说，它在性质上就注定是孤注一掷的、彻底的、根本的、绝对的、敌我对决式的斗争。换言之，在参与者那里，这场斗争容不得任何妥协，也无法以任何实际利益的算计收场，不然就会变成自我否定，变成对自己纯粹性和纯洁性的污染。第二，与此相对，这种困境恰恰无法传达给社会上的普通民众，因为站在后者的角度，无论是参与斗争的大学生还是作为斗争对象的大学或教授，都是属于"社会精英"范畴内的成员，都是与自己的日常生活无关的一种"景观"。不管当事人怎么强调斗争的绝对性和彻底性，都

---

① 伴野準一『全学連と全共闘』，第 190 页。

无法改变普通民众的这种"偏见"。只有在参与斗争的学生那里,内部和外部的区别才因斗争的绝对性而被打破了;相反,在旁人看来,这场发生于东京大学的两拨知识精英"内部"的纠纷,可能只是一次值得关注的茶杯里的风波。

可以说,上述两个性质,使得这场著名斗争最终演变为参加者们的那种让旁人难以理解,甚至东大校方也难以理解的无限抵抗。如伴野准一所说:"东大斗争带有一旦开始就不得不进行到底的性质。"[1] 但是,究竟什么才算"进行到底"?当参与者们否认外部对于这场运动的理解,也拒绝一切运动必然带有的利益关切、算计、妥协,反而将这场斗争逐渐升级和演化为一场纯粹的对抗,他们如何实现自己的目的——或者说,我们应该如何理解一场逐渐抽离"目的"的抵抗性运动?我们会看到,这个问题和柄谷行人在《论麦克白》中的论述紧密相关。

另一方面,1969 年 9 月,从关西的"共产主义者同盟"分裂出来的一些激进的左翼青年在神奈川县成立了"共产主义者同盟赤军派"。与此同时,同样在神奈川县,一部分打着"反美爱国""武装革命党建设"等旗号的"中国派"左翼群体,成立了名为"日本共产党(革命左派)神奈川县委员会"(即"京浜安保共斗")的党派,强调武装斗争、暴力革命。1971 年,尽管在思想和理论上存在矛盾之处,上述两派还是走到一起,成为"联合赤军",并由

---

① 伴野準一『全学連と全共闘』,第 192 页。

赤军派领袖森恒夫担任中央委员会委员长，由"京浜安保共斗"里的永田洋子和坂口弘担任副委员长和总书记。"联合赤军"将目光从日本国内投向全世界范围内的革命武装斗争和无产阶级革命，认为应该参与世界范围的革命斗争并从外部向日本输入革命，同时在日本国内建设秘密基地并在那里进行严酷的军事和思想训练。1971年和1972年，相继发生了将党内同志予以凌迟（被称作"自我批评"）的"山岳基地事件"和绑架人质的"浅间山庄事件"，不仅在全社会引起震动，也给已处于低谷的左翼社会运动造成致命打击。自此以后，尽管以继承左翼思想为名号的社会组织和运动仍然可以散见于日本各地，而且形式五花八门，但能够动员一般民众参与、足以推动社会变革的力量已经不复存在了。①

自不待言的是，无论是对于当事人还是后来者，回顾并整理战后日本历史的左翼思想和运动的曲折过程，都是一项仍然有待继续进行的工作。而在这个特定的意义上，柄谷写于1972年的著名文章《论麦克白》，既显示了柄谷自己对于当时状况——尤其是以极端化和恐怖主义化形式出现的"联合赤军"——的认识和反思，也为我们梳理和把握柄谷思想的发展提供了一个重要的路标。

---

① 关于20世纪70年代以降的社会运动，参见外山恒一『改訂版 全共闘以後』。从思想史的角度对20世纪60年代的新左翼运动和学生运动做出的出色理论阐述，参见絓秀実『増補 革命的な、あまりに革命的な』。

二　处于思想转折点上的《论麦克白》

柄谷在一次访谈中回顾当年这篇探讨莎士比亚悲剧的论文时，不仅将它和当时发生的"联合赤军事件"联系起来，更是将它与延续至今的一个重要思想问题，即他所谓"意义之疾"的问题关联在一起：

> 虽然《意义之疾》（1972）这篇文章讨论的是《麦克白》，但在写作的时候，我心里想的是联合赤军事件。不过，这是我从60年代初开始就一直在思考的事情。刚才也说过，"安保斗争"之后，出现了"马克思主义已经终结"的大合唱。70年代后，也出现了"历史没有目的、没有意义"等声音。80年代，这种声音作为后现代主义风靡一时。到了90年代，这种声音成了常识。但这样是不行的。"意义之疾"没有得到清理。现在不也还有宗教原教旨主义吗？今后也肯定会出现被"意义"迷住的人。①

看上去，柄谷在这里似乎和盘托出了《论麦克白》一文的核心论点：就像被魔女的预言迷住的麦克白那样，无论是当年的"联合赤军"还是如今的宗教原教旨主义者，似乎都受困于自己追求的某种"意义"而脱离了与现实社会的联系，从而在现实中做出种种骇人听闻的举动。这一

---

① 参见柄谷行人『政治と思想　1960—2011』，第52页。

论断本身无甚新鲜，例如，指出一些宗教原教旨主义者出于对教义的某种狭隘的、极端化的理解而试图采用暴力手段来改变这个世界，早已是稀松平常的见解。只不过，柄谷所谓的"意义之疾"提醒我们，这不是某个教义的内容所致的，而是行为者受困于一种自我封闭的意义结构的状态本身所导致的。

从历史的后见之明来看，具体到柄谷写这篇文章时的历史状况，"意义之疾"与"联合赤军事件"的关联当然算得上昭然若揭。事实上，无须等到多年后的访谈，早在收录《论麦克白》一文的评论集《意义之疾》（1974）——它也是柄谷出版的第二本批评文集——的"第二版后记"（1979）中，柄谷就明确指出这篇文章与"联合赤军事件"的直接关联："我开始写作《论麦克白》，是受到这一事件的触发，而写作时也始终想着这件事。"[1] 不过，柄谷指出，尽管这篇文章发表后受到各方的好评，却没有人看出它和"联合赤军事件"的关系，这一事实既让他感到惊讶，也感到某种意义上的安心：

> 当时没人指出［文章］与联合赤军的关联，让我觉得不可思议。当然，我在文章里完全没有提到这一事件，也没有留下任何让人进行类推的痕迹。事实上，如果有人指出这一关联，大概会让我失望。因为这无非表明作品质量不行。而且，这篇文章也并不是

---

[1] 参见柄谷行人『意味という病』，第310页。

对那次事件的仿照。①

然而，在我看来，关键问题或许恰恰在于，当时竟然没有论者看出（或指出）这篇文章与"联合赤军事件"的关联——事实上，这一关联并不像柄谷认为的那样，没有在文章中留下"任何让人进行类推的痕迹"。例如，柄谷在文章中有这么一段话："从无意义迈向对意义的恢复，从自我异化的极端迈向自我实现……以各种形式出现的乐观主义，不断将我们向前方驱赶。被迫向前的我们，经历了噩梦和幻灭，然后毫不吸取教训，不断重复相同的过程。我们该把这称作'人的存在'，或称作基于现实根据的事情吗？"② 在这段话中，"自我异化""自我实现"等说法，难道还不足以让人想到马克思主义的异化理论，进而联想到不断走向极端、"经历了噩梦和幻灭"而又"不断重复相同过程"的左翼运动，联想到刚发生不久的"联合赤军事件"？在另一个地方，文章中甚至直接将"异化""非本质"和"信仰或革命的原动力"联系起来（第64页）。更何况，认为激进的左翼学生运动盲目信奉某种好高骛远的理论、脱离现实社会、容易诉诸极端行为，这种稀松平常的批评不必特意由柄谷来强调，谁来说都可以。毋宁说，在柄谷的《论麦克白》中，恰恰存在着某种中止这种联想的因素。在这个意义上，尽管"意义之疾"的明

---

① 参见柄谷行人『意味という病』，第310页。
② 柄谷行人「マクベス論」，柄谷行人『意味という病』所收，第65页。以下引自该文的引文皆随文标注页码，不另作注。

快提法似乎让人可以马上把握柄谷对"联合赤军事件"的态度，但我认为，正是同时代读者在这个关键问题上的沉默，向我们提示了这篇文章的复杂性。

因此，虽然小林敏明在其《论柄谷行人》一书中对柄谷的前后期思想都做出非常精到的概述，但他对《论麦克白》一文的如下论断，只能成为我们重新审视这篇文章的出发点而非结论：

> 在柄谷的《论麦克白》中，哪里隐藏着联合赤军问题呢？简单说，那就是［《麦克白》的］情节本身：被无根据的观念迷住，最终发展为无意义的杀人。联合赤军盘踞在山岳基地，形成极端的封闭集团，完全脱离社会的二十人左右的小团体狂热地呼喊着"革命"，并以此作为"大义名分"不断犯下杀人行径，这一骇人听闻的事态，在某种意义上和麦克白的姿态是一样的：作为毫无根据的"预言"，"观念"开始自我繁殖，将麦克白操弄于股掌之间。①

重复一遍：在我看来，这种通过"意义之疾"而建立的对应或类比关系非常直接而明显，几乎谈不上"隐藏"。这里的关键在于，如果说"对于观念和意义的突破不是疾病，与之相反，从突破出去的角度来看，被视为自明的意义世界才是疾病、是悲剧"②，那就不难发现，柄谷在《论麦克白》最后，恰恰明确表明麦克白摆脱了这种"意义之

---

① 小林敏明『柄谷行人論』，第 55 页。
② 同上书，第 49 页。

疾"，摆脱了意义对他设下的"陷阱"。于是，我们需要追问的恰恰是：同样的结论能否类比于"联合赤军事件"？麦克白和"联合赤军"之间貌似明确的类比，在哪个关节点上开始变得暧昧模糊，而这种暧昧对于柄谷的思考来说又意味着什么？作为曾经试图在全国范围内重建"社学同"的左翼青年，在柄谷这里，麦克白的"悲剧"和"联合赤军事件"的"悲剧"最终有什么关系？——归根结底，究竟什么才是"悲剧"？我们下文还会强调《论麦克白》的这个奇特的、令柄谷本人也措手不及的结尾，但在此之前，我们有必要重新回到这篇文章，耐心地考察它的论述脉络。

首先，让我们重新强调一下这篇文章的写作背景。写于 1972 年的《论麦克白》一文，最初发表于 1973 年 3 月 1 日的《文艺》。在此之前，柄谷已经以《意识与自然》这篇著名的"夏目漱石论"而作为新一代的批评家亮相于论坛并受到关注。而在同时期的许多文章中，柄谷也有意通过细读和讨论日本批评界的代表人物——包括小林秀雄、保田与重郎、吉本隆明、江腾淳等——来确立自己在"批评家"谱系中的"后来者"身份。在这一身份的延长线上，讨论莎士比亚戏剧的《论麦克白》自然属于"文学批评家柄谷行人"的"本职工作"。

不过，在柄谷极为多产的著述生涯中，可以说这篇文章占据着一个非常特殊的位置或时间节点。同样是在《意义之疾》的"第二版后记"里，柄谷告诉我们，在完成《论麦克白》以后，他将工作从传统的文学批评转向了马

— 063 —

克思，但是写作过程并不顺利。柄谷甚至写道："可以说，最悲惨的是写完《论麦克白》之后的数年时间。……我在这个时期暗中等待着一个彻底'切断'的时机。具体来说，这个时机就是后来的出国。"[1] 如果用一种夸张的说法，不妨认为，在阐述并诊断了"意义之疾"后，柄谷暂时陷入一种"去意义化"的、貌似虚无主义的状态。不过，宏观地看，在当时的整个历史背景下，这种状态或许并不是什么奇特的事情，如柄谷指出的那样，在写作收录于《意义之疾》中的诸篇文章的 70 年代初，正是 60 年代占据支配地位的那些"政治、经济、思想的范式"经历巨大重组，并在现实中暴露出"时代转换"过程中的种种动荡（其中就包括"联合赤军事件"）的历史时刻。[2] 不难想象，面临纷至沓来的各种冲击性事件，任何一位对现实处境敏感的写作者都难以避免一种接近失语的困境（虽然这种失语症的"临床表现"可能是过度的饶舌，如柄谷早期的缠绕文风所显示的那样）。

可以说，无论是远景（时代转换中的范式重组）还是近景（"联合赤军事件"），《论麦克白》的语境都使得柄谷在讨论"意义之疾"的同时，不得不考虑"未来"的问题——毫无疑问，这个问题不仅涉及日本社会的未来，学生运动的未来，左翼思想的未来，更涉及具体的、个人意

---

[1] 柄谷行人「第二版へのあとがき」，柄谷行人『意味という病』，第 312 页。当然，如果审视《论麦克白》发表后的"数年间"，不难发现，其实他的写作丝毫没有停顿的迹象。毋宁说，柄谷在这里所描述的是他的写作状态或自我认知。

[2] 参见柄谷行人「第二版へのあとがき」，同上书，第 310 页。

义上的写作的未来和思考的未来——不得不考虑"未来"与"当下"的关系、考虑"自我的未来"等问题。因而，反过来说，这篇文章也象征着柄谷思想中的某个"临界点"。

接下来，让我们带着上述问题意识，进入这篇心中始终萦绕着"联合赤军事件"而写就的《麦克白》解读。

三 "意义之疾"与意识的结构

在《论麦克白》一文的开头，出现了柄谷早在《意识与自然》中已经以其非常独特的方式予以阐述的"自然"一词。在这里，"自然"再度被柄谷视为莎士比亚创作中的关键概念——同样，它的涵义和柄谷通过夏目漱石的小说所揭示的"自然"如出一辙：

> 在"自然"一词中，他［莎士比亚——引者注］重点关注的明显是"人的内在"这种自然。也就是说，莎士比亚试图将所谓的精神视作自然。当然，这里包含着对既有的"道德剧"框架的反拨，但更包含着他自己无法回避的某种经验。恐怕它是对于如下事态的经验，即"自我"不仅超越了任何分析，也限制并破坏了自己本身；它也是对于如下奇怪事态的经验，即应该不存在的东西不仅存在着，而且没有比它更现实的东西了。（第9—10页）

在此值得注意的是，这种"人的内在＝自然"不仅和一般意义上的"大自然"（包括人性［human nature］）无关，也和所谓的"自然而然"无关。用《意识与自然》中的论述来说，这种"自然"最终指向的是人的生存的无根基性本身，或者说，"自然"指的是人的偶然存在这一无法加以说明的事实。这种"自然"拒绝分析、拒绝理解、拒绝被合理化，在理论上"不应该存在"，"正因难以对付，所以莎士比亚才将它叫作'自然'"（第 10 页）。

面对这种令人感到眩晕、焦虑和不安的"自然 = 人的内在 = 赤裸裸的存在"，或者说，为了躲避与这种莫可名状的"自然"面对面，人们往往会炮制出种种"意义"来为自身的存在赋予必然性和方向性，而这就是所谓"'赋义'的悲剧"。柄谷指出，这种旨在给自己的偶然存在奠定基础的"意义之疾"并不是"现代性"的产物，反倒是"现代性"的原因：

> 更进一步，我想说的是，这不仅仅是产生于西欧的一种思潮。就算真是这样，这里也隐含着一种只能说是"人原本就如此存在"的问题。我们已经无法追问起源，因为对于起源的追问里，已经包含了上述问题。（第 15 页）

众所周知，对于"起源"的追问，恰恰是柄谷去国赴美、经历了他等待多时的思想上的"切断"之后所完成的名著《日本现代文学的起源》的核心关切。在那里，对"起源"的追问被演绎为一系列认识论式的"颠倒"，经过这种水平层面的翻转，关于起源或本质的问题被柄谷轻易消解了。（因此，我们在下一章将首先考察这部与文学密切相关的著作，然后再回到此前发表的《马克思，其可能性的中心》。）与之相对，柄谷在《论麦克白》这里则以完全不同的方式拒绝追问"起源"：任何设立"起源"的提问方式，任何试图探究"意义之疾"何以产生的努力，都已经处在"意义之疾"所规定的范围之内了——我们几乎可以说，"意义之疾"在本体论的意义上为人的生存方式划定了一条边界。

因此，在正式分析莎士比亚的文本前，柄谷其实已经让自己的问题意识远远超出了莎士比亚作家论的范畴，以至于他可以直接宣布，自己接下来的阐释并不关心历史上的莎士比亚的心理或思想，因为这些和他所展现的文本世界无甚关联（第21页）。与之相比，在柄谷看来，更重要的是莎士比亚所分享的那种弥漫于整个时代的清教氛围：

> 毋宁说，与"悲剧"相关的是开始渗透这个时代的清教。……跟"悲剧"相关的不是清教的教义内容，而是其根底处的东西，即对于自我的无限扩大丧失信心，对于无法应对自我而感到的沉痛。这种沉痛从何而来并不重要。不过，可以说，无论在清教那里，还是在伊丽莎白女王的晚年政治那里，共同存在一种精神状况，即丧失外部的自我立足根基的人开始以自我封闭的方式建立自律性，而这种自我封闭与沉痛的心情结合在一起。（第22页；强调为引者所加）

简言之，被柄谷以存在主义式的口吻强调的这种"悲剧性"，正类似于清教徒从教会这一组织性权威的统治和管理下摆脱出来，从此以后必须以非中介的方式直面上帝：毫无疑问，这是一种自由而艰难的个体处境。当一个人意识到社会与自我的分裂，意识到自我与他人的关系的分裂，从而试图退回"内面"来为自己的生存、为自己的自我同一性寻求和建构一种自洽的、自我封闭的、自律的意义结构，便成为一个既不得已又最终不可能实现的选项。重复一遍：这并不是说清教的传播影响了莎士比亚，或清教的教义产生了"意义之疾"；不如说，正是在和清教的类比中，莎士比亚笔下的麦克白所置身的生存与意义的困境才得以显示其普遍性。因此，柄谷的论述从始至终都未曾局限于莎士比亚或伊丽莎白女王治下的英国，甚至未曾局限于欧洲；相反，在他看来，正是对于人之存在的根本困境的揭示，才能解释"为什么清教这一时期能够在英国渗透"（第22页），同时也可以解释其后历史上发生的所有革命：

> 清教革命显示了其后的革命中出现的一切要素。因为它是为了"民众"的革命，也是最初的观念性革命，即试图用自律性的观念来裁断现实。（第23页）

毫无疑问，我们可以联想到历史上发生的许多政治和社会运动，如何以某种理想或理念为口号来一方面证成各种暴力手段，另一方面为参与者提供行动的终极意义。不过，柄谷接下来的论述马上打破了这里貌似清晰的"意义"与"人的内在＝自然"的对峙——事实上，"意义"并不是外部发明和强加的东西，而恰恰是"自然"的产物：

> 在我看来，莎士比亚在《麦克白》中最为彻底地贯彻了下述做法，即把精神视为"自然"。……在《麦克白》中，一切都是从"精神"这个奇特的生物那里产生的。（第27、28页）

在这里，被称作"精神"的"自然"，无非就是之前提到的"内面"。如前所述，"意义之疾"产生于人们不敢面对自己生存的无根基性，因而通过建立内在的意义结构和自律性、通过为"自然"赋予"意义"而将自己局限在自洽的封闭结构之中；但另一方面，柄谷在此强调，这种"赋义"过程本身并不是"自然"的对立面或他者，而恰恰就是来自"自然"本身。换言之，当人们"丧失外部的自我立足根基"而转向"内在"的时候，这种令人无法承受的赤裸裸的"人的内在＝自然"会自然地形成某些观念或意义结构，让人得以栖身和自我封闭于其中。

正因如此，值得注意的是，如果说清教徒成功在如此提供的意义结构里安顿了自己，那么麦克白则始终无法对魔女为他做出的预言，即为他的生存提供的"意义"感到安稳，而是不断地挣扎于"意义"和"无意义"之间，挣扎于某种意义结构所规定的伟大角色（国王）和对于这种身份角色的拒绝之间。这可以说是麦克白相对于"意义之疾"的特殊性所在。例如，让我们看一下柄谷的这两段话：

麦克白首先感到迷迷糊糊。令他发生这和变化的不是他内在的野心，毋宁说恰恰是他内心所不具有的东西，换句话说，即发现他内心什么也没有。（第29页）

他还不是国王——除此之外，他什么也不是。换言之，如果不是国王，他就什么也不是，而做什么或不做什么都于事无补。现实突然褪色，他作为武将的生活变成了一种单纯的偶然。成为国王的必然意识，由此把他的现在变成偶然。魔女的作用仅此而已；不如说，有没有魔女都一样。（第30页）

最后这句话再怎么强调也不为过：因为魔女在《麦克白》中似乎始终是一种外来的形象，一种神秘的他者，几位魔女从一开始就对麦克白的命运做出了规定性的预言，也在剧中预言了麦克白的陨落。然而，柄谷强调，这些预言（"意义"）不是原本与麦克白无涉的"外部"，而不外乎是他"内心什么也没有"的事实所形成的结果。"一切都是在他内心产生的，是自己吞噬自己的那种自律性的结果。"（第40页）

但麦克白的独特之处在于，他并没有让由此形成的"意义"（"成为国王"）充分规定自己的意识，尽管他的行为模式确实受其左右。在获得一个有待实现的意义之后，麦克白反而感到自己失去了生活的意义："成为国王的必然意识"令他迄今为止的生活变成一种无意义的"偶然"，可这种观念的必然性非但没有为他的行为提供意义，反而取消了其行为的全部意义，因为他意识到"无论做什么或不做什么都是一样的，都和将来自己确实会成为国王这件事没有关系"（第30页）。类似地，可以说在任何一个自我封闭、自我完成的意义结构里，观念的"必然性"从一开始就脱离了人们的行动、慎思和决断，仿佛人们仅仅是观念在历史上自我展开、自我实现的一个道具；恰恰在"意义之疾"为人们所带来的"必然性"面前，人的存在本身成了无足轻重的偶然。

因此，麦克白的独特之处在于，他在被意义或观念攫住后表现出来的所有貌似疯狂的行为举止，从外部看固然是受控于"成为国王"这一"必然意识"的结果，但从内部看则同样呈现出他想要摆脱这一困境的挣扎姿态：

> 为了从中摆脱，也许他什么都可以做。他并不是想成为国王，但如果不成为国王，就无法从这一状态中摆脱出来。（第30页）

通过成为国王、实现预言而摆脱预言，通过将"意义"贯彻到底而突破意义结构——麦克白的这一姿态和柄谷本人在其后很长一段时间内的工作方式，产生了惊人的共振。并且，如我们在后面的章节还会谈到的，正如麦克白最终走向彻底的疯狂，柄谷也将在1983年的时候因写作《语言·数·货币》这篇标志其在"内部"进行缠斗之顶点的论文（收录于1985年出版的《内省与溯行》之中）而经历身体、思想和精神上的多重折磨，最终不得不放弃这篇未竟之作。

无论如何，麦克白不仅仅是一个受困于"意义之疾"

的悲剧主人公；毋宁说，未能彻底地陷入"意义之疾"、未能忠实于"成为国王"的必然意识，才是《麦克白》的悲剧性所在。面对"伦理维度和本体论维度"的断裂，面对生存的彻底无根基性，麦克白并没有充分回到一个自我封闭的意义结构中，而是逗留在这个形成于自身内部的意义结构的边界处，并将这个结构的可怕的诱惑呈现了出来：

> 他不理解事情为什么会变成这样，但他别扭地感到，自己在这里如此存在这件事本身，无论如何都无法容忍。他无法原谅的不是敌人或叛徒或魔女，而是作为"可悲的演员"而存在于此的自己。最后在麦克白这里留下的是这样一种自我意识：哪怕一切都是噩梦，那也是对这一噩梦始终感到违和的自我意识。（第59页）

如前所述，"意义之疾"产生的契机是人们回到自己的内在、不得不直面作为"自然"的"自我意识"的时刻。对于麦克白而言，这便是魔女对他说出预言的时刻——只不过，"成为国王"的观念并没有消除原本已经存在的、有关自我生存的违和感，反而强化了这种违和感。柄谷从麦克白最后对麦克德夫说出的台词那里——"来，麦克德夫，谁先喊'住手，够了'的，让他永远在地狱里沉沦"[1]——读出了麦克白对于"意义"的根本拒绝：

---

[1] 莎士比亚：《麦克白》，《莎士比亚全集》（第5卷），朱生豪等译（人民文学出版社，1994年），第277页。

这里存在的是拒绝一切"意义"的男人，停止以
各种形式为自己赋予意义的男人。我不跟你战斗，这
句话的意思不是屈服。与并不存在的东西战斗，反而
会生成这个东西。（第61页）

　　于是，麦克白所无法解决的困境在于，他既拒绝"意
义"，同时又拒绝虚无主义式的"无意义"或"荒诞"，因
为选择后者同样是一种赋予意义的方式（第64页）。换句
话说，麦克白最终拒绝的是莎士比亚其他悲剧中的主人公
们的"悲剧性"：柄谷指出，如俄狄浦斯王那样，在其他悲
剧主人公那里，尽管他们同样认识到人是没有"本质"
的，但通过自己的死亡，他们得以回溯性地为自己的人生
赋予意义和本质，"死亡将生命变成命运"（第63页）。所
以，悲剧主人公们通过自己的悲剧性死亡，反而完成了自
我，完成了自己赋予自己的悲剧性意义；与之相对，在麦
克白这里，死亡的这种"赋义"作用遭到了否认，死亡不
再是一种不可能的可能性（海德格尔语），而仅仅是生命
中的又一次偶然罢了。徘徊于"意义"和"无意义"的边
界、始终不能从对于自身生存的"违和感"中得到解脱的
麦克白，与其说类似于诉诸暴力手段进行"革命"的激进
左翼青年（包括"联合赤军"），不如说更类似柄谷本
人——对于充斥着各种理念却无法回应现实社会的学生运
动感到彷徨的柄谷本人。

四　麦克白：悲剧，或对于悲剧的否定

既然对于麦克白来说，最终"世界既不是有意义的，也不是荒诞的，而仅仅是存在于那里而已"（第63页），既然世界仅仅存在着、个人仅仅存在着，那么，我们从这一偶然的事实中无法也不应该得出任何规范性的意义或观念。这种困境究竟源于本体论意义上的人的根本存在方式，抑或是现实社会和历史的特定结构所造成的结果，对于柄谷来说并不重要；重要的是，柄谷认为麦克白最终通过这种处境而摆脱了"意义之疾"的陷阱——当他浑浑噩噩地成为国王、做出一切受到观念支配的疯狂举动之后，麦克白几乎从自己的意识中撤退出来，将自己转化为一种机械性的、非人性的存在：

> 在他最后的战斗里，他自己不承认有任何意义。将现场的敌人尽量多地从世界消灭，这不过是一种单纯的、几乎是物理性的操作而已。他的战斗甚至不是"对于荒谬的反抗"。"对于荒谬的反抗"本身是试图恢复意义的行为，是在没有上帝的世界里将他者预设为上帝之替代物的伦理行为。（第64页）

> 他最后的战斗，是摆脱了希望和绝望的人的那种单纯明快的行为。（第65页）

在这个意义上，麦克白的悲剧性反而吊诡地成了对于"意义之疾"的解答。这一解答含有两个向度。具体而言，

第一，我们要意识到，"意义之疾"并非来自外部，并不是某种我们可以通过坚持自我或回到受其影响之前的"纯洁"状态而摆脱的东西——我们对于某种意义结构的反抗就只会让我们陷入另一种意义结构之中（例如，争论谁才是真正的"马克思主义者"，或陷入思想和政治立场上的"左右之争"）；相反，"意义之疾"源于我们的生存状况本身，源于我们在丧失外部的根据后退回内面寻求安稳的冲动，源于我们无法忍受和直面那令人不安的"自然"所引起的逃避。由此形成的内部的意义结构，让我们可以遮蔽生存的偶然性、不确定性和无根基性，自我构筑一个意识的封闭空间。因此，例如在麦克白那里，我们可以说，"成为国王"的观念并没有将麦克白迄今为止的戎马生涯变成一种偶然，而是以直截了当的形式向他揭示：无论他做什么或不做什么，他的人生从来都是偶然的。无论是作为武将的人生，还是那种为了成为国王而不惜一切的人生，还是平庸的人生，归根结底，都是对于"人的内在＝自然"的遮蔽——或者说，都是其自我遮蔽。

柄谷并没有告诉我们，为什么麦克白突然被（来自内部的）魔女的预言攫住；不过，通过将麦克白的"悲剧性"类比于清教带来的时代氛围，进而再将它扩展到人的生存的本体论状况本身，柄谷想说的其实已经很明确了：我们早已置身于同样的历史条件中，至于随时可能将我们迷住的"意义之疾"究竟会以马克思主义的形式还是以（例如）自由主义的形式现身，不过是另一种偶然。

第二，因此，面对"自我意识"的这种没有出路的自我缠斗，柄谷最终在麦克白的"物理性操作"中找到了摆脱"悲剧"的方法——说到底，这不仅是对"意义"的拒绝，更是对意识、内面、人性、命运、历史、语言的总拒绝：

> 麦克白放弃了和魔女的战斗，也拒绝了麦克德夫让他从中回撤的邀请。他拒斥的是"自己的存在并无意义"这种想法本身，拒斥的是必须以某种方式为自己赋予意义的做法本身。他最终从所谓"悲剧"的陷阱中挣脱出来，从那种首先在自我和世界之间设定表面上的距离，然后再将人引向和解的装置中挣脱出来。他拒绝"悲剧"。但是，我们是否要说，对于"悲剧"的拒绝本身也是"悲剧性"的？有可能是这样。但如果是这样的话，确乎可以认为，我们没有从"悲剧"中脱身的方法。（第66页）

这就是前文提到的、令柄谷自己感到手足无措的结尾。在这里，"悲剧性"带上了完全不同的两层含义：一方面是"意义之疾"的"悲剧"，它的极端形式是以死亡作为自我意义的完成；另一方面则是对此予以拒绝的"悲剧"，它意味着放弃"自我意识"、意味着从模糊暧昧的人性退回到"单纯明快"的"物理性"。这里的问题在于：很显然，站在外部旁观者的角度来看，上述区分是不存在的。换言之，例如《麦克白》中的其他剧中人物，无法从麦克白的骇人听闻的行为中判断他究竟是受困于"悲剧"的陷阱，还是摆脱了这种陷阱。这是两个完全不同的"麦克白"。类比于"联合赤军事件",我们甚至可以说,站在外部旁观者的角度来看(顺带一说,在柄谷写下这篇文章时,人们尚且无从知晓"联合赤军"的当事人如何理解自己的行为),我们无从判断这些激进的青年所做出的凌迟、绑架和杀戮等暴力行为,究竟是受困于"意义之疾"的结果,还是"自我意识"湮灭后留下的单纯的"物理行为"。因此,吊诡的是,柄谷的这篇文章既可以被视为对"联合赤军事件"乃至对60年代以后日益激进和混乱的学生运动的批判,又可以被视为一种奇特的辩护。

并且,"辩护"的色彩甚至超过了"批判":这是因为,如果由"伦理维度和本体论维度"的分裂所导致的"意义之疾"或多或少属于我们每个人所置身的、无法摆脱或回避的本体论状况,那么,无论是像宗教原教旨主义者那样采取激进行为造成破坏,还是如一般人那样安分守己,这些行为模式最终都不过是每个人各自所处的自我封闭的意义结构所导致的结果而已。换言之,安分守己的一般人同样会因为偶然的契机而做出骇人听闻的举动。就此而言,如麦克白一般对自己的存在感到不安乃至陷入疯狂,反而吊诡地成了迈向"意义结构"外部的第一步。不过,这也并不是什么稀奇的事情:一个把教义演绎到极致的狂热信徒,往往比一个马马虎虎的信徒更有可能摆脱他的信仰。

在此,《论麦克白》的这个奇特的结论,可以让人联想到秋山骏关于"内部之人的犯罪"的论述——这个表述具体指的是轰动一时的刑事案件"小松川事件"的犯人,即朝鲜裔少年李珍宇。在上一章中，我们已经看到，柄谷在《意识与自然》中也简短提到了这位少年的名字。这起事件的大致经过如下：1958 年 8 月 17 日，东京江户川区的东京都立小松川高等学校的一名 16 岁女生下落不明。几天后，《读卖新闻》编辑部接到了一通电话，一名男子声称自己杀害了该女生并将遗体丢弃在现场。警察到现场搜查后一无所获，正以为是骚扰电话，第二天该男子又打来电话，报告了遗体的具体所在位置。同年 9 月 1 日，警察逮捕了当时 18 岁的凶手李珍宇。对于这起诡异的凶杀案，秋山骏认为，值得注意的问题在于，无论是凶手本人还是媒体，在很长一段时间内都使用了"没有理由的杀人"这样的说法来描述凶手的行径；在秋山骏看来，这恰恰是他所谓的"内部之人的犯罪"的特征：

> 一边杀人，一边想着"勒死他的是我"，然而整个过程却像梦境一般——这就是缺乏外部证据的内部行为的特性。内部行为是仅在意识内部完成的行为。它最终是一种梦一般的行为，或是梦中的行为。对那些被禁锢在仅由意识追逐意识、想象追逐想象的漩涡中生活的人来说，一个行为的哪部分是内部的，哪部分是外部的，这种区分变得模糊，边界的标识失去了严密性，变得稀薄。①

在秋山骏看来，无论是对于凶手而言，还是对于置身

---

① 秋山駿「想像する自由——内部の人間の犯罪」，秋山駿『内部の人間』所収，第 147 頁。

于同样的历史状况中的我们每个人而言，像凶手那样采取极端手段的做法，最终都是试图从"梦一般的行为中走出去"的努力而已："这一步表现为行凶。"① 换句话说，没有什么能够保证其他人不会偶然地做出像这位 18 岁的凶手那样的行为——不是因为我们每个人都有类似的犯罪动机，而恰恰是因为我们作为"内部之人"，在自己的意识中都没有明确的动机，也没有明确的内部与外部的边界感。

不难看出，这段分析和柄谷对"意义之疾"的论述非常相似。当然，如上一章所述，对我们来说，重要的问题并不是柄谷的早期批评实践在多大程度上受当时流行的文艺批评话语和风格的影响，而是他如何以自己独有的眼光和方法，从"伦理维度"和"本体论维度"的矛盾和张力中，揭示突破意识的封闭结构的"外部"。在此，如果我们将秋山骏关于"内部之人的犯罪"的论述和柄谷关于麦克白最终摆脱"'意义之疾'的悲剧"的论述比较一下，便能够看到两者在"悲剧性"的问题上的重要区别：在秋山骏那里，哪怕是杀人这样极端的行为，最终只是"内部之人"无法从自己封闭的意义结构之中脱离的一个症候，也是一种绝望的表现；与之相对，在柄谷这里，麦克白的机械式的物理行为恰恰如斩断戈尔迪亚斯之结一般，从根本上拒绝了"内部之人"的问题。也就是说，在麦克白的杀人和意义结构之间，不仅不存在手段和目的的关系，甚至不存在任何关系。

---

① 秋山骏「想像する自由——内部の人間の犯罪」，第 147 页。

但是，上述结论的确是一个足以让作者本人感到手足无措的事态。关于这个结论，柄谷在"第二版后记"和文库版的"后记"中，分别有过以下说明：

这部作品对我来说是一次例外的经验……开始写的时候和写完以后，我完全不一样了。写完的时候和最初的计划有出入，这是当然的，而且不如此就不会感到写完了。但是，当时发生的事情有着本质的不同。可以说，我感到的是"不好，写出来了"，世界突然变了样子。我记得当时自己近乎手足无措，感到困扰。①

我当时完全忘记的事实是，自己重写了这篇《论麦克白》的初稿，特别是最后几页。我在"第二版后记"里稍微提到了这件事。实情是这样的。1972年秋天，我把花了数月时间写成的《论麦克白》交给《文艺》编辑部。编辑指出的意见，不过是几个表达上的问题。但是，在修改过程中，突然脑子里出现了不得了的想法。这导致文章最后部分和当初写的内容完全相反了。初稿是怎么写的，如今记不太清了，但肯定写的是麦克白落入了"'悲剧'的陷阱"，落入了"在自己与世界之间先设定表面上的距离，然后将人引向和解的那种装置"。改稿后的麦克白，成了"拒绝悲剧"的男人。写作之前自不用说，就是在初稿写完之后，都完全没有想到过这一点。当时我"近乎手足无

---

① 柄谷行人『意味という病』，第311頁。

措"，也正是这个原因。①

表面上看，主张麦克白究竟陷入还是摆脱了"'悲剧'的陷阱"，的确属于截然相反的两种结论；但正如之前提到的那样，一旦我们着眼于麦克白做出的行为，那么上述对立就不复存在了——或者说，麦克白不安于"意义"和"无意义"、同时对两者进行抵抗的行为，也保留了两者的可能性，正如我们可以从同一种暴力行为中读出"目的证明手段合理"，也可以从中读出单纯物理性的、"没有目的的手段"。甚至可以说，对于放弃了"自我意识"的麦克白本人而言，自己究竟是否摆脱了"意义之疾"的悲剧，已经是无足轻重、无关紧要的事了。这或许确如柄谷所说，是麦克白的另一层"悲剧性"所在。

然而，在"意义"和"无意义"甚至包括"自我意识"都湮灭于"物理性操作"的"单纯明快"之后，我们如何重新提出伦理问题、如何重新确立价值和秩序？——不要忘了：对于社会的一般大众而言，对于能够在既定的体制和意义结构中安身立命的民众而言，包括"联合赤军事件"在内的一系列激进的左翼社会运动，首先具有鲜明的伦理意义：它们是危险的、错误的、可怕的、坏的。正是在这个意义上，我们可以重新理解柄谷在《论麦克白》之后陷入的某种"虚无主义"式的状态：问题并不在于《论麦克白》的结论仿佛成了对于"联合赤军事件"的辩

---

① 柄谷行人『意味という病』，第316页。

护；毋宁说，无论对麦克白的行为乃至"联合赤军"的行为做出何种阐述，围绕个人生存的本体论状况的这些论述，都无法和社会上的一般认知形成有效的互动和联系。麦克白的"物理性操作"不仅切断了自己的杀人行为和意义结构的关联，也切断了这种存在主义式的考察和社会结构的所有关联。重复一遍，这里不仅涉及批评方法，更涉及时代状况的整体变化。到了 20 世纪 80 年代，柄谷在一次对谈中如此回顾当时的状况：

> 1973、1974 年左右……从外部来说，是发生了联合赤军事件和石油危机的时期。当时我无法再进行迄今为止的那种批评工作，总觉得不进行某种"切断"就什么也干不了。这和另一种认识也有关系，即自己所属的 60 年代的批评模式已经不行了。……在我的记忆中，在 60 年代的批评中，江腾和吉本各自以不同的方式表明，所谓宏观宇宙和微观宇宙之间存在着对应关系。……因此，当时就有这种对应关系：无论是多么小的斗争，无论在何种状况下斗争，都是等价的。……在 1973、1974 年左右，我感到这样的对应关系的世界已经毁坏了。①

在柄谷看来，"宏观世界"和"微观世界"的对应关系之所以能成立，其前提恰恰是将"微观世界"设想为一种完全自我封闭的空间；说得更彻底一些，左翼学生组织

---

① 柄谷行人、加藤典洋「批評における盲目と明視」，加藤典洋『空無化するラディカリズム』所收，第 90—91 頁。

也好，"文坛"也好（"文艺批评"这一文类自然也包含在其中），正由于日本存在着这种在自我封闭的空间内通过"对应关系"的游戏来寻求"外部"的做法，例如，秋山骏关于"内部之人"的论述才会应运而生并流行一时。从政治的层面上说，60年代的各种学生组织和运动自发地将自身的理论和行动与全社会乃至全世界的变革自然地关联在一起，在背景上同样依赖于这种对应关系。在这里，我们完全可以将"微观世界"和"宏观世界"理解为"意识"和"社会/政治"。然而，柄谷指出，自己在1973、1974年陷入消沉时意识到，当这种对应关系不复存在时，一般意义上的"政治"便作为某种无法轻易撼动的东西矗立在面前："在宏观世界中，也就是说，在我们普通尺寸的世界中，美国也好，日本也好，存在着政治，而政治作为政治存在着，这一事实得到人们的承认。我从未无视这一事实。但是，要说如今自己想做什么，那我想做的就比如是更加微观地审视微观的世界。"①

对于柄谷从"消沉期"恢复后的思想来说，这段话透露了两个彼此相关的要点：一方面，"更加微观地审视微观的世界"，指向了柄谷其后在《作为隐喻的建筑》和《内省与溯行》等著作中展开的关于语言、货币、数的考察，也就是对于被柄谷统称为"形式化"问题的考察。另一方面，"政治作为政治存在着"的单纯而坚固的"事实"，则意味着以自我意识为出发点而通往现实政治的道路并不存

---

① 柄谷行人、加藤典洋「批評における盲目と明視」，第105页。

在，而这也就要求柄谷将视点从"意识"或"内部"那里移开。在回顾柄谷 70 年代的工作时，90 年代与柄谷共同创办了著名的思想杂志《批评空间》的浅田彰在一次座谈会上，与柄谷、莲实重彦、三浦雅士讨论有关战后文艺批评，也提到了当时知识分子所处的这种思想和文化环境的封闭性：

> 柄谷在 1972 年出版第一本书《恐惧之人》的同时，也撰写了《论麦克白》，在那里以明确的形式显示了想象界的封闭领域的破碎和实在界的呈现，显示了无法在主观上被赋予意义的"现实"或"外部"。由此，在此以前的所有讨论——诸如个体和全体的想象性对应关系，以及建立在这一基础上的个体身份和共同身份等等——可以说都一举被切断了。[1]

当然，根据我们在此对《论麦克白》的阐述，与其说柄谷的这篇文章直接"以明确的形式"呈现了某种无法被赋予意义的"现实"或"外部"，不如说正是因为其结论的暧昧性和由此给柄谷本人造成的困扰，让柄谷不得不看到了"想象界的封闭领域的破碎和实在界的呈现"。于是，站在学生运动的时代的终点——甚至某种意义上也是 60 年代批评话语的终点——如果要对学生运动所抵抗的"体制"有所回应，柄谷就必须移动他位于学生运动的内部的位置，必须从检讨"体制"的运作方式而不是主体性的

---

[1] 参见柄谷行人编『近代日本の批評Ⅱ』，第 155 页。

"抵抗"的角度，重新开始他的工作——在我看来，这也许可以作为我们探讨柄谷从字面意义上的文学批评向超越狭义的文学批评领域的《马克思，其可能性的中心》和《日本现代文学的起源》进行过渡的一条思想线索。换言之，在考察柄谷在70年代经历的某种"思想转变"时，我们可以大致将他在转变后关注的主题概括为"体制"和"形式化"，而柄谷围绕这些主题展开论述的关键词，又可以被概括为"差异的嬉戏""颠倒""不可决定性"，等等。在下面几个章节中，我们会具体地看到：一方面，任何一种"形式化"都将在达到自洽和连贯性的时刻迎来内部无法说明和证成的要素，这种要素在系统内部跨越层级的悖论性运作既会危及体系本身的自洽性，但这种要素又是体系发挥效力的可能性条件；另一方面，任何"体制"或"制度"的确立都有赖于一种根本的认识论颠倒，并通过颠倒来（再）生产自身的基础。

总的来说，进入70年代中后期，柄谷逐渐将自己的关注点从60年代以来不断探讨的"意识""自然"或"内面"那里逐步移开。当然，我们不能断然地说，柄谷的思考在某一时间点前后呈现出截然相反的面貌——如前所述，即便是在陷入了"虚无主义"状态后的1973年左右，柄谷依然撰写了不少学术文章。不过，尽管如此，柄谷在1979年和莲实重彦的一次对话中，仍然对自己当时的思想转变给出了一种简练的概括："如果从正面看待内面，肯定会被它掣肘，自己也变成内面的怪物。所以，不要试图和内面形成'对立'，而是要让场所发生移动，或者说从它那里做出偏离迂回。"① 我们会看到，这样一种思想或战略上的转变，不仅典型地体现在柄谷在 70 年代撰写的两部主要著作中，而且将遥远地呼应他在 90 年代末重新在概念上提炼为"跨越性批判"（trans-critique）的思考方式。

　　尽管 70 年代的两部著作在方法上一脉相承，但考虑到主题上的关联性，我们在下一章中将考察出版于 1980 年的《日本现代文学的起源》，然后再回到 1978 年出版的《马克思，其可能性的中心》。我们会看到，虽然都是有关"现代文学"的论述，但柄谷在这部 1980 年的著作中展现的思考方式、侧重点乃至写作风格，将与他早期的批评形成鲜明对比。

---

① 参见柄谷行人、莲實重彦『柄谷行人莲實重彦全対話』，第 108 页。

第三章

"内面"与"制度"
——重访《日本现代文学的起源》

> 为什么总是失败者自白而支配者不自白呢?
>
> ——柄谷行人

一 《日本现代文学的起源》的"在地性"

在柄谷行人迄今撰写的大量著述中,《日本现代文学的起源》无疑是最有名的著作之一。收录在这部著作中的文章,最初于 1978 年至 1980 年以连载的形式刊登在《季刊艺术》和《群像》上,并在 1980 年作为单行本出版。自出版发行以来,这本书已被翻译成多种外语,并在世界各地获得众多读者——无论他们是否对日本现代文学本身感兴趣,或者是否读过日本现代文学。甚至可以毫不夸张地说,柄谷行人的许多读者,都是通过这本著作开始进入柄谷的思想世界的。与此同时,60 年代末凭借着独特的"夏目漱石论"亮相于日本批评界的柄谷,在该书中不仅放弃了自己早期的文艺批评所展现的缠绕文风,更是一改传统的文学史和作品解读的做法，几乎站在文学的"外部"来重新探讨日本现代文学的"起源"，即文学作为一种"制度"随着明治国家的建立而诞生的过程。

《日本现代文学的起源》的核心论旨并不复杂，而且已经被论者不断强调过了。简言之，在这部关于日本的"现代文学"的论著中，柄谷始终将"颠倒"一词作为他的方法论核心概念，以极其敏锐甚至极端的方式，挑战和颠覆了迄今为止关于日本现代文学的文学史式写作的基本方式、视野和前提，通过揭露"风景""内面""儿童""疾病"等貌似自然而然、客观存在的概念背后的历史性，试图从根本上扭转人们对日本现代文学之"起源"的考察和论述模式。① 任何熟悉（后）结构主义理论的读者，都不难从柄谷的这种论述策略中嗅到一丝当代法国理论的味道。② 从这个意义上说，柄谷被视为 80 年代在日本兴盛的

---

① 如铃木贞美指出的，柄谷所挑战的文学史叙述其实是战后由平野谦．中村光夫等人的文学史著作建立的，"根本的问题设定本身不过是昭和 30 年代形成的'文学史'制度框架内部的东西"（参见铃木贞美「起源論の陥穽——柄谷行人『日本近代文学の起源』批判」，铃木贞美『現代日本文学の思想——解体と再編のストラテジー』所收，第 56 页）。铃木据此认为柄谷缺乏对"这一'文学史常识'本身的历史性的认识"（第 57 页），但柄谷这部著作的主要意图不在于挑战某种文学史叙述，而是揭示由"现代文学"的制度所产生的更具普遍性的认识论效果。讨论各个时期文学史家如何撰写"日本现代文学史"，从来都不在柄谷的工作范围内。

② 例如，池田雄一在为柄谷的《反文学论》一书撰写的"解说"中，直接将《日本现代文学的起源》视为"将基于如今所谓的'结构主义'的方法导入文艺评论"的成功案例："'风景''内面'或'疾病'等被视为不证自明之物的概念，事实上不过是历史性的建构，这一问题设定与以福柯的谱系学为首的法国当代思想——以及在建筑领域开始谈论的后现代主义思潮——有关，[这一著作]也作为一个装置，发挥了把日本文学和'新学院派'衔接起来的功能。"（参见池田雄一「解説 視差の保存装置としての文芸時評」，柄谷行人『反文学論』所收，第 209—210 页）

所谓"后现代"思潮的代表人物之一——尽管柄谷本人曾多次否认自己的这个身份——或许并不是一个纯粹的误会。

柄谷在整理和写作《日本现代文学的起源》时，恰逢他于1975—1976年在美国耶鲁大学作为客座教授访问期间。事实上，在写完《论麦克白》之后，柄谷就萌发想要去海外旅行的念头，在1975年秋天赴美之前，柄谷曾在1973年夏天在欧洲短暂逗留了一个月左右，走访了法兰克福、巴黎、罗马、希腊等地。[①] 归国后过了一年，差不多在1974年秋天，当时在法政大学担任助理教授的柄谷有一天被同事河野撤叫住，让他一同去学校参加赴国外研究的抽选。据柄谷自己的回忆，当时会场内有十五名左右的参加者，而最终抽中资格的正巧就是自己和河野撤。由于需要自己决定和联系外国机构，柄谷便在江腾淳的引介下结识了当时在日本访问的耶鲁大学的日本文学研究者、夏目漱石小说的英译者麦克莱兰（Edwin McClellan），并得到后者的高度赏识。[②]

在耶鲁大学访学期间，柄谷开设了一门有关日本现代文学的课程，他为此准备的讲稿后来便整理成《日本现代文学的起源》中的章节。在回顾当初的备课经历时，柄谷说道："必须要思考的是，如何向美国人教授现代日本文学。总之先读了中村光夫的《明治文学史》，但我不想讲

---

① 参见柄谷行人「私の謎　柄谷行人回想録」（https://book.asahi.com/jinbun/series/11034787）。

② 同上。

这种内容。所以思考了很久。备课时写下的草稿，就成了《风景的发现》和《内面的发现》等论文的原型。"[1] 在这个意义上，正是作为陌生的"他者"的预设受众，使柄谷从一开始就不得不重新设定考察的位置和方法。空间和物理意义上的"外部"，也带来了思想的"外部"。

更重要的是，在"解构"理论逐渐开始流行于美国思想界（尤其是文学研究领域）的思潮中，柄谷与当时所谓的"耶鲁学派"的代表人物德·曼（Paul de Man）相识并成为友人。[2] 柄谷曾经多次提到，自己的工作和问题意识在日本国内罕有真正的理解者，而到美国并和德曼交流后，意外发现对方竟能迅速领会自己的所思所想——顺便一说，柄谷关于马克思最初的系统性研究《马克思，其可能性的中心》，也正是在德曼的鼓励和催促下修订完成的。我们从两人"惺惺相惜"来判断两者在思想上的某种相近性，也许并不是一种毫无根据的臆断；同时，考虑到柄谷在书中对福柯等"后结构主义"思想家的引用，如果我们认为《日本现代文学的起源》的论述策略和思考方式属于一种笼统意义上的"后现代思想"，或许并不是言过其实。在这里，重要的不是对"后现代思想"或"后现代主义"等语词做出精准界定；倒不如说，"反现代""解构"之类

---

① 参见柄谷行人「私の謎　柄谷行人回想録」。

② 当时同在耶鲁大学访问的著名知识分子，还有法国符号学家谷（Jean Joseph Goux）、意大利符号学家艾柯（Umberto Eco）等人。不过，柄谷对他们的评价不高："我从跟他们的交流中什么也没得到。只是知道了他们水平很低，感到了安心。因为他们并没有正视货币之谜，或自然语言之谜。"（参见柄谷行人「アメリカの思想状況」，柄谷行人『隠喩としての建築』所收，第293页）

的笼统和模糊的说法其实已经足以帮助我们在相当程度上厘清这本著作在当时历史语境中的思想位置。

然而，正因为柄谷和"后现代思想"之间的密切关系，《日本现代文学的起源》所引起的争议并不比它受到的赞誉少。例如，在日本国内，文学研究者铃木贞美就从方法论上对柄谷的工作提出批评，认为这一著作完全忽视了日本现代文学在具体历史脉络中的演变和形成。的确，柄谷在书中不但没有考察日本文学的"现代化"过程，甚至没有讨论"文学"一词在近代日本的形成和确立过程。① 在海外学界也出现过对柄谷所采取的论述策略和方式的质疑，认为这本貌似应该属于文学史范畴的著作仅仅是对同时代欧洲"后现代思想"的一次模仿或重铸，不构成真正意义上的"文学史"论述。事实上，对于上述两种出发点不同但均涉及"文学史写作"的批评，柄谷自己在《日本现代文学的起源》的"后记"中已有所交代和回应："其实要给《日本现代文学的起源》这个标题中的'日本'

---

① 例如，铃木贞美严厉地批评道："简言之，柄谷行人既不懂得欧洲精神世界与日本文化的实情差异，也不懂得江户时代到明治时期的精神史；既不考虑表达的历史性，也不考虑作家的努力，仅仅是在搬弄欧洲的廉价理论而已。"（参见铃木贞美『「日本文学」の成立』，第 151 页）顺带一提，铃木在这本著作中调动了大量资料来重新勾勒"日本文学"，尤其是"日本现代文学"的发生和演化过程，虽然远比柄谷的著作来得翔实和细致，但也正因为面面俱到，导致在大的论述方向上显得十分芜杂。不难想见，在日本国内的文学研究领域，对于柄谷的阐述持有类似批评的并非铃木一人；不过，柄谷的这部著作在"国文学"的研究领域如何被接受，并不是我在此关心的问题，甚至也不是柄谷关心的问题。例如，柄谷在《日本现代文学的起源》的"后记"中的一句话，不能不说带有十足的针对性和挑衅意味："如果本书被作为又一本'文学史'来阅读，我或许会苦笑；不过，对于在回避本书的情况下冒出来的批评性话语，我只能报以怜悯的一笑"（柄谷行人『日本近代文学の起源 原本』，第 247 页）。

'近代''文学'等语词，尤其是'起源'这个词加上引号……本书不是这个标题所指示的那种'文学史'。我采用文学史资料，恰恰是为了批判'文学史'。"①

换言之，《日本现代文学的起源》的根本问题意识，并不是在一般所谓历史或文学史的意义上探讨日本现代文学从何种思想土壤中兴起；相反，它恰恰意在揭示：每当我们试图以文学史的写作和思考方式来勾勒"日本现代文学的起源"，我们习以为常的那种回溯性的、直线发展式的对于某个特定"起源"及其后果的观察视角，事实上已经是一种——用柄谷自己的话来说——现代性的"认识论装置的颠倒"的结果。也就是说，当我们试图回到近代以前的文本中寻找"风景""内面""个人"等主题如何得到表达，当我们试图回溯性地确立前现代和现代之间的连续性或非连续性，我们已经不自觉地落入现代认识论装置所规定的问题边界，从而将一系列被历史性地建构起来的概念和认知范畴当作自古皆然的、不变的、中性的、客观的存在。对于这一论述主旨，柄谷在后来的一次演讲中凝练地总结道："我们当作不证自明的'文学''内面'，不过是

---

① 柄谷行人『日本近代文学の起源　原本』，第 247 页。众所周知，在出版英文版时，柄谷曾对书稿做出很大改动（主要集中在第一章和第二章）；这些改动后来反映在岩波书店出版的"岩波现代文库"版本中。不过，按照小林敏明的说法，此书最初的版本流传更广也更有影响（参见小林敏明『柄谷行人論』，第 108 页）。因此，在接下来的论述中，我也将主要以最初版本作为参照，因为就将要讨论的话题而言，几个版本之间的差异并不会影响我的论述。关于改动后的版本，参见柄谷行人『定本　日本現代文学の起源』；中译本参见柄谷行人：《日本现代文学的起源（岩波定本）》。

19 世纪末形成的东西罢了。"①

在《日本现代文学的起源》中，"风景""儿童""内面"乃至"文学"，都被柄谷称为"制度"。这里所谓的"制度"，不仅指国家、学校、公司等拥有相对明确法律地位和边界的社会组织，更包括所有在通常人们意识不到的情况下规范人们的行为、表达、认知和判断的东西。如真铜正宏总结的那样，"制度"一词在柄谷的用法中往往意味着"已经被人作为前提的意义体系，这种体系的存在被视为不证自明，人们不会追问它的基础，它也禁止任何的自我指涉。例如，一个国家的语言就是在禁止自我指涉的基础上成立的形式体系"。② 在这个意义上，包括我们的日常用语在内的各种"制度"，其首要特征便是让置身其中的人误以为它是自然的、不会改变的，甚至是必然的。而柄谷的工作就是不断追问每一种"制度"的"起源"，揭示其中被遮蔽的认识论颠倒，拆解由这样的颠倒所产生的形而上学。关于这一点，柄谷在探讨"风景的发现"时写下的一段经常被引用的论述，再好不过地展现了柄谷的问题意识和方法："风景一旦确立之后，其起源则被忘却了。这个风景从一开始便像是存在于外部的客观之物似的。其实，这个客观之物毋宁说是在风景之中确立起来的。主观或者自我亦然。主观（主体）、客观（客体）这一认识论的

① 柄谷行人『言語と悲劇』，第 92 页。
② 参见真铜正广「制度」，関井光男編『国文学解釈と鑑賞別冊　柄谷行人』所收，第 176 页。

— 093 —

场也是确立在风景之上的。就是说，并不是一开始就存在着的，而是在风景中派生出来的。"①

不难发现，柄谷的这种论述方式和福柯的"知识考古学"颇为相似；更广义而言，它和当时盛行于欧美学界的"后现代思想"——后者旨在质疑、动摇、颠覆一切被视为自然或固有的既有制度和秩序，拆解、模糊、颠倒、取消一切运作其间的二元对立，显示这些貌似不证自明的制度和秩序背后的历史性和社会性——形成了相当程度的思想共鸣。用《日本现代文学的起源》中译者赵京华的话说："一本薄薄的论述日本现代文学的批评随笔名副其实成了经典之作，受到世界性的关注。究其原因大概……在于透过文学现代性的批判来解构现代性文化思想这一写作策略，以及在世界史背景下阐释'日本'经验的方法论。"②（不过，也正是在这个意义上，无论从内容、方法还是风格上看，相较于收录在前两本评论集《畏惧之人》和《意义之疾》的文章，《日本现代文学的起源》都很难被归为柄谷真正的"早期著作"。）

站在今天的角度回顾，柄谷在《日本现代文学的起源》中尝试展开的工作，自从这本著作出版以来，无疑已被不同领域的研究者们发挥和借鉴，也是这本著作在世界各地收获大量读者的重要原因。关井光男甚至认为，"在柄谷行人以后，日本文学研究的话语不仅在日本，而且在

---

① 柄谷行人：《日本现代文学的起源》，赵京华译，第24页。
② 参见赵京华：《日本后现代与知识左翼（修订版）》，第76页。

欧美也发生着变化"，以至于有关日本文学的批评和研究在"世界层面上"都发生了转变。① 换言之，柄谷对于"日本现代文学"的颠覆性讨论，将原本属于一个特定学科范畴（如日本文学研究或东亚研究）的内容，从既定的、狭隘的学科边界内解放出来，从而为不同地域和不同研究领域的学者们讨论"文学现代性"问题乃至讨论"现代性"本身，提供了非常值得借鉴的方法和视野。对此，著名的马克思主义理论家杰姆逊（Fredric Jameson）的一段论述可谓颇有代表性——他在为《日本现代文学的起源》英文版所作的"序言"中如此评价这部著作的意义：

> 柄谷行人用"颠倒"这一概念进行了一系列出色的理论施展——他的著作用日文写于 70 至 80 年代之间，却超越了那些更早的似乎已被忘却了的关于现代性的理论，而今天有关这些理论的解说书似已汗牛充栋。柄谷行人著作打动我们的主要理由，不在于他用"后现代"的方法分析了由明治维新所建构起来的现代自我、书写、文学和科学的客观性等制度，为我们提供了"替代性的历史"。而在于为我们展示了一个巨大的日本现代化的实验室。在此我们可以用新颖的慢镜头方式，看清我们自己的现代化特点（这一新颖的方式大概可以与一种更为古老的传统历史学或社会

---

① 参见関井光男「あとがき」，関井光男编『国文学解釈と鑑賞别冊　柄谷行人』，第 344 页。

学相比，例如电影之于小说，或者动画片之于纪录片）。①

可以看到，杰姆逊的"西方"立场和他对于日本现代文学本身或许缺乏足够知识背景的事实，反而凸显了柄谷这一著作惊人的理论射程。在中国的语境下也同样如此。例如，柄谷在书中关于日本明治初期的"言文一致"运动如何生产一种新的"语言"的论述，对于中国学者重新讨论 1910 年代的"新文化运动"对于"白话文"的强调、重新讨论"国语"的问题等，无疑有着重要的启示性；而他对山水画、"脸谱"等问题的讨论，既对应了同时代日本国内的艺术研究的成果和进展，也为外国相关领域的学者提供不可忽视的参照点。凡此种种，不一而足。

尽管如此，或正因如此，《日本现代文学的起源》一书作为一部由日本学者撰写的关于日本特殊历史时期的特殊表象领域的思想著作，其在地性（locality）似乎反而显得不那么容易辨认。在我看来，前面提到的针对这一著作的两种批评，其实都源于对其缺乏足够"在地性"的不满。请注意：这一论断并不意味着我要从某种文化本质主义（甚或某种东方主义）的立场出发，将对于某个特定文本的理解还原为对于文本作者的身份背景或政治立场的理解——无论这里的"身份背景"指的是国籍、性别、民族还是其他身份——仿佛所有思想都可以且应该被等同于它

---

① 弗雷德里克·杰姆逊：《重叠的现代性镜像》，林少阳译，柄谷行人：《日本现代文学的起源》所收，第 232—233 页；译文略有改动。

得以产生的某个特殊的历史情境。

相反，我通过"在地性"一词想强调的是，尽管收录在这本著作中的一系列文章写于柄谷在 20 世纪 70 年代访问美国的时期，但它们从来都不是柄谷对当时流行于欧美的"后现代思想"或盛行于耶鲁大学的"解构学派"的模仿乃至学习笔记，也不是所谓不自觉的方法论共识的产物；毋宁说，"在地性"一词表达的是，《日本现代文学的起源》一方面固然为不同地域和研究领域的论者提供了新鲜的思想启发，从而为它自身获得某种无法被还原或归类为"日本现代文学研究"的普遍性；但另一方面，我们必须看到的是，这一著作也是柄谷对自己从 60 年代末以来的批评实践和思考方式的反思乃至批判；和差不多完成于同一时期的《马克思，其可能性的中心》一道，这部著作可以被视为柄谷的批评工作在经历了《论麦克白》的思想"挫折"之后的一次"再出发"，从而它以自身特殊的方式镶嵌于当代日本的思想语境。在我看来，只有从这部著作的"在地性"出发，我们才能恰当地为它在柄谷自己的思想历程中找到位置，而不是将它消解在一众"后现代思想"的文化实践之中。

二　视角的调整

首先，让我们看一下柄谷在 1988 年 3 月写下的一段关于《日本现代文学的起源》的背景交代，它出自柄谷为该书的"文库版"所写的后记：

我对于本书大半部分的构想，来自 1975 年至1976 年末在耶鲁大学教授日本文学的时期。开端是1975 年秋天讲授的明治文学史研讨班。对我来说，给外国人讲日本文学是初次经验，而且讲授日本文学本身就是初次经验。选择明治文学，不仅是因为想趁此机会从根本上考察一下现代文学，而且是想对迄今为止的自己的批评本身做一次检讨。①

　　简言之，柄谷所谓对于"迄今为止的自己的批评本身做一次检讨"，便是我这里提到的"在地性"：显然这一姿态无法被还原为《日本现代文学的起源》中的各种具体论断，因此无法被简单挪用至其他地域或其他研究领域（如中国现代文学研究领域），无法进行萨义德（Edward Said）所说的"理论旅行"。或许正是因为如此，无论在日本国内还是国外，在许多对这一著作的讨论中，柄谷上述所谓"检讨"的侧面反而较少被论者提及；然而，如上所述，如果没有认真思考这个侧面，我认为我们就无法将这本独特的著作准确定位在柄谷的思想发展脉络上，更无法将它定位在当时日本历史和思想所处的具体状况中。同样地，也只有通过这样一种考察进路，这本著作中容易被忽略的一些细节才会显得意味深长。

　　当然，要具体地讨论柄谷在何种意义上通过《日本现代思想的起源》而对自己迄今为止的批评工作进行检讨和

① 柄谷行人「ポール・ド・マンのために」，柄谷行人『日本近代文学の起源　原本』所収，第 249 页。

反思，并不是一件容易的事情。这不仅是因为《日本现代文学的起源》在内容上并没有和柄谷此前撰写的各种文本阐释进行直接的对话（它脱胎于一份面向外国人授课的讲稿，这一背景或许可以部分解释这个文本在风格上的特殊性[①]），更是因为这本著作中呈现的根本思想姿态或方法——无论我们称之为"解构""后结构主义""后现代思想"还是别的什么——事实上对于60年代末以来的柄谷而言，都不是什么陌生或新鲜的东西，因此并不存在一种（例如）从"存在主义"向"结构主义"或"后结构主义"的思想转变。甚至是在"存在主义"色彩或许最浓厚的、柄谷的第一本评论集《畏惧之人》（1972）中，柄谷也明确地阐述了自己和"存在主义"思想的距离——尽管是一种"存在主义"色彩浓厚的距离：

> 60年代流行的"存在主义"……提出了那种能在实践意义上对社会性现实结构进行变革的实存（主体）。进一步，对此进行否定的法国"结构主义"则

[①] 值得注意的是，如果脱离开传记性的因素而单纯从抽象上把握这一事实，那么它将直接把我们带向柄谷在1980年代中期开始的连载《探究》及其问题意识；换句话说，如果我们把柄谷在《探究（一）》中详细分析的"教授—学习"的关系——尤其是面对外国人进行教授的场景——与他自身在耶鲁大学作为访问教授面对美国学生讲授日本文学的经历联系起来思考，那么这些看似中性的例子就立即被带上了某种"实存"的意味。另外，在赵京华看来，柄谷面对外国学生的这种"实存性"体验，同样对应着他在这部著作中反复强调的母题，即认识上的"颠倒"："这次讲学是他第一次走出国门，在域外初次实际接触到欧美文化，用英语向美国学生讲授日本的近代文学，体验到不同文化语言在认知方式上的错位，不得不对自己在母语文化空间中习以为常的诸种思考前提和自明的观念，做重新思考乃至'现象学式的还原'。"参见赵京华：《日本后现代与知识左翼（修订版）》，第38页。关于《探究（一）》，具体论述参见本书的相关章节。

强调说，这种自我（主体）不过是一种结构效果（结果）的想象物罢了。但是，我对两者都有违和感。这是因为，就算"自我"是想象物，我也无法否认实存的现实性。我正是在这一裂隙中进行思考。①

换言之，单纯从思想立场的角度来看，我们几乎很难把握柄谷从 20 世纪 60 年代末至 70 年代末的"转变"。但是，这并不是说柄谷的思考方式从《意识与自然》以来始终不变地延续至《日本现代文学的起源》。因为正如我们在之前的章节已经看到的那样，柄谷在 1972 年写完《论麦克白》之后，一度陷入了某种几乎可以称为"虚无主义"的状态；据他自己所说，从这一状态中恢复过来的契机，便是赴美国的访问——也就是说，我们或许可以将《日本现代文学的起源》（以及《马克思，其可能性的中心》）视为柄谷借以摆脱"虚无主义"的一个关键点。从这个角度出发，这部著作何以是柄谷对迄今为止的批评工作的"检讨"，或许答案就变得明朗起来了。

为了论述方便起见，让我们简单回顾一下柄谷为何由于《论麦克白》的写作而陷入一种"虚无主义"式的状态：如前所述，这篇著名文章的结尾让柄谷自己感到困惑和惊讶，因为它不仅和预先设想的结尾不一样，甚至走到完全相反的方向上。柄谷最初希望揭示的是麦克白所陷入的"意义之疾"，也就是如何被一种由意识所形成并反过来规定和限制意识的"意义结构"所局限。在柄谷看来，这不

---

① 柄谷行人『畏怖する人間』，第 375 页。

仅仅是麦克白个人的悲剧；事实上，我们每个人都会因为无法面对赤裸裸的、偶然的实存（"自然"）而逃避到某个"意义结构"之中。然而，随着《论麦克白》的论述的展开，柄谷最终在麦克白成为国王后所进行的绝望式的杀戮和搏斗中，突然发现了逃脱这种"意义之疾"的方法，也就是将自己的行为还原为一种单纯的、物理性的、机械式的操作，让自己的行为和生活从"意义"中彻底退出——麦克白的杀戮，既不是通往某个目标的手段，也不是本身具有意义的目的；麦克白最终成了逃脱"意义结构"束缚的人。

然而，既然《论麦克白》一文是柄谷试图回应"联合赤军事件"而做出的阐释，那么，上述结论不仅无法指向柄谷所寻求的"意义结构"的外部，甚至可能成为对于"联合赤军事件"的伦理辩护。在这种情况下，如何设想新的伦理、新的政治？归根结底，通过突破"内部（＝意识）"而迈向"外部"的做法，能否回应一般的社会对于伦理承诺的期待——如果不能，那么方法论上的替代性方案是什么？当然，这些问题不仅仅是《论麦克白》所特有的，我也并不是主张，柄谷陷入"虚无主义"式的状态完全是因为这篇文章的特定结论；毋宁说，《论麦克白》最后这个让柄谷自己感到惊讶的暧昧结尾，恰恰表征了同时代的文艺批评实践与现实社会的脱节和断裂——批评的写作仿佛早已构成一个自足的封闭空间，正如"意识"始终构成一个无法脱离的封闭空间那样。柄谷最初试图通过批评来面对或遭遇的"外部"，反讽地消失在这个自足的空间中。

的确，《日本现代文学的起源》并没有针对上述问题进行明确分析或提供答案。毋宁说，针对上面这些棘手的问题，柄谷在这部著作中提示的基本语法是：这些问题的提问方式本身就错了。而对于错误地提出的问题，一开始就不存在所谓正确或合适的解答。柄谷在 1975 年的一次对谈中，再清楚不过地表达了自己在视角和方法上的转变："我如今怀疑，小林〔秀雄〕的这种循环构造本身的存在方式。实际上，球体也好牢笼也好，根本不存在这样的东西，不是吗？这种东西不过是自己制造出来的，不是吗？我觉得在根本的思考模式中存在着致命的错觉。"[①] 具体而言，对于小林和"自我意识"的问题，柄谷在《日本现代文学的起源》中写道：

> 不仅小林秀雄，《近代绘画》中的画家们亦没能走出"风景"，就连他们对日本浮世绘及非洲原始艺术的注目也是在"风景"的架构之下进行的。谁也无法说自己从那里走出来了。在这里，我想做的不是从风景这一球体走出来。我要做的是阐明这个"球体"本身的起源。[②]

很显然，在经过视角的调整之后，柄谷不再像早期批

---

① 柄谷行人、中村雄二郎「思想と文体」，柄谷行人『ダイアローグI』所收，第 113 页。

② 柄谷行人：《日本现代文学的起源》，第 24 页。以下引自此书处的引文皆随文标注页码，不另作注。

评中那样纠缠于"自我意识"这一"球体"本身，他此前苦思冥想的问题如今看来不过是"内面""风景"等"制度"的历史性产物。在这个意义上，无论就柄谷早期批评的问题意识而言，还是就他所面对的战后日本思想的处境而言，《日本现代文学的起源》都称得上是一次对思想前提和预设的批判性反思。

三 "制度"的确立与"主体"的形成

让我们以一个在战后日本社会成为关键思想问题（其影响力甚至波及 90 年代众多"亚文化"作品）为例，即"成熟"。众所周知，自从麦克阿瑟（Douglas MacArthur）说出"日本是个十二岁的小孩"，自从日本民众从麦克阿瑟与昭和天皇的合影中惊讶地意识到天皇的矮小之后，战败的日本如何才能从一个男孩向着大人"成熟"，便或隐或显地成为战后日本社会的一个挥之不去的议题。关于这一问题的探讨，批评家江藤淳出版于 1978 年的《成熟与丧失》无疑是最重要的著作之一——我们会看到，柄谷在《日本现代文学的起源》中也直接提到这部著作。在这部主要以对于小岛信夫的小说《拥抱家族》的阐释为核心展开的论著中，针对 50 年代主要由美国主导的驻日盟军总司令（GHQ）的占领给日本社会带来的深远影响，江藤动情地写道：

　　　　占领在法律的意义上结束时，对于日本人来说，"父亲"在哪里都不存在了。超越性的东西可以代替

"天"的东西，完全不存在了。如果还存在残影的话，那么这种残影也作为"耻辱的"失败的记忆而被唤起从而被否定了。与这个过程恰成表里的是，农耕社会的"自然"＝"母性"遭到了"被抛弃者"出于不安和耻辱感而采取的破坏。如前所述，现在日本人既没有"父亲"也没有"母亲"。在那里，只有人工性的环境在一天天扩大，导致人们一边活着一边枯死，仅此而已。①

应该说，江藤这段十分具有文学性的论述，很好地再现了战后日本社会对于由 GHQ 和美国的"五星上将"麦克阿瑟所代表的"大人"强加在自己身上的"成熟"议题或难题所抱持的一种复杂暧昧的同时充满耻辱感和焦虑感的情绪。在这段论述中，"父亲""母亲"乃至"农耕社会"，都不啻是这种特定情绪所生产的隐喻。在狭义上如何克服母亲的丧失而成长为大人，与广义上如何克服战后日本的这种处境而成熟为一个独立的现代主权国家，无疑是包括江腾在内的一代知识分子苦思冥想的思想课题。在这个意义上，或许无须多言的是，这种焦虑感和耻辱感此后将在日本社会存在和发酵很长一段时间，乃至流行于80年代的"后现代思想"也可以在相当程度上被症候性地理解为日本人试图一举通过所谓比同时代的欧洲更加"前卫"的"后现代性"（在这个语境中，法国理论家罗兰·巴特［Roland Barthes］关于日本的《符号帝国》是经常被征

---

① 江藤淳『成熟と喪失──"母"の崩壊』，第151页。

引来证明日本固有的"前卫性"的一个例子）而想象性地克服战败以来的耻辱感的又一种"扭曲"的思想尝试。同时，推迟或拒绝成熟、否定成熟的必要性和正当性、无限延宕的精神不成熟（moratorium），也将成为一个不可忽视的母题，在各种文艺作品中得到反复再现和变奏。即使是在当今日本社会，"成熟与丧失"的母题可以说仍然萦绕于年轻一代论者的头脑中，例如白井聪等。不过，对于这个思想史议题的继续追究显然已超出我们的讨论范围。

那么，关于"成熟"这个对于当时日本社会来说举足轻重的思想议题，柄谷在《日本现代文学的起源》中又是如何处理的呢？简单来说，柄谷以釜底抽薪的方式指出，这根本称不上是一个问题。例如，柄谷在提及《成熟与丧失》之后写道：

> 今天，埃里克·埃里克森的认同和精神不成熟（moratorium）概念得到了应用，但这些已经不足当"批评"这个称呼了。因为这两个概念无视"成熟"问题本身的历史性，就好像它是人类固有的问题似的。（第 121 页；译文有所改动）

与此同时，针对日本社会对"成熟"问题的讨论，柄谷断然论述道："我们被纠缠于'成熟'这个问题，然而，这个问题不值得认真对待。与其说我们因为被隔离的幼年期而无法成熟，不如说因为执着追求成熟而未能成熟"（第 127 页）。换言之，"成熟"不足以成为一个严肃的思想议题，是因为所谓"成熟"和"不成熟"、"成年人"和

"儿童""青少年"等貌似自然的分野，事实上是一种遵循特定的现代时间观念的发明。或者说，正是现代性条件下的政治、教育、心理学、医学等机制共同促成了这些新发明的范畴，并为这些范畴不断（再）生产着各种思想话语、科学性的界定、制度性安排，这一过程所带来的悖论性后果就是：儿童经历少年和青年时期并最终"成熟"为大人，反而成为一项困难重重的任务，甚至是一件几乎不可理解的事情。于是，与其讨论如何才能"成熟"，与其辨析各种游移不定的"标准"，真正需要讨论的是这种对于年龄段的划分和由此形成的对于人的认识，如何在具体的历史条件下被制度化和知识化，并进而成为不证自明的认知前提。对此，只要我们一直在"成熟/不成熟"的框架内思考，所谓如何摆脱"青年期"而成为"大人"就永远是一个没有出路的困境。

由此可见，正是通过将难题的前提条件予以消解，柄谷在《日本现代文学的起源》中直接取消了困扰当代日本知识人（甚至包括柄谷自己在内）多时的诸多难题，如"主体""自我""个人""风景"等——当然，还有"内面"。我们已经反复提到，关于作为"意识"的"内面"、"内面"与"自然""自我"等的复杂关系，乃是柄谷自60年代末登上日本批评界的舞台以来，在其批评实践中反复出现的一个关键议题。我们看到，柄谷在这一问题上的缠斗一直延续到《论麦克白》，并最终导致他陷入"虚无主义"状态。因此，如果想检讨柄谷迄今为止的批评工作，那么"内面"确乎是一个再怎么强调也不为过的关键概念。不过，如今柄谷的处理方式将截然不同于他60年代以来做出的思考。

在《日本现代文学的起源》中，关于"内面"如何被历史性地"发现"（或者说确立）的讨论，集中在全书的第二章"内面的发现"；不过，柄谷对于"内面"的历史性建构的探讨，其实散见于全书的各个章节中，仅凭这一点也足以看到这个议题的重要性。简单来说，柄谷在《日本现代文学的起源》中关于"内面"之"发现"的论述，可以归纳为两条相对独立但密不可分的线索：一方面，柄谷借用著名文学研究者中村光夫在《明治文学史》中的论述指出，"现代的自我"所具有的内心深度或"内面化"，事实上和明治维新以后日本现代国家的成立、自由民权运动的失败休戚相关，"模仿弗洛伊德的说法，可以说当被引向政治小说及自由民权运动的性之冲动失掉其对象而内向化了的时候，'内面''风景'便出现了"（第29页）。我们可以在寓言的意义上说，在明治二十年前后，伴随着政治上自由民权运动的失败、士族阶层逐渐走向衰退、宪法的颁布和国会的确立，文学上的表现倾向逐渐从政治小说转向了表现"内面"的私小说。这是一条关乎政治事件和文学表达之间的转译（transcoding）的线索。

另一方面，与之形成对照，还存在着一条涉及个体心理的线索。柄谷提到，同样是在明治维新过程中遭到排除的士族阶层那里，现实的挫折让他们产生了倾向于接受基督教影响的、"充满了无力感和怨恨的内心"（第78页），进而使基督教式"自白"制度得以可能，而后者和"内面"

直接相关："自白之义务造出了应隐蔽的事物或'内面'"（第70页）。当然，柄谷提醒我们，不应该在狭义而具体的意义上（即考察究竟有多少知识人在当时真正成为基督徒）来理解这种与基督教文化的相似性；毋宁说，更重要的问题是，逐渐遭到排斥的士族阶层体现出来的那种无力、愤懑、充满怨恨的内心，与其后知识分子们在"言文一致"运动中对于声音和自我内心的强调相结合，促成了日本近代"始于内面亦终于内面的'心理性的人'"（第61页）的诞生。柄谷写道："'内面'本身好像自然存在着的这一幻想正是通过'文言一致'而得以确立起来的"（第52页）。于是，正如"风景""儿童"等其他看似自然而然实则是特殊历史建构之产物的概念一样，"内面"同样不是一开始就存在着的东西，而"不过是在符号论式的装置之颠倒中最终出现的"（第47页）。因此，在这个意义上，上述两条线索共同编织出了柄谷在《日本现代文学的起源》中批判的"制度"——或者说，"制度"在这里的用法某种程度上也接近于福柯笔下的"话语"。①

日本近代史上的"言文一致"运动，作为一场主要由文学家和报刊记者主导的文字和语言运动，大致发生在明

① 在这个意义上，作为"话语"的"制度"，其要点在于通过确立言说的边界、方式和前提，并通过一系列微观的权力运作，规范人们的认知和行为模式，因而始终带有物质性。例如，福柯写道：话语作为"实践"可以"系统怩地形成它们所谈论的对象"，以至于"在所有社会中，对于话语的生产都是由某些［特定］步骤进行控制、挑选、组织和再分配，这些步骤的作用在于抵挡各种力量和危险，掌控偶然的事件"（Michel Foucault, "The Order of Discourse," in *Untying the Text : A Post-Structuralist Reader*, 53）。

治初年至明治末年或大正初期；宽泛来说，这场运动旨在以口语文体代替书面语体进行书写。"言文一致"一词最早见于政治家神田孝平于 1885 年发表的一篇文章；不过，"言文一致"运动正是在文学创作领域才显出实绩，二叶亭四迷写于 1887 年的《浮云》往往被认为是这场运动最早的代表性文本。关于这场运动及其与明治国家体制之间的关系，柄谷在不同场合有过阐述，由此涉及和引申的问题领域十分广泛，不仅包含《日本现代文学的起源》中讨论的"内面""主体""个人"等问题，更包括所谓的"国语"和现代民族国家之建设的关系、书写与声音中心主义的问题、文学与战争和殖民的问题，等等；毫无疑问，这些问题已经远超"日本现代文学"的范畴。

全面讨论"文言一致"运动并非当下篇幅和我的能力所能胜任；在此，我仅想引用一段小林敏明的论述，它很好地总结了柄谷在书中展开的有关"内面""主体"和明治国家的确立之间的关联，也能帮助我们看到"言文一致"运动背后的思想潜流：

> 在过去的幕藩体制中，主君的侍从亦即"家臣"们，随着体制的崩溃而失去了迄今为止的主君。这个时候，取而代之的有两种可能性：一是将新国家抬举的国家元首，也即作为民族象征的天皇当作新的主人。但是，对于"未能顺时代潮流而动"的人们，也就是无法在权力机构内部找到立身机会的年轻人来说，天皇未必能成为代理性的"主人"。这群怀才不

遇的人们找到了第二条道路，就是基督教。对于爱山的引用说的就是这一点。所以，当他们在基督教那里找到代替主君的新"主人"——也就是上帝的时候，应该说那里存在着某种程度上心理的一贯性。①

这就是"言文一致"运动中不可或缺的那个言说和书写的"主体"的历史形象。换言之，在日本近代历史的展开过程中，原先具有强烈西方基督教背景和形而上学起源的"主体"和"内面"，以曲折的方式在心理层面和政治本体论层面同时成功坐落于明治国家的晦暗之处。在这个意义上，它在文学和语言上的自我表征与明治国家在政治制度层面上的现代国家建设——涉及军事、法律、教育等各个领域——形成了吊诡的互补关系，甚至构成了后者得以运作的前提，即现代意义上拥有个人性、私人性、表现欲望和理性计算能力的"主体/臣民"（subject）。

不过，比起"主体""内面"和近代国家的各种制度性安排的密切关联，我更关心的一个问题反倒是，在《日本现代文学的起源》中反复出现的关于"内面"的论述，似乎有一些容易被研究者忽略的细节，而正是这些细节透露着"内面"的暧昧性——而无论是对于柄谷还是对于当下的读者来说，关注并照亮这些暧昧的细节或许有着不容小觑的启发性。

---

① 小林敏明『柄谷行人論』，第122页。

四 两种“内面”

为了说明这个问题，我们首先看一下柄谷在 1991 年为该书英文版第一章补写的一个段落。在这里，柄谷简明扼要地指出“政治和文学”这个在 20 世纪日本文坛反复出现的母题对于“内面”的意义：“因政治的挫折而逃回到内面＝文学，这一行动模式在后来亦被不断地反复着。实际上，我在这一章里已经暗示：即使在 70 年代人们仍在重复这个模式。这样的内面化已经无法避免了。”[①] 当然，虽然这么说，但柄谷在第一章里并没有直接提及 70 年代日本文坛中“政治与文学”的问题；并且，根据柄谷在 1988 年的“后记”里的说明，这里所谓的“70 年代”显然有着特定的含义：

> 1970 年代中期显然有一个巨大的转折期。在考察日本现代文学的起源时，我完全没考虑到同时代的日本文学。但是，回到日本并开始写作文艺时评（收录在《反文学论》中）的时候，我从中看到现代文学发生了决定性的变化。可以说，其中一个特征就是对“内面性”的否定。说起文学，人们往往会有一种印

---

① 柄谷行人：《日本现代文学的起源》，第 34 页。在为该书的韩语版撰写的“后记”中，柄谷强调：“现实中是自由民权运动遭到了挫折，结果只建立起外表上的宪法和议会。明治二十年代的现代文学与其说继续了自由民权运动，不如说它蔑视这一运动并通过用内心的过激性代替斗争的方式，实际上肯定了当时的政治体制。70 年代则在不同的语境下重演了这一历史。”（第 224 页）

象，觉得它是阴暗晦涩的内面，而这个印象在这个时期被抹去了。①

很明显，当柄谷在正文中论述"因政治的挫折而逃回到内面＝文学"并由此形成内心的深度时，他指的正是70年代初流行于日本文坛的所谓"内向的世代"作家群。众所周知，这个由古井由吉、黑井千次、坂上弘、后藤明生等作家为代表的群体多出生于30年代，作品主要围绕"自我""实存"等问题而展开存在主义式的探讨。这些被论者们批判为"个人化""封闭""非社会性"的文学创作（"内向的世代"一词正是著名的文艺评论家小田切秀雄为这批作家所起的否定性称呼②），恰恰是60年代以降的一系列社会运动，尤其是学生运动在进入70年代后逐渐失去影响力和动力并"逃回到内面"的一种文学表达。但是，这并不意味着这些表达如小田切秀雄认为的那样，完全丧失或放弃了政治性。对于当时的这种激烈转向"内部"的文学创作，柄谷曾积极地评价道：

> 我感觉近年来日本的激进主义运动，与其说具有"现实性"，不如说像是一种想要从深不见底的主观性那里向外部脱离的挣扎。只能通过肉体的危险和死的

---

① 柄谷行人「ポール・ド・マンのために」，第 252—253 页。

② 小田切秀雄写道：这些作家"试图仅仅从自我和个人状况中寻求自己作品的真实感，他们作为去意识形态的内向性文学世代，正在形成一个当代的潮流"（《东京新闻夕刊》1971 年 3 月 23 日），转引自柄谷行人「内面への道と外界への道」，柄谷行人『畏怖する人間』所收，第 326 页。柄谷围绕"内向的时代"与批评者展开的论争，或许是其思想生涯中为数不多的一次"论战"。

感觉来获得对外部的感知，这已经成为这些激烈的主观主义的冲动。这种冲动既不想要改革"现实"，也不想要浪漫地无视"现实"。恰恰相反，它追求的是确实的"现实感"。

简言之，当现实中的政治运动开始全面退潮，当多数知识分子因政治的挫败而开始丧失对"现实性"的具体感觉，"内向的世代"对于"个体"和"自我"的存在主义式追问，恰恰显示了一种无法被既有的"政治/非政治""公共性/私人性""外部/内部"等二元对立结构轻易收编或阐释的"内面"，一种充满焦虑、质疑、矛盾、非同一性乃至精神分裂的"内面"。

众所周知，柄谷关于"内向的世代"的作家作品撰写过不少分析和评论，而我们也不难从中看到柄谷和这些作家共享着某种思想感觉乃至精神气质。柄谷也曾在多个场合明确透露过自己在1970年左右对于"内向的世代"的支持。① 需要强调的是，柄谷对于"内向的世代"的支持绝不意味着他对于作为制度的"内面"的支持。恰恰相反，

---

① 例如，参见柄谷行人编『近代日本の批評Ⅱ』（講談社文芸文庫，1997年），第179页。在最近的一次访谈中，柄谷在回顾"内向的世代"时仍然给予很高评价，甚至将这些创作和自己的"交换样式"理论联系起来："所谓'内向'，不是从社会性现实转向内面，而是用儿童的存在方式和视点来看待社会现实。在儿童那里，即使感到自己将来可能要上战场，他们对于战争的感觉也不同于真正上过战场或等着第二天的征召令的大人。但是，这并不是说儿童没有观察世界。……所谓内向，不是对事情视而不见，而是从不同于常规的观点看待事物。这一点和我从上个世纪末开始一直论述的、从'交换样式'来考察社会史的做法是共通的。"参见柄谷行人「私の謎 柄谷行人回想録」（https：//book. asahi. com/jinbun/series/11034787）

— 113 —

无论是"内向的世代"的创作还是柄谷对于这些作家作品的解读，从始至终都旨在突破"内面"来探索"外部"。对此，柄谷在一篇文章中写道：

> 去年年末，自从川村二郎指出最近的小说家总体而言都走在"迈向内面的道路"上以来，出现了一些反驳，但这些反驳的共通之处是一种常见的批评，即认为"迈向内面的道路"放弃了对"现实"的介入。然而，暂且不说川村的真意如何，在我看来，"迈向内面的道路"正是所谓"迈向外界的道路"。可以说，笛卡尔以来的"方法性的怀疑"就是"迈向内面的道路"，因此也是"迈向外界的道路"。[①]

很显然，柄谷的这段论述同样适用于他自己在这一时期采取的思想姿态和策略。换言之，当柄谷在《日本现代文学的起源》中将"内面"问题消解为特定历史状况下一系列貌似与文学领域无关的制度性安排和话语实践所产生的效果，可以说，柄谷从 60 年代以来一直与之不断缠斗的"内面"＝"意识"的问题，就一下子失去重量感。重复一遍：对于旅美期间的柄谷而言，关键问题不再是如何突破那种因无法直面赤裸裸的、无意义的实存而被建构起来的内部（"意义之疾"），而是意识到并考察这种"内／外"的对立结构以及从中产生的诸多形而上学论断，究竟如何历史地被确立、再生产、遮蔽和中性化，以至于人们会不自

---

① 柄谷行人「内面への道と外界への道」，第 325 页。

觉地将它们作为思考的自明前提。例如，同样是在《日本现代文学的起源》中，柄谷意味深长地写道："关于日本现代文学有各种各样的说法，而将其作为'现代的自我'之深化过程来讨论的方法则是最常见的。然而，这种把'现代的自我'视为就好像存在于大脑之中似的看法是滑稽的。'现代的自我'只有通过某种物质性或可以称为'制度'性的东西其存在才是可能的。就是说，与制度相对抗的'内面'之制度性乃是问题的所在"（第51—52页）。如果我们稍微夸张一点说，那么恰恰是对"制度"问题的重新关注，将柄谷从1972年之后所陷入的"虚无主义"状态中拯救出来。换言之，"制度"代替"内面"，成为这一时期柄谷工作的核心问题。

然而，与此同时，我们需要强调：如果柄谷本人也置身其中的、由70年代的"内向世代"的文学创作所代表的精神氛围，就如同明治维新后遭遇挫折的士族阶层那样，同样是"因政治的挫折而逃回到内面"的结果，那么，无论创作者本人意识到与否，无论是否为积极主动的选择，一种向现实政治诀别而坚持或自我封闭于"内面""个人""心理"等貌似非政治性的、私人性的范畴的姿态，或许都因为这种自觉或不自觉的选择而产生两种无法分开的结果。一方面，作为逃避而退回"内面"的结果，这种创作无疑强化了制度意义上的"内部"与"外部"的对峙和分裂。例如，柄谷指出，国木田独步小说中的"内面"的作用是"把一切都放在'内面'进行超越"，但这种"'内面'

— 115 —

的胜利"实则是一种对于"斗争"的回避罢了。① 同样地，在柄谷看来，70 年代的文学表面上主张与现实政治的独立，"看上去仿佛是文学［对于政治］的胜利，但实际上 60 年代的政治上的失败被隐匿起来了"。② 但是，另一方面，在无法满足于一种自我封闭的"内面"的意义上，在作为"失败"（甚或"崩溃"或"瓦解"）而非"胜利"的"内面"那里，无论是在明治二十年代还是 70 年代，现实政治的挫折所造成的"内向"写作恰恰带有强烈的、悖论性的政治性———一种或许可以称作"负的抵抗"的、属于弱者和失败者的政治性。如柄谷自己所言，"文学的力量在于否定性"。③

也就是说，在处理"内面"的议题时，我们必须意识到，这里同时包含了两种不同的"政治性"：为了论述方便起见，尽管有误导之嫌，我还是将这两种政治性分别概括为"作为制度的'内面'"和"作为抵抗的'内面'"。由于这里涉及的问题非常微妙，让我们对此再稍作展开。

一方面，正如明治国家和"言文一致"运动的制度性安排所呈现的，所谓"外部/内部""公共性/私人性""国家/内面"等二元对立，事实上是同一历史过程的两个面向，即"现代国家"在体制上的自我确认和强化。例如，

---

① 参见柄谷行人「村上春樹の『風景』——『1973 年のピンボール』」，柄谷行人『終焉をめぐって』所收，第 96 頁。

② 参见柄谷行人「単独者とインターナショナリズム」，柄谷行人『柄谷行人インタビューズ　1977—2001』所收，第 145 頁。

③ 柄谷行人「『芸術』の外で、なお」，柄谷行人『柄谷行人インタビューズ 1977—2001』所收，第 208 頁。

柄谷写道：

> 明治国家作为"现代国家"到了明治二十年代才得以成立。"现代国家"只有通过集中化同质化才能够确立起来，当然这是在体制上的确立。而更为重要的是，与此同一时期，在所谓反体制方面的"主体"或"内面"也确立起来，并开始了相互渗透。……追随国家者与追随"内面"者只是相互补充的两个方面而已。发生于明治二十年代的"国家"与"内面"的确立，乃是处于西洋世界的绝对优势下不可避免的。我们无法对此进行批判。需要批判的是把由那种颠倒所产生的结果视为不证自明之事的今日之思考方法。（第89页）

类似地，在另一个场合，柄谷将两者的互补关系阐述如下：

> 明治十年代，想要实现现代市民的自由民权运动遭遇了挫折。这一运动不是在政治上，而仅仅是在内面得到实现。但是，尽管必须在现实中实现市民性主体才能对此进行否定，［人们］却反而试图在观念上以神秘主义的方式进行超越。[1]

在这个意义上，对于所谓个人的"内面"的坚持，不过是对于将"内面"确立和限制在其中的一系列结构性对

---

[1] 柄谷行人「単独者とインターナショナリズム」，第159页。

立的再确认和再生产而已。柄谷将这种以"内面"或"内心"为据点或立场来对制度做出反抗的做法，称为一种"神话"①（或许是在罗兰·巴特的意义上：神话是意识形态的别称）。由此带来的一个吊诡的结果就是：越希望突出个体性、私人性、内心活动（无论是通过肯定、否定、反讽或是嬉戏来这么做），反而越会强化"内部/外部"的二元对立结构。这是因为，归根结底，坚持"迈向内面的道路"是无法通往"外部"的，因为从一开始两者便以冲突对峙的方式相互依赖、相互渗透、相互规定。——应该说，这一论述策略和思考方式体现出 70 年代后期的柄谷对于 60 年代以来自己的批评工作的一种方法论反省和转变。

事实上，关于"作为制度的'内面'"，柄谷在收录于《马克思，其可能性的中心》的《关于文学——漱石试论（二）》一文中，给出了更凝练的论述。（顺带一提，柄谷自己将这篇文章视为《日本现代文学的起源》的"绪论"。②）在这篇文章中，柄谷同样通过阅读国木田独步等作家，讨论了"风景的发现"和"言文一致"等问题；只不过，这次提到明治二十年前后的历史时期，柄谷完全将侧重点放在"现代制度的确立"的方面：

　　　　明治二十年前后的诸多现代制度的确立，从文学

---

① 参见柄谷行人「文字と文学」，柄谷行人『反文学論』所收，第 124 页。
② 参见柄谷行人「あとがき」，柄谷行人『マルクスその可能性の中心』所收，第 237 页。

和语言的领域而言，它的象征就是"言文一致"。"言文一致"决不是把"言"变成"文"，而恰恰是创造出新的"文"。……然而，更重要的是，"言文一致"创造出了"言"本身。①

为什么"言文一致"运动同时创造出了新的"言"和"文"——或者说，新的白话文和书面语言？对此，柄谷详细论述道：

在"言文一致"中，"言"本身的标准化被强制实行。对地方的人们来说，"言文一致"仅仅意味着对于"言"的学习。……换句话说，"言文一致"创造出的是"言＝文"。在此，所谓"言"，就是这样一种意识＝内面，它表现为与自身最接近的声音。所谓"文"，就是将这种声音写下来。表白内面的行为，在文学中绝不具有普遍性，而仅仅在这样的"言＝文"中才成立。换言之，这一时期的作家们的"现代性的自我"，**不是突然产生的，也不是由政治的挫折所产生的**，而恰恰是在作为"言＝文"的现代性制度得以确立的基础上才产生的。②

换句话说，根据柄谷在这段话中的论述，现代性的自我、内面和告白都在制度的意义上被彻底回收到明治国家确立后发生的"认识论颠倒"过程之中。北村透谷、二叶

---

① 柄谷行人「文学について——漱石試論Ⅱ」，柄谷行人『マルクスその可能性の中心』所収，第 214 页。
② 同上书，第 215 页；强调为引者所加。

亭四迷、正冈子规等作家所表达的"内面"，尽管在内容层面仿佛与国家和政治无关，但恰恰是"依托于制度本身"① 才能实现的表达。由此产生的新的"言＝文"，不过是文学和语言领域与明治国家的现代性制度建设和主体＝臣民规划相匹配的一种设置而已。

然而，另一方面，不同于上述"绪论"中的考察，柄谷在《日本现代文学的起源》中恰恰为"内面"留下另一种潜在的政治性。简单来说，不管是在"言文一致"运动时期，还是在70年代，由于外部政治的挫折而退回"内心世界"的知识分子们的姿态——无论他们对此自觉与否，也无论这一姿态客观上产生了何种令人意外的结构性效果——的的确确透露了一种应该被后人认识和积极评价的"抵抗"。这种抵抗无法被国家所代表的现实政治轻易收编，但由于它以隐晦的方式折叠在制度意义上的"内面"之中，使我们几乎无法正面地谈论它的表达方式和内容。我们只能在论述的策略上主张，应该避免将这种抵抗与"作为制度的'内面'"混为一谈。在我看来，这一细微的褶皱，就埋藏在柄谷论述的字里行间。如前所述，柄谷在涉及"内面"的"发现"时反反复复指出，重要的问题不是"内面"本身，而是"内面"如何得到制度性的建构和确认；然而，在一处提及内村鑑三和基督教式"自白"制度时，柄谷却写下这样一段话：

---

① 柄谷行人「文学について——漱石試論Ⅱ」，柄谷行人『マルクスその可能性の中心』所收，第214页。

所谓自白就是这样的一种表白形式。它强调：你们在隐瞒真实，而我虽是不足一取的人但我讲了"真理"。……支撑自白这一制度的就是这种权力意志。今天的作家说，我什么观念思想都不主张，我只是在写作，然而这正是伴随"自白"而来的颠倒。自白这一制度并非来自外在的权力，相反是与这种外在权力相对立而出现的，正因为如此，这个制度无法作为制度被否定。（第80页）

冒着"过度阐释"或强行阐释的风险，我认为上述段落值得充分关注，因为它呈现了"内面"所带有的一种无法被简单回收到《日本现代文学的起源》整体上的消解式论述之中的暧昧性，一种与这部著作并不显豁的"在地性"密不可分的暧昧性，甚至一种与同时代的文学倾向（即所谓"内向的世代"）暗中产生共鸣的暧昧性：直截了当地说，我认为这一段落恰恰呈现了一种对于制度、权力、国家政治的"文学性"抵抗。当然，关于"自白"作为一种制度的确立和强化，柄谷在这里的基本论述策略没有变化。例如，他不厌其烦地写道："自白这个形式，或者自白这个制度产生出了应该自白的内面或'真正的自我'。问题不在于自白什么，怎么自白，而在于自白这一制度本身。不是有了应隐蔽的事情而自白，而是自白之义务造出了应隐蔽的事物或'内面'。"（第70页）

　　尽管如此，或正因如此，如今作为一种"扭曲了的权力意志"，"自白"的制度和它生产的"内面"事实上恰恰以单纯消极或否定的方式表征了"主体性"的位置:"自白决非悔过,自白是以柔弱的姿态试图获得'主体'即支配力量"(第79页)。也就是说,即使我们能够勾勒"内面"如何在特殊历史时期得到制度性的确立,即使我们能够揭示所谓个人的内心深度不过是一种现代的认识论发明,即使我们能够以历史的后见之名,揭示历史上知识分子们对"内面"的坚持如何反而在结构上强化和再生产了让"内面"话语得以运作的制度性安排——即使所有这些论断都正确,我们也必须看到并理解,哪怕仅仅就作为"制度"的内面而言,"这个制度无法作为制度被否定"。在我看来,这个"无法作为制度被否定"的部分,如自我折叠一般隐含着一种低语般的、作为文学性抵抗的政治性。在柄谷给出的文学光谱中,可以说最终是志贺直哉的创作最突出地表达了这种抵抗:"把志贺的作品作为'自我绝对性'来批判则是无的放矢,因为他的作品是一种所谓'自我'之多数性的世界。……如果说想要排除自白的人实际上正处在自白制度之中,那么,志贺则是在自白之中与自白这一制度进行着格斗"(第88页)。在同时期写作的一篇文章中,柄谷进一步阐述志贺作品中的"自我":

> 在志贺直哉那里,"自我"无非是情绪的别称。并且,它仅仅存在于狭隘的血缘关系中。这就是说,首先,志贺直哉想要关注的不是"精神与身体"的二元论,而是精神＝身体的"情绪";其次,不是将自我作为实体,而是作为关系的网眼来看待。这决不是

西方意义上的"自我"(self)。[1]

不是西方意义上的"自我"，也就意味着不是伴随明治国家的确立而成立的、作为现代性制度的"自我"。于是，关于如何"在自白之中与自白这一制度"展开搏斗的问题，答案只能是：在形式上跳脱出制度性的"内面"对于"自我""内心"以及"内/外"的设置，反过来将"内面"作为一个不具有实体，甚至不具有与之对应的稳定"自我"的出发点，作为各种关系的一个扭结点（"网眼"），由此尝试对各种看似稳定和坚实的二元对立进行突破和穿透。从宏观上看，这是一种迂回的、游击式的，既带有悲剧色彩又具有游戏性质的斗争。

我们记得，在讨论作为"素颜"的"脸面"时，柄谷鲜明地指出"素颜"包含的一种重要"颠倒"，即原本代表意义的"脸面"如今变成了指向某种深度的符号，"无所不在的素颜（写实性的东西）作为具有意义的某种东西出现了，而'内面'正是这个意义"（第47页；译文略有改动）。正因如此，在"脸面"的问题上，就像在其他场合那里一样，一味地深入纠缠于这个仿佛深不可测的、不可思议的"内面"，试图揭示它表达的各种深刻含义，不但会妨碍我们看到它的历史性的形成，而且只会强化"素颜"的颠倒所引起的一系列错觉——就像如果我们像柄谷早年所展开的批评工作那样纠缠于"内面"（以及"意识""自我"等），那么就始终无法对于由"内面"引起的一系列难

---

[1] 柄谷行人「自己について」，柄谷行人『反文学論』所收，第174—175页。

题提出解决方案。但与此同时，我们也必须看到"文学"实践终究无法离开"自白"和"内面"，因为"今天的作家即使抛弃了狭义的自白，'文学'之中仍然存在着这种自白制度"（第 80 页）。[①]

事实上，关于"内面"可能包含的两种"政治性"的问题，柄谷在《日本现代文学的起源》出版多年后撰写的一个文本中有更清晰的论述，也将"内面"的问题与所谓"'风景'的发现"的问题进一步结合起来。在 2012 年所作的演讲《秋幸或幸得秋水》中，柄谷重新回到"内面"的问题，并写道："在写作《日本现代文学的起源》的时候，我未能充分考察其历史背景。当然我是知道的。简单来说，内在性的人产生于政治的挫折。"[②] 这里所谓"未能充分考察其历史背景"，指的是柄谷多次承认的一点，即在《日本现代文学的起源》时，他还没有像安德森（Benedict Anderson）的《想象的共同体》那样，鲜明地指出现代文学的产生和现代民族国家的建立之间的密切关联。不过，重要的是，柄谷在演讲中比较了明治文学史上的两种不同的"内面性"，分别由北村透谷和国木田独步代表。关于北村，柄谷论述道：

例如，最初具有现代文学的内面性的文学家是北

---

① 当然，也有必要指出，如柄谷自己承认的那样，在"内向世代"之后出现的新的文学（或可称为"后现代文学"）那里，"内面"和"自白"已经不再成为无法绕开的问题了。应该说，80 年代之后日本的当代文学动向逐渐离开了《日本现代文学的起源》中有关文学性质的论述范围，也逐渐离开了柄谷本人的思想兴趣。

② 柄谷行人「秋幸または幸徳秋水」，柄谷行人『思想的地震』所收，第 139 页。

村透谷。在明治十年代中叶，当自由民权运动后退、自由党左派的斗争开始的时候，他是从中脱落的人。但是，他设法以文学性的想象力来对抗现实的政治世界。用他自己的话说，就是以"想象世界"对抗现实世界。①

很显然，这种由于外部的政治影响而不得不退回自己的"内面"的做法，恰恰对应于柄谷在《日本现代文学的起源》中对明治维新后政治上失意的贵族阶层的描绘。与此同时，柄谷指出，除了这种政治性，我们还可以从国木田独步那里发现另一种政治性的内面，一种丧失紧张感和批判性的内面——也正是后者最终通往了"日本现代文学"的诞生：

> 日本现代文学并非成立于透谷式的颠倒，而是成立于国木田独步的那种颠倒……北村透谷试图通过想象世界来颠倒现实世界。然而，这样的颠倒不同于前面说过的国木田独步那里的颠倒。例如，尽管透谷是内面性的，他并不是没有介入现实。不仅如此，在甲午战争之前，他开始了和平运动。②

换句话说，在北村透谷的文学性内面那里，与现实政治的紧张关系仍然被保存下来，"内面"的存在反而始终提请读者注意到与之相对的"外部"。与之相对——

① 柄谷行人「秋幸または幸徳秋水」，第139—140页。
② 同上书，第140页。

另一方面，国木田独步的内面性如何呢？在甲午战争中，他作为从军记者活动，在民族主义的高扬中广受欢迎。但是，他在战争结束之后就无事可做，为寻求"新世界"而去了北海道。然后在那里发现了风景。……如"空知"这个地名所示，独步去的地方是爱奴民族居住的历史性场所。北海道的开拓不仅是对"原野"的开拓，更是通过对居住在当地的爱奴民族的杀戮和同化完成的。然而，正是通过无视这种不可遗忘的重要之事，"难以忘却"的风景才得以发现。[①]

　可以说，柄谷通过阅读国木田独步的小说而揭示的"'风景'之发现"以及埋藏其中的现代认识论装置，并不是一种中性而抽象的形而上学前提，更不是某种具有普遍性的"文学现代性"的特征，而恰恰镶嵌在明治维新以降日本发动的一系列战争和殖民，以及由此带来的种种"战后"的历史处境之中。同样地，针对国木田独步在结束从军记者的身份后短暂逗留北海道的经历，柄谷在另一个地方写道："对他来说，对象其实是无所谓的。只要是离开这里的'新世界'，并且只要可以成为'文学'就行。这个时候，对象就仅仅是'风景'。日本的殖民地文学或对于殖民地的文学式眼光，就在独步这里体现出原型。"[②] 于是，"风景的发现"的论断本身透露出重要的政治含义，

① 柄谷行人「秋幸または幸徳秋水」，第140页。
② 柄谷行人「日本植民地主義の起源」，柄谷行人『ヒューモアとしての唯物論』所收，第335页。

即日本现代文学"起源"于明治国家的军事侵略和殖民——进一步说，"现代文学"作为现代民族国家的制度性安排的一部分，作为促成"想象的共同体"的重要一环，从来都不只是技术性的，更不仅是一种文化想象；毋宁说，这些位于"起源"位置的"想象"从来都需要物质乃至军事上的前提，并在事后通过种种表象抹去这些前提。在这个意义上，纯粹从理论上强调新发现的"风景"背后的认识论装置也好，将柄谷的论述作为某种"后现代理论"之操演的解释也好，甚至利用柄谷的论述来批判"内面"和"主体性"也好，这些做法反而重新掩盖了被颠倒了的"风景"所遮蔽的政治和历史的复杂性。这就是为什么，柄谷会在一次与浅田彰的对谈中明确说道："认为我的书［《日本现代文学的起源》］讲的是对于内面的否定，或对于主体的否定，这种做法会让我感到困扰。因为我讲的不是这些。"①

于是，根据柄谷的阐述，同样是围绕文学性的"内面"，北村透谷和国木田独步向我们展示了两种截然不同的政治性：如果说后者那里的"风景"和"内面"切断并遮蔽了一切和外部（＝政治）的联系，仿佛从来都存在一种独立、中性、客观的"风景"或"内面"，那么北村透谷的"内面"则时刻要求我们意识到以扭曲、变形、压抑的方式存在着的外部。对于北村透谷来说，"内面性不是反

---

① 柄谷行人、浅田彰『柄谷行人浅田彰全対話』，第86页。

讽或逃避，而是自由民权运动的变形后的继续"。①

在这里，让我们重新回到《日本现代文学的起源》的论述。重复一遍：尽管围绕着"自我""内面""个人"等关键词确立起来的日本现代文学的确可以说是特定制度安排和认识论装置之颠倒的产物，尽管我们在离开了柄谷的早期批评那里的"内面＝意识"的问题之后，的确可以对现代文学的物质性、历史性和制度性进行清醒的考察，但不可否认的是，无论是在明治维新后失意的士族阶层那里，还是在北村透谷那样的文学家那里，抑或是在经历了社会运动和学生运动的失败和退潮的 70 年代的日本知识分子那里，在他们那种或阴暗或激进、或热烈或颓废、或积极或消极的自我表达中，在他们那种非政治或去政治的、情欲的、暴力的、精神分裂的甚或疯狂的"自白"式修辞中，始终包含着一种无法被充分形式化的、无法表达为现实替代性方案或对抗运动的政治能量。这种能量的基础不再是一个自治、积极、完整的主体，而恰恰是主体的溃败和分裂。更进一步，可以说，如果 70 年代的"内向的世代"的文学写作是如此，那么萦绕在柄谷早期写下的批评文章中的诸多存在主义式的表达，将不同思想家和领域任意交织在一起的那些晦涩饶舌，甚至带有一些神经质的文字，又何尝不是如此？当然，这里的"内面"绝不是左翼学生组织所体现的那种不断进行自我主张的、无限肥大的"自我"，而更接近于这种积极的、进攻性的、封闭于"意

---

① 柄谷行人「秋幸または幸徳秋水」，第 144 页。

识"之中的"自我"的崩溃和瓦解。①

在这个意义上，这个充满了暧昧性、充满焦虑感和耻辱感的"内面"，作为一种政治性的抵抗，一方面当然是现代性政治制度安排的产物，但另一方面又始终无法被制度简单地收编和驯服——毋宁说，它始终作为某种"负的抵抗"，作为某种"内部的外部"，作为某种病态的激情而存在于那个名为"日本现代文学"的制度中。反过来说，正是在明治国家成功地建立起现代国家方方面面所必需的制度之时，正是明治维新之后的日本在现代国家的意义上获得自身的独立性和连贯性之时，被放逐出政治空间的失败者，凭借着同样不具有积极政治意义②的"文学"表达而在制度的内部形成了一个貌似微不足道的、无法被政治体系和公共性话语捕捉和规定的、否定性的激情。在《日本现代文学的起源》中，柄谷并没有对这种产生于制度本身却无法被制度收编和控制的激情着墨太多，但在我看来，类似的问题意识一直主导着柄谷从 70 年代中后期至

---

① 柄谷在一次座谈会中甚至说道："'内向的世代'的主张［恰恰］是不存在这样的内面性，不存在自我。要说内面性，全共斗才一直都是内面性的"（参见柄谷行人编『近代日本の批評Ⅱ』，第 183 页；强调为引者所加）。"全共斗"所体现的"内面性"，作为一种不断自我膨胀、自我主张的内面性，正如激进的社会革命是资本主义现代性本身的产物，这种"内面性"同样也处在西方现代意义上的"自我"的延长线上。当然，柄谷并不是说成，与之相对的"内向的世代"的创作完全与"自我"无关；毋宁说，"自我"在那里始终是一个谜一般的问题，而不是任何积极立论或立场的牢固起点。

② 柄谷在《日本现代文学的起源》中没有着重提到的一个文学史事实是，在明治和大正时期，"现代文学"的发展同时伴随着社会上对文学之"功用"的否定。但是，如中村光夫指出的，恰恰是这种被排斥和轻视的地位为文坛的自足发展提供了历史的土壤。参见中村光夫『日本の近代小説』，第 6—8 页。

80 年代中期的思想，成为柄谷借助"形式化"的议题展开论述的重要线索，即探索对于任何一个体系而言都不可或缺也危及体系的稳定性和自我证成的、体系内部的"外部"，或体系的（不）可能性条件。

第四章

迈向"货币形而上学"的"外部"
——以《马克思，其可能性的中心》为中心

一　柄谷行人与马克思

我们在前面的章节已经提到，有两部著作最典型地代表了柄谷在 20 世纪 70 年代展开的思考，它们分别是出版于 1978 年的《马克思，其可能性的中心》和出版于 1980 年的《日本现代文学的起源》。在上一章中，我已经对后者进行一定程度的考察；我在这一章将视线转移到此前出版的《马克思，其可能性的中心》（以下略称为《马克思》）。从主题上看，这两部著作似乎分别属于哲学和文学研究的领域；然而，至少在以下三个意义上，两者不仅密不可分，而且共同体现了柄谷在这一时期的思想特征和重心。

第一，在个人兴趣的层面上，这两部著作同样延续了柄谷自 60 年代以来对"文学批评"的执着——在柄谷这里，"文学批评"不应该被限制在特定的论题和分析对象上，而是超越了既有学科边界和规范的一种写作实践。[1] 第二，因此，从批评的方法而言，无论是对马克思的解读，还是对日本现代文学的"起源"的阐述，柄谷的论述都试图揭示某种貌似稳定和自然的体系内部的不确定性，或其中包含的某种认识论颠倒。正是通过聚焦于体系本身的不稳定性，这一时期的柄谷得以跳脱出自己在 60 年代末以来不断与之缠斗的"意识""自我"等问题，从而向读者提示迈向"外部"的可能性。第三，与之相关，无论是关于"言文一致"的讨论，还是关于"价值形态"的讨论，这两部著作可以说都聚焦于后来被柄谷统称为"交流＝交换（communication）"的问题，而后者在问题意识的层面将进一步与柄谷在 80 年代讨论的"他者"问题乃至与"交换样式"的问题产生密切的联系。用柄谷自己的话说，他在"70 年代至 90 年代可以说探讨了语言理论和文本理论，《马克思》已经是这样的工作了。进一步说，之后的工作也同样如此。换言之，它们都与语言性交换（communication）的问题相关，在这个意义上，都是与文学批评相近的问题"。[2]

事实上，只要翻开《马克思》的目录，我们就能清楚地看到它与《日本现代文学的起源》的紧密关联：这本书的讨论对象不仅是马克思，还包括了一篇谈论日本现代文

---

[1] 柄谷关于这一点多有论述，最近的论述可见：柄谷行人ほか『柄谷行人「力と交换样式」を読む』，第 15 页。

[2] 柄谷行人ほか『柄谷行人「力と交换样式」を読む』，第 37 页。因此，我认为那种颇为常见的看法（即认为柄谷的思想中存在着从文学研究逐渐转向哲学领域的变化）实在过于粗浅且具有误导性。

学家武田泰淳的文章和两篇谈论夏目漱石的文章。更重要的是，柄谷在这部著作的"后记"中写道："本书除了马克思论，也包含了与日本文学有关的文章。对我来说，它们没有任何区别。文学是暧昧的、哲学是严格的——不存在这回事。因为哲学根本上就是文学，也就是语言。"① 同样是在这篇"后记"的末尾，柄谷甚至提示，整本书应该被视为今后将要展开的关于"风景的发现"问题的系统性考察——也就是《日本现代文学的起源》——的一个"绪论"（第237页）。的确，如果我们关注所谓体系内部的不确定性和体系如何形成于认识论的颠倒，那么，相比于《马克思》对"价值"问题的考察，《日本现代文学的起源》将通过分析日本现代文学中的各种主题来充分展开乃至不断重复这一论点。

　　然而，这并不意味着我们真的应该把《马克思》读作《日本现代文学的起源》的一份引论或思想准备。恰恰相反，对于柄谷行人而言，马克思无疑是其思想生涯中最重要的研究对象之一，而马克思的《资本论》也是其反复阅读的文本之一。毫不夸张地说，对马克思的阅读贯穿了柄谷前后期的思想，也在其不同时期的核心著作中扮演了举足轻重的理论角色。例如，《马克思》中展开的对《资本论》价值形态论的创造性解读，将在《探究（一）》《跨越性批判》《世界史的构造》等著作中被柄谷反复提及。因

---

① 柄谷行人『マルクスその可能性の中心』，第235页。以下引自此书的引文皆随文标注页码，不另作注。

此，任何对于柄谷思想的整体性考察，都无法绕开他对马克思的独特阐释。

不过，尽管或正由于柄谷在不同时期的不同著作中均对马克思的文本做出仔细而绵密的分析，同时，又由于柄谷对马克思的解读在很多情况下属于不同论述语境中的重复，因而，试图穷尽式地整理和比较柄谷在这些著作中如何解读马克思，对于我们当下的工作而言似乎是一项并不具有太大生产性的工作。（反过来说，这项整理和分析工作本身也许就值得论者撰写一部专著。）另一方面，马克思研究在现代日本思想史上本身就拥有丰富的积累和传统。日文版的《马克思恩格斯全集》在战前就已得到翻译出版，在 20 世纪 30 年代更是发生了著名的"日本资本主义论争"和臭名昭著的左翼知识分子从马克思主义思想向天皇制的"转向"事件；而就战后的日本思想界而言，在批评领域有小林秀雄、吉本隆明等批评家对马克思的阐述，在哲学领域有广松涉细致的文本考证工作及其对马克思的所谓"认识论断裂"（阿尔都塞语）的独特阐释，在经济学领域则有宇野弘藏对马克思理论的"三阶段"论的阐述和对于《资本论》中的"价值形态"的强调——应该说，所有这些都构成了柄谷进入马克思的文本的思想和历史前提，也决定了柄谷阅读马克思的基本姿态。①

----

① 柄谷自己将 20 世纪 50 年代出现的几种有关马克思的阐释概括如下："50 年代后期出现的新左翼的理论工作可以分为三种趋势，它们都源于马克思的著作。第一种趋势是转向早期马克思和异化理论，其最著名的代表是文学批评家和诗人吉本隆明。第二种趋势可以说试图重新建构历史唯物论，通过重读来超越早期马克思，其中最典型的代表是哲学家广松涉。第三种趋势则致力于通过《资本论》（转下页）

不过，在柄谷作为一名大学生逐渐成长的时期，日本的思想语境对于马克思的接受和理解，有更复杂和具体的背景。柄谷在一次座谈会上，关于60年代马克思在日本思想界中的形象如此说道："吉本隆明那时多次提到马克思，当然也有小林秀雄的影响，到1958年为止，都有关于马克思的非常敏锐的论述。但到1959年和1960年左右，一下子就不行了。……人们一次都没读过马克思就进入了60年代。60年代也就只有广松涉，其余都是异化论、外化论。"① 关于这一点，对马克思同样非常熟悉的浅田彰说道："60年代末，尽管确实存在广松涉对于异化论的批判，这一点不可忽视，但占据主流的依然是广义的异化论。人们谈论的问题是如何超越现代的异化而恢复深层的共同性。"② 换句话说，正是在左翼学生运动层出不穷、各种学生组织试图以自己的方式在理论和实践上超越日本共产党及其思想传统同时超越苏联的马克思主义（斯大林主义）的历史状况下，被学生理论家们"重新发现"的那个马克思——主要基于《1844年经济学哲学手稿》的所谓"人道主义"初期马克思形象——事实上反而严重窄化和限制了

（接上页）来重新揭示马克思的特殊性，其代表是政治经济学家宇野弘藏"（Kōjin Karatani, "Preface to the English Edition," in Kōjin Karatani, *Marx: Towards the Centre of Possibility*, trans. Gavin Walker, 16-17）。关于柄谷行人和现代日本思想史上的马克思研究的关联，可参考小林敏明『柄谷行人論』，第154—159页；赵京华：《日本后现代与知识左翼（修订版）》，第42—67页。有论者认为，关于马克思的思想在日本现代历史上经历的传播和演变，迄今为止仍然没有全面系统的分析和梳理。参见 Gavin Walker, "Karatani's Marx," in Kōjin Karatani, *Marx: Towards the Centre of Possibility*, p.5。

① 参见柄谷行人编『近代日本の批評 II』，第75—76页。
② 同上书，第161页。

马克思的思想丰富性。正因如此，在70年代初发生"联合赤军事件"的时候，日本社会整体上对于包括马克思主义在内的左翼思想和社会运动开始深感不信任，而马克思的著作也不再受到重视。到了80年代初，日本思想界甚至出现了以户田徹、笠井洁、小坂修平、长崎浩等人为代表的所谓"马克思葬送派"知识分子。[1] 在这个意义上，尽管在战前和战后的日本思想史上，马克思都是一个无法绕开的巨大存在，但在柄谷开始进入马克思的文本的时候，多数知识分子都认为"马克思已经不行了"——这种当时所谓的"意识形态终结"论，恰恰是当时最显著的一种意识形态。[2]

在这种大背景下，正是宇野弘藏的理论对柄谷起到决定性的影响。当柄谷于1960年作为"文科一类"的本科生进入东京大学经济学部时，尽管当时宇野弘藏已经退休，但其弟子铃木鸿一郎继承了宇野的学说，在课堂上讲授宇野对马克思的独特阐释。柄谷自己回顾道："《资本论》是科学，而历史唯物论是意识形态——宇野弘藏的这一想法，在某种意义上对我来说意义重大。"[3] 简言之，恰恰是宇野理论对《资本论》的强调和再阐释，使得柄谷不仅可

---

① 参见小林敏明『柄谷行人論』，第165页。

② 关于1970年代的思想状况，参见柄谷为《马克思，其可能性的中心》撰写的"学术文库版后记"（柄谷行人『マルクスその可能性の中心』，第238页）。亦参见柄谷行人ほか『柄谷行人「力と交換様式」を読む』，第147—148页。

③ 柄谷行人ほか『柄谷行人「力と交換様式」を読む』，第118页。柄谷在为《马克思，其可能性的中心》的英文版撰写的序言中也承认，宇野关于政治经济学的理论工作对自己产生了"最大的影响"。参见 Kōjin Karatani, "Preface to the English Edition," p. 17.

以抵挡外界关于马克思主义的种种噪音，更可以通过自己的方式重新进入马克思著作的文本细节，从而不受主流阐释的影响而真正回到其思想的"可能性的中心"。例如，在《马克思》中，柄谷直接针对 60 年代以来争论不休的有关"初期马克思"和"后期马克思"的延续与断裂的问题写道：

> 自从《1844 年经济学哲学手稿》被发现以来，"初期马克思"和"后期马克思"的关系成了世界性的问题。简单来说，争议集中在下面这一点上：在初期马克思的延长线上思考后期马克思，还是在"断裂"上认识后期马克思。……初期马克思得到强调，是要反拨那种过于倾向经济决定论和生产力理论的马克思主义，而后期马克思得到强调，则是要反拨那种将初期马克思的异化论还原为资产阶级人性论的做法。（第 86 页）

与之相对，柄谷则认为，如果不仔细阅读标志着马克思思想结晶的《资本论》，既不可能理解"后期马克思"，也不可能理解"初期马克思"。在柄谷看来，无论强调"断裂"还是"延续"，论者都只是在预设一种既有的"马克思主义"的前提下展开争论，而没有切实地回到马克思的文本本身。——没错，强调回到文本的细节并从中揭示新的思想可能性，恰恰就是柄谷阅读马克思的根本姿态，也是其最初的马克思研究成果《马克思》的基本出发点。

如前所述，系统而全面地整理和比较柄谷在不同时期对马克思文本的阐释，并不是这里的工作；毋宁说，我试图以《马克思》为一个核心的参照轴，在勾勒其大致论述后，揭示柄谷如何在之后的著作中——尤其是 1985 年的"文库版后记"和同一时期连载于《群像》上的《探究》——对于先前的论述做出细微的侧重点调整，并通过这种调整来勘测柄谷从 70 年代到 80 年代中期的思想变化。如柄谷所说，在《马克思》出版后，"事实上到《探究》为止，多次在细微的点上尝试了修正"（第 240 页）；而如果不易察觉的细节上的改动往往标志着根本的差异所在（参见第 19 页），那么我们更有理由重视柄谷对《马克思》的论述所做出的细微调整。

不过，在讨论上述问题之前，还是先让我们进入柄谷撰写于 70 年代的《马克思》，并尽可能采取柄谷自己阅读《资本论》的方法和态度，留意文本中的细节。

二　回到"价值形态论"

柄谷的《马克思》最初在 1974 年连载于日本著名的文艺杂志《群像》的三月至八月号上。在第二年去往耶鲁大学并结识了德·曼之后，后者颇为欣赏柄谷的这份关于马克思的研究，并鼓励他将英文版在美国的学术杂志上发表。尽管这一愿望最终未能实现，但柄谷在其后陆续修改了当初杂志连载的文本，并将其作为自己马克思研究的"序论"出版成册。

大致而言，《马克思》可以分成四个部分：第一部分

（第一章至第四章）围绕"价值形态论"展开讨论，揭示资本制经济中"货币形态"对于价值形态的遮蔽；第二部分（第五章）通过阅读《德意志意识形态》和《路易·波拿巴的雾月十八日》，讨论了路易·波拿巴如何作为"非代表的代表"而悖论性地成为社会各党派和阶层的代表，正如"货币"本身作为一种特殊的商品而悖论性地成为一般等价物；第三部分（第六章）则主要关注《1844年经济学哲学手稿》，消解和驳斥了人道主义的马克思形象以及对于人性的本质化理解；简短的第四部分（终章）以前后呼应的方式，重新回到全书开头关于"方法"的讨论。考虑到柄谷在后来的著作中分析马克思时呈现出的关切仍然在于"价值形态论"，我们接下来的考察将主要围绕第一部分展开。

　　相较于柄谷的其他著作——也许《日本现代文学的起源》和《作为隐喻的建筑》除外——《马克思》的版本情况较为复杂：最初于1978年作为专著出版的时候，柄谷已经对最早在《群像》上连载的文本做了较大幅度的修改；1985年，讲谈社出版了《马克思》的"文库版"，并添加了柄谷撰写的长达十五页的"文库版后记"。但是，在1990年重新收录"讲谈社学术文库"时，柄谷删除了之前那篇很长的后记，并补充了一篇简短的"学术文库版后记"（三页）。根据柄谷自己的说明，如此改动的原因是自己在该书出版时便对其感到不满，于是在后来的"文库版"中添加了"详细的自注"；然而，如今柄谷则认为，《马克思》"作为过去的文本拥有自身的独立性，还是让读者照原样阅读比较好"。换句话说，我们对《马克思》的阅读，应该遵循柄谷在《马克思》中对马克思著作所采取的阅读原则，也就是将文本视为一个独立自足的甚至某种意义上超越作者意图的对象。

柄谷的这种颇具"文本主义"色彩的解读策略，无疑是其有意识选择的结果。80年代以后，柄谷被视作鼓吹"后现代思想"的"新学院派"知识分子的代表忹人物，也无疑与《马克思》所呈现的论述姿态有着密切关联。例如，柄谷在本书一开头就写道："除了'作品'之外，不把任何哲学或作者的意图当作阅读前提，这就是我阅读作品的意思。"（第9页）采取这种策略或方法的原因在于，柄谷认为，作者的思想不仅不同于文本中呈现的想法，而且恰恰是文本创造出了"作者"的形象，"阅读让作者产生变形"。于是，"这里不存在'真正的理解'，如果存在这种东西，那么历史本身也就完结了"（第89页）。如今，我们不难从这些论述中辨认出所谓"后结构主义"乃至"后现代主义"的思想印记——顺带一提，柄谷在《马克思》中不仅详细阐述了索绪尔的语言学，而且提到尼采、福柯、德里达等理论家，仿佛更可以坐实上述印象——但重要的并非柄谷在多大程度上受同时代法国理论的影响，而是这种激进的"文本主义"式态度，能否让柄谷在出发点上完全摆脱战后日本思想史上积累的关于马克思的各种争论，从而也摆脱70年代后日本社会全面告别马克思的思想氛围。

或许正因如此，柄谷在论述中多次激进地将马克思也阐述为一位颇有"后现代"色彩的思想家。例如，他关于马克思与所谓"古典经济学"之间的关系写道：马克思的"独特性不是树立了何种'哲学'，而是他对文本的姿态，以及对这种姿态的贯彻。《资本论》不外乎就是马克思对于古典经济学文本的解读"（第16页）。这种作为文本的解读者的马克思形象，无疑和60年代学生运动中的马克思形象大相径庭，也和日本共产党标榜的马克思主义毫不相干。

不仅如此，柄谷甚至断言道："马克思在德国哲学、法国政治思想、英国经济学之间移动他的对象，也始终把'语言'作为问题。与之对应，马克思的着力点也不断移动。始终不变的是他作为阐释者的立场"（第115页）。这一论断仿佛与我们熟悉的那个主张哲学的任务"不在于解释世界，而在于改变世界"的马克思相去甚远①；然而，重要的是，柄谷对马克思作为阐释者而不断"移动"的强调，恰恰显示了他自身的"方法"：

> 马克思的"思想"，正在于他阅读文本的方法。马克思在《德意志意识形态》中的转变，不在于提出什么新的哲学，而在于他对"哲学"这种意识形态的解读。这一转变与其说是"颠倒"，不如说是"移动"。（第94页）

---

① 针对马克思的这句人们耳熟能详的话，柄谷写道："不能把这句话误读为从理论到实践、从书斋到街头的说法。马克思不断批判的就是那种对想要改变世界的人们起支配作用的'解释'。换句话说，马克思的工作就是对作为'解释'的哲学本身进行再解释。"（第100—101页）

"外侧"不是客观地看待事物的场所，而是看到客观性本身也不过是一种本地的共同主观性的场所。[马克思]的立场，必定是始终让一切"立场"都变得不安和不稳定的立场。让哲学发生动摇的不是否定，也不是颠倒，而是这样的移动。（第100页）

熟悉柄谷的读者从这里不难看出，"移动"这一关键词以后将进一步被柄谷改写和发展为"跨越性批判"：它所强调的是，我们对于现实的批判不需要一个超越性的位置或立场，也不存在这样的超越性；毋宁说，批判的可能性就来自在不同体系间进行"横断性"的移动和由此带来的"视差"。[①]正是在获得了这样一种"移动"的视角之后，70年代的柄谷能够重新讨论"外部"——此时的重心不再是，比如"内在""自我"或"意识"，而是"体系"以及由此造成的"内部/外部"的认识论颠倒。在上一章讨论《日本现代文学的起源》时，我们已经谈过这一问题。

综上所述，柄谷在《马克思》中试图做的工作，并不是还原一个"真实的"马克思形象，而是将马克思的形象重新放置到文本自身的语境，尤其是《资本论》关于"价值形态论"的论述语境。例如，柄谷写道：

某个作品的丰富性在于，在作者有意识地支配的体系内部，存在着某个他"无法支配"的体系。……

———————————

① 参见柄谷行人『トランスクリティーク』，第18页。

对我来说，"阅读"马克思就是阅读价值形态论那里
"尚未得到思考的东西"。（第 25 页）

在另一处地方，柄谷甚至断言，我们对马克思的阅读
可以走到与其原本的"意图"相反的地步：

我们必须首先仔细地阅读价值形态论，必须"一
反马克思的意图"来进行阅读。（第 117 页）

可以说，上述两段话一方面简明地提示了《马克思》
的主要关切，另一方面也表明了全书标题中的"可能性的
中心"这一表述的含义。柄谷多次强调，自己的这个标题
容易引起误解，因为所谓"可能性的中心"其实指的并不
是某种核心或实质，倒恰恰是一直以来被人们忽略或轻视
的"边缘"——具体而言，即在《资本论》第一卷开头部
分仅仅被马克思作为通往"货币形态"途中的一个环节而
加以阐述的"总和的或扩大的价值形态"。柄谷曾在一次
演讲中，如此介绍"可能性的中心"的含义："'可能性的
中心'一语，是出自瓦莱里的《达·芬奇方法绪论》中的
说法，它指的不是达·芬奇这个人做了这样那样的工作，
而是说在文本之中，尽管不存在于文本里，却以某种方式
存在着的形态，或可能性的形态，这被称为'达·芬奇'，
也叫'达·芬奇的可能性的中心'。换言之，瓦莱里将未
被写下的东西、未被写下的结构称为'可能性的中
心'。"[1] 在很大程度上，这种解释同样适用于柄谷自己对

---

① 柄谷行人「安吾その可能性の中心」，柄谷行人『言語と悲劇』所收，第 400 页。

马克思的解读。而在 2019 年为《马克思》的英译本撰写的序言中，柄谷再次强调这一标题的含义：

> 我在此所谓的"可能性的中心"，指一种存在于文本却没有得到清晰阐述的意义形式。换言之，它更存在于"边缘"而不是实际的"中心"，这是一种我从瓦莱里的批评著作中习得的观察和阅读方式。[①]

在这个意义上，所谓"马克思的可能性的中心"，或许确实和同时代的法国思想家德里达对西方形而上学传统的"解构"式阅读异曲同工。不过，柄谷的阅读方法和"解构"的关系，并不是我们要关心的。与之相比，更重要的是，柄谷在书中借助"文本"所包含的足以超越作者意图的强大自足性和独立性，一举将自己的思想位置从自我封闭的"意识"和"自我"那里抽离出来。例如，在以一种似乎延续了 60 年代以来的存在主义式思考的笔触谈及蒙田提到的种种宗教和哲学所陈述的"人性"以及潜藏在这些论述背后的那个"奇怪的'赋意性''自我'"之后，柄谷如今轻快地写道：

> 这不是所谓的"自我"，而是他所引用的文本本身。（第 13 页）

处于"人性"论述的根基处的既不是主体，也不是自我意识，而是一种派生出"意识"和"主体性"、自身却无

---

① 参见 Kōjin Karatani, "Preface to the English Edition," p. 18；亦参见柄谷行人ほか『柄谷行人「力と交換様式」を読む』，第 36 页。

法被规定的"不可思议的自我"，但这一谜团如今不再将柄谷引向某种存在主义式的关于"自然"与"意识"、"内"与"外"的悖论性思考，因为蒙田所描画的有关"人性"的复杂"内部构造"，事实上无非就是各种文本产生的一个效果而已。而在马克思的《资本论》中，与这种貌似神秘而复杂的"自我"对应的，便是"商品"——它不仅是《资本论》的出发点，也是《马克思》的论述起点：

> 最初一看，商品好像是一种很简单很平凡的东西。对商品的分析表明，它却是一种很古怪的东西，充满形而上学的微妙和神学的怪诞。①

众所周知，这是《资本论》第一卷中"商品拜物教的性质及其秘密"一节的第一句话。在柄谷看来，《资本论》的"卓越之处"与其说在于通过对"商品"的分析逐步揭示资本主义生产方式的发展过程，不如说在于马克思对"商品"这一貌似"很简单很平凡的东西"本身表达出的惊讶本身（第14页）；换句话说，在柄谷这里，通过阅读《资本论》试图阐明的根本问题，便是资本主义制度的商品体系对于价值形态的遮蔽。柄谷强调说，正是马克思"首先发现了商品或价值形态"（第15页；强调为原文所有）。

为了说明这一问题，柄谷将注意力放在马克思对商品的"相对价值形态"和"等价形态"的分析上。在《资本

---

① 参见《马克思恩格斯文集》第5卷，第88页。

论》第一卷第一篇"商品和货币"的部分，马克思通过"简单的、个别的或偶然的价值形态""总和的或扩大的价值形态""一般价值形态"到"货币形态"，分析了货币作为一种特殊商品而获得一般等价物地位的过程。然而，在柄谷看来，处在分析最终阶段的"货币形态"反而遮蔽了价值形态论的根本要点。"货币形态"所造成的一种形而上学使人误以为商品从一开始就各自具备内在的"价值"（第120页），而商品交易的行为就是依赖于这些"价值"完成的等价交换。但这种认识完全是一种认识论上的颠倒，因为从头到尾"商品的根底处并不存在价值"（第120页）。并不是商品与商品的交易以"价值"为基础，恰恰相反，"价值"产生于商品与商品的交易。换言之，一个商品之所以具有"价值"，与它的内在属性或施加其上的抽象劳动无关：商品的"价值""仅仅作为与其他所有商品之间的价值关系而存在"（第55页）。货币作为一般等价物而建立起的商品与商品之间的"等价关系"，恰恰使得所有商品获得了"质的同一性和量的比率"（第36页），仿佛商品交换关系从一开始就取决于这种同一性或价值上的数量关系，仿佛商品的"价值"可以抽象地在各个商品之间建立起"数量"上的等价关系（第55页），仿佛我们可以脱离交易而谈论商品及其价值。

在此值得注意的是，柄谷反复强调，一般被认为是马克思本人所主张的"劳动价值论"，其实同样建立在这种由"货币形态"所带来的形而上学的认识之上，因而是错误的主张①——事实上，柄谷认为"劳动价值论"不仅不是马克思的主张，反而是马克思所批判的李嘉图等人的政治经济学的主要观点。根据这种观点，仿佛一个商品无需通过与其他商品的交换就能自然地通过凝结在其中的社会必要劳动而拥有一定量的价值；因此，在这种认识中，货币最终将成为可有可无的符号，或一种单纯的衡量尺度。然而，柄谷指出，与这种试图通过生产领域发现"价值"的观点相反，马克思恰恰通过重新强调货币的神秘性质，再次凸显了被货币形而上学遮蔽的商品价值得以形成的交换和流通过程。事实上，抽象和同质的人类劳动，不仅不是共同存在于所有商品内部的某种实质，而是"在货币经济的扩大中"方才显现的东西（第49页）。——关于这一点，柄谷给出了一个非常具有启发性的解读：我们似乎自然而然就能够将不同性质的劳作行为都抽象成同一种劳动，并设想出生产商品所需的"劳动时间"，但这种认知本身同样是一种颠倒，因为它恰恰是以现代化机械生产为原型而得到的推论，而"机械性生产所带来的资本制生产，为何能覆盖所有生产（包括非商品生产的生产），为何能将生产组织为资本制社会"（第51页），这个问题无法通过"劳动价值论"本身得到解答。正是由于"货币形态"

---

① 毫无疑问，柄谷延续自宇野经济学理论的这种阐释与《资本论》关于商品价值的许多论述产生矛盾，而这种对价值形态论的形式性理解也已遭到质疑和批评。不过，我们这里的课题不是探讨柄谷在多大程度上"误读"了马克思，而是通过柄谷的马克思论反过来考察柄谷自身的思想发展。值得一提的是，20世纪90年代初，经济学家岩井克人在《批评空间》上连载了《论货币》，同样针对《资本论》中的价值形态论做出了独特的阐释，并间接地与柄谷形成对话。

所造成的认识论颠倒，使得"所有生产物"都被赋予了"和机械性生产相同的外观"，所有生产也由此都带上资本制生产的形式（第51页）。

与此同时，针对所谓的"社会必要劳动时间"，柄谷也给出了新颖的阐释。在他看来，这里的每个词都很成问题。首先，"社会"不仅不是一个给定的实质，反而是"货币形态"成立以后回溯性地确立（或颠倒）的一个虚假前提："这种社会性是货币形态所赋予的，不思考货币形态就无法思考社会必要劳动时间。将劳动分成'必要劳动'和'剩余劳动'，将劳动时间分成'必要劳动时间'和'剩余劳动时间'，这在实际的生产过程中也是不可能的"（第70页；强调为原文所有）。其次，对于主张将"社会必要劳动时间"中的"劳动"和遭到资本主义"异化"而成为商品的"劳动力"区分开来的看法（包括对柄谷的思考影响深远的宇野弘臧的理论在内），柄谷也不以为然："'劳动力'本来就是商品，并不是'劳动力成为商品'。换言之，'劳动力'这个概念中就包含了货币形态。马克思区分了劳动力和劳动，但这一区别不过是为价值和使用价值的二重性换了个说法，问题恰恰在于，如已经指出的那样，这种二重性乃是货币形态的产物"（第83页；比较第72页）。由此，柄谷就从"劳动"和"社会性"两个方面，消解了"劳动价值论"的主张——这种消解无疑是对于60年代盛行一时的"异化论"阐释的彻底否定。[1]

---

[1] 在此可以补充一点：在柄谷的思考中，对"异化论"的否定直接关联（转下页）

尽管柄谷在此批判了宇野的理论，但是，如小林敏明所指出的，柄谷对"价值形态"的重视和再阐释其实受到宇野经济学理论的深刻影响。例如，宇野认为，由于在资本主义制度下"劳动力"本身也作为一种特殊的商品而参与生产和流通过程，因而劳动无法被视为能够单纯地产生价值的抽象存在；相反，只有从资本主义商品体系中的生产和流通的整体视角出发，才能把握劳动和商品的价值：

> 《资本论》在论述商品的时候，用经济学首次阐述了价值形态论，论证了货币的必然性，但由于在此之前阐述了劳动价值论，导致商品经济中极其重要的方面容易被人轻视。……无论在商品形态上，还是在论述货币职能的时候，马克思仿佛已经把商品的相互交换作为一种正常的过程加以论述，然而，事实上谁都没有确定这种价值量的方法。[1]

因此，宇野在其《经济原论》中重新调整了《资本论》的论述顺序，不是从"生产"而是从"流通"开始其理论阐述。只有在交换和流通过程中，"物"才成为"商

（接上页）于他关于"交换"的思考。例如，在 1975 年与中村雄二郎进行的一次对谈中，柄谷说道："我想要讨论马克思，单纯地说就是要否定异化论。这里有和阿尔都塞重合的议题，但方法和他不同。在我看来，若要讨论异化的问题，只要考察异化的原义即交换就好了。我无法理解异化这个概念，交换的话则能够理解。"（参见柄谷行人、中村雄二郎「思想と文体」，柄谷行人『ダイアローグI』所收，第 87 页）从这里可以看到，"交换"的问题至少在 70 年代已经在柄谷的思想中占有了重要地位。

[1] 宇野弘藏『資本論の経済学』，第 46—47 页；转引自小林敏明『柄谷行人論』，第 159 页。

品"并获得价值。同样地，在柄谷看来，在《资本论》讨论"价值形态"的部分中，从"简单的价值形态"到"货币形态"的过渡既不是一种历史叙述，甚至也不具有理论上的必然性。像马克思那样将"货币形态"视为"价值形态"的完成阶段，同样是一种需要被摒弃的"目的论式的思考"。因此，柄谷一反马克思那里的"辩证法和目的论式的叙述"（第35页），将全部注意力放在马克思关于商品的"总和的或扩大的价值形态"的论述上，因为正是这一阶段的"价值形态"绝佳地体现了"货币形态"在被去中心化之后呈现出的"没有中心的体系"（第35页）——例如，柄谷这样写道：

> 在"亚麻布用上衣表示自己的价值"的场合，马克思指出，亚麻布处于相对价值形态，上衣处于等价形态。换言之，马克思在这里说的不是"亚麻布与上衣等价"，而是"亚麻布的价值通过上衣的使用价值来表示"。"一个商品的价值是通过其他商品的使用价值来表示的。"但是，例如亚麻布的价值并不是内在地、超验地存在的。在此，只有亚麻布和上衣的"不同使用价值"，"价值"就出现于这一关系中。这一关系正是价值形态，也就是相对价值形态和等价形态的结合。（第33页）

让我们结合《资本论》来对这段重要论述稍作说明。根据马克思所举出的例子，在"20码亚麻布＝1件上衣"这一简单的价值形态中，亚麻布处于"相对价值形态"的位置上，而上衣处于"等价形态"的位置上；换言之，这一等式透露的信息是："1 件上衣"通过自己的使用价值而承担了表示"20 码亚麻布"的"价值"的职能。对此，马克思写道：

> 在上衣成为麻布的等价物的价值关系中，上衣形式起着价值形式的作用。因此，商品麻布的价值是表现在商品上衣的物体上，一个商品的价值表现在另一个商品的使用价值上。作为使用价值，麻布是在感觉上与上衣不同的物；作为价值，它却是"与上衣等同的东西"，因而看起来就像上衣。麻布就这样取得了与它的自然形式不同的价值形式。[①]

结合柄谷的论述，可以说这里的关键在于：第一，在"20 码亚麻布 = 1 件上衣"这个等式那里，亚麻布和上衣的位置可以相互替换，而两者究竟是"相对价值形态"还是"等价形态"则完全取决于各自占据的等式两边的位置。"一个商品究竟是处于相对价值形式，还是处于与之对立的等价形式，完全取决于它当时在价值表现中所处的地位，就是说，取决于它是价值被表现的商品，还是表现价值的商品。"[②]第二，如马克思反复强调的那样，上述等式只能在不同性质的商品之间才能成立，如"20 码亚麻布 = 20 码亚麻布"这样的等式只是毫无意义的同语反复。

于是，如果我们将"20 码亚麻布 = 1 件上衣"的等式继

---

① 《马克思恩格斯文集》第 5 卷，第 66 页。
② 同上书，第 63 页。

续延续到其他商品那里，即进入"扩大的相对价值形态"的阶段，就不难发现：没有一件商品从本质上必定会始终占据"相对价值形态"或"等价形态"的位置。恰恰相反，如果"价值"仅仅出现于商品与商品之间的关系中，如果一个商品的"价值"不外乎是其他商品的使用价值（反之亦然），那么我们在这里看到的就是一个无限的等式——例如，柄谷关于"总和的或扩大的价值形态"写道：

> 不存在"价值"。根底处只有不同的使用价值之间的关系，或更准确地说，只有"差异"的嬉戏。在这里，我们可以逆马克思的叙述顺序而追溯到"简单的、偶然的价值形态"所包含的问题那里。（第37页）

延续马克思的用语，柄谷总结道：在商品交换的根源处，只存在"使用价值（能指）和使用价值（能指）之间的任意关系"（第38页）。在这个意义上，柄谷的再解读无疑消解了《资本论》中从"总和的或扩大的价值形态"发展到"一般价值形态"和"货币形态"的目的论式的叙述。[①]这一

---

① 不过，需要注意马克思在论述"扩大的相对价值形态"时写下的这段话："在第一种形式即20码麻布＝1件上衣中，这两种商品能以一定的量的比例相交换，可能是偶然的事情。相反地，在第二种形式中，一个根本不同于偶然现象并且决定着这种偶然现象的背景马上就显露出来。麻布的价值无论是表现在上衣、咖啡或铁等无数千差万别的、属于各个不同所有者的商品上，总是一样大的。两个单个商品所有者之间的偶然关系消失了。显然，不是交换调节商品的价值量，恰好相反，是商品的价值量调节商品的交换比例。扩大的价值形式，事实上是在某种劳动产品（例如牲畜）不再是偶然地而已经是经常地同其他不同的商品交换的时候，才出现的。"（《马克思恩格斯文集》第5卷，第67页）不妨认为，柄谷的论述放大了这段话中的"偶然"一词，而没有充分强调或注意最后的"经常"一词。下文还会回到这个问题。

关键点进一步被柄谷类比为索绪尔的语言学理论：索绪尔将语言符号从语词和指涉的关系中解放出来，重新通过"能指"（音位）和"所指"（意义表象）之间的关系来界定语言，从而把语言理解为"'能指'的差异性关系体系"，并把"意义"从仿佛先验存在一般的本质论那里解放出来，将它理解为"差异化体系"中语词和语词之间关系的产物（第30页）；同样地，商品的"价值"也仅仅出现于各个商品的使用价值的相互关系中。商品的使用价值，被柄谷类比为索绪尔笔下的"能指"（第34页）。于是，"扩大的价值形态"，便是无数能指不断相互嬉戏的海洋。

不过，柄谷的分析似乎并没有停止在所谓"'差异'的嬉戏"或"能指的嬉戏"（第120页）阶段，虽然或正因为这一表述看上去实在与"后现代主义"的论调非常相似。或许正是出于对这种相似性的警惕，柄谷接下来马上写道："当然，仅仅将货币形态去中心化，不能完成我们的课题。问题在于，这种中心化是为何以及如何形成的。"（第37页）柄谷进一步写道：

> 即使将货币作为一种商品而去中心化，中心仍然保留在"体系"本身。换言之，使得体系成为体系的东西，仍然潜在地保留着。……结构主义者假定了一个使得体系成为体系的"符号0"。但是，这是一种超验性，他们仅仅在表面上否定了超验的东西。（第38页）

关于"符号0"以及它在某一结构中占据的"超验性"

地位，柄谷在《马克思》中并没有更多展开①；但这段话告诉我们，如果单纯停留于"扩大的相对价值形态"的阶段，并不能动摇或摆脱商品体系本身。为了摆脱资本制经济，我们必须回答商品体系本身如何形成的问题，也就是回答货币何以作为一种特殊的一般等价物而获得中心地位的问题。

三 "价值"与"交换价值"的悖论

然而，《马克思》接下去的论述并没有回答这个紧要的问题，而是转向另一个问题："剩余价值"如何产生。在《马克思》的第三章开头，柄谷写道："到现在为止，我们探讨了货币形态包含的各个问题，在这里，让我们思考一下为什么这一点对《资本论》整体而言很重要"（第50—51页）。于是，柄谷在接下去的考察中将会表明，探讨"货币形态"的形而上学的意义在于重新阐明"剩余价值"的形成。

从《马克思》论述的整体结构而言，这里的方向调整或偏离意味深长。值得注意的是，如果我们翻到《马克思》第六章结尾，即整个考察接近尾声的地方，便会发现柄谷在阅读了马克思的《1844年经济学哲学手稿》后写道："'苦'既不是应该消除的东西，也不是原罪。因为它不外乎是根源

---

① 顺带一提，有关"符号0"的问题将会在柄谷的《内省与溯行》中得到细致梳理和批判性考察。不过柄谷在其中并没有详细讨论马克思的价值形态论，而是重点阐述了马克思笔下的"分工"。关于《内省与溯行》，亦参见本书相关章节的论述。

性的'偏差'和'嬉戏'"（第135页）。我们不必追究柄谷在此关于人性之"苦"和"激情"的讨论，只需要强调一点：柄谷的论述最后还是回到"差异"（柄谷甚至直接借用了德里达的术语"延异"）和"嬉戏"的论断上。如果柄谷确实认为"仅仅将货币形态去中心化，不能完成我们的课题"，那么甚至可以说，《马克思》的考察没有明确结论。或许这也可以说明，为什么迄今为止论者都认为《马克思》在柄谷的思想中占有重要位置，却很少有论者对这一文本进行细致阅读。[1]在我看来，这一结果不是年轻柄谷的偶然失误，或受制于连载形式的影响（前面也提到，柄谷在出版成著作时对书稿进行大幅改动），而源于《马克思》论述所包含的一个内在悖论，后者将从根本上使"中心化是为何以及如何形成的"这个问题变得无法回答。

在说明这个问题之前，让我们先回到柄谷关于"剩余价值"的考察。在柄谷看来，将"劳动价值论"当作马克思本人的主张的那些"马克思主义者"，试图通过把"价值"与"劳动"进行实质性的关联来解释"剩余价值"的产生，从而直接将后者变成一个道德问题，即如何让劳动者团结起来对抗压榨剥削的资本家。这一阐述造成了诸多理解上的悖论和矛盾，如"工人自愿出卖劳动力"的难题。而既然柄谷一开始就摒弃了"劳动价值论"，他就必须以另一种方式来解释"剩余价值"的形成——对此，柄

---

[1] 小林敏明甚至指出，《马克思》尽管有着"敏锐的直觉"，却缺乏"充分的理论说明"。参见小林敏明『柄谷行人論』，第176页。

— 155 —

谷这样写道：

> 事实上，蒲鲁东基于古典经济学而提议废止货币
> 并施行"劳动货币"。对货币感到厌恶的理论家们，
> 大多以"直接的交换"为目标。像柏拉图和卢梭厌恶
> 文字那样，在他们看来，仿佛内在的、直接的交换是
> 存在的。然而，他们所谓内在的、直接的东西，正是
> 货币＝表音文字的产物，这一透视法的倒错中寓居着
> 形而上学。
>
> 在货币形态＝表音文字＝意识那里，价值形态已
> 被遮蔽。但是，为什么这件事很重要？因为货币的这
> 种性质虽然是"货币向资本进行转化"的根据，同时
> 却遭到了遮蔽。如果货币单纯是对商品价值的表示，
> 那么 G（货币）—W（商品）—G'（G＋ΔG）的过程
> 就不可能了。也就是说，货币所有者不通过买入和卖
> 出商品获得 ΔG（剩余价值），资本也就不可能存在。
> （第 54 页；强调为引者所加）

这两段话似乎是对柄谷主要论点的重复，同时引出了
"剩余价值"的问题。但这里存在一个不容易察觉的裂隙：
柄谷试图通过类比的方式，将德里达所批判的"语音中心
主义"和"劳动价值论"联系起来，然而，正是通过这一
创造性的类比，柄谷的论题事实上发生了微妙但至关重要
的滑动。此话怎讲？

概括地说，根据德里达对"语音中心主义"的批判，
从柏拉图、卢梭到胡塞尔，西方形而上学传统中的诸多哲

学家都认为声音比文字更能表达真实意图，因为它更接近内心，也比文字更为直接。也就是说，"内在的、直接的"这两种特性，在"声音中心主义"那里是对优先于"文字"的"声音"的规定。例如，在《论文字学》中，德里达针对西方形而上学传统中"声音"与"意义"的密切关系论述道：

> 在任何时候，声音都距离所指最近，无论后者被严格规定为意义（思考的意义或经历的意义）或更宽泛地规定为事物。相比于声音与精神或被指涉的意义之间的密切结合，或者说穿了就是声音与事物本身之间的密切结合（无论这种结合方式是通过我们提到的亚里士多德式的方式进行，还是以中世纪神学的方式进行，亦即将事物规定为由其理念而来的造物，由其逻各斯意义上或上帝的无限理解意义上的"意义"而来的造物），一切能指——首先是书写的能指——都是派生性的。……逻各斯中心主义也是一种语音中心主义：声音和存在的绝对接近，声音和存在之意义的绝对接近，声音和意义之观念性的绝对接近。①

---

① Jacques Derrida, *Of Grammatology*, 12 - 13。众所周知，德里达在这部著作中同样批评索绪尔的语言学理论囿于"语音中心主义"的限制，而柄谷对此有不同意见。关于柄谷对于德里达的"索绪尔批判"的反批判，参见柄谷行人在 1992 年所写的《书写与民族主义》一文，收于柄谷行人：《日本现代文学的起源》，第194—212 页。不过，就《马克思》而言，柄谷的论述几乎蹈袭了德里达对于"语音中心主义"的批判，甚至直接借用了后者的术语。顺带一提，柄谷因德·曼的引介而和德里达相识，柄谷几次旅美期间都与德里达有过交流。关于两者在思想和方法上的关系，可参见東浩紀「ジャック・デリダと柄谷行人」，関井光男編『国文学解釈と鑑賞別冊　柄谷行人』所収，第 71—78 页。

总之，根据德里达此处的说法，"语音中心主义"所规定的"声音"与"意义"或"存在"之间的关系是直接的、内在的、绝对的、必然的；与之相对，"文字"则是间接的、外在的、偶然的、特殊的。在德里达的批判中，形而上学传统为"声音"赋予的内在性和直接性，构成了同一种特性或特权的一体两面。可是，一旦我们将同样的批判运用到商品价值的问题上，便很容易发现由此产生的一个裂隙："内在的交换"和"直接的交换"，其实并不是同一回事。

首先，"内在的交换"指的当然是那种以"劳动价值论"为基础的设想，认为商品之间能够以一定数量达成交易，前提在于各个商品中已经包含了相应的"价值"。如柄谷不断重申的，这种认识恰恰是货币占据特殊的一般等价物地位后回溯性地确立的形而上学的颠倒；换言之，正如在"简单的价值形态"阶段中，"20码亚麻布"和"1件上衣"之间的等式是"偶然"（马克思语）的结果，我们必须沿着柄谷的思路断言："内在的交换"从始至终都不曾存在，它完全就是"货币形而上学"的一个意识形态效果。毋宁说，当我们将货币作为商品而"去中心化"，那么，事实上发生的情况就是，每一个商品的价值都只是通过另一个与之交易的商品的使用价值的中介而得到呈现；并且，商品之间互为中介。没有一个商品能因其内在的属性或"价值"而获得与其他商品天然发生交易；也没有一个商品能够作为商品而拒绝被交易。这就是柄谷所谓的"'差异'的嬉戏"。

然而，"直接的交换"意味着截然不同的事情。一方面，它固然延续了"货币形而上学"的颠倒，即让人以为商品之间可以凭借各自固有的"价值"而实现直接的交换，忽略了现实经济活动中所有商品的交易都必须经过"货币"这一中介的事实。但另一方面，正如"20码亚麻布＝1件上衣"这个等式所示，"直接的交换"在"货币形态"之前不仅在事实上可能，而且恰恰是柄谷和马克思借以反思"货币形态"的思考轴——例如，"麻布表现出它自身的价值存在，实际上是通过上衣能与它直接交换。因此，一个商品的等价形式就是它能与另一个商品直接交换的形式"。① 也就是说，在"货币"成为必要的中介之前，商品之间的各种"偶然"交换每次都以不同方式表现了商品的"价值"，以至于"'差异'的嬉戏"本身并不会自然形成一个稳定的"商品体系"；因此，作为形成于不同体系之间的关系的"剩余价值"，此时也就无从谈起。如柄谷所言，"一个体系内部的商品的价值，仅仅是由诸关系决定的相对价值，等价交换与非等价交换的区别没有意义，所以在一个体系内部的交换不会产生任何剩余价值"（第63页）。与之相对，正因为"货币形态"在同一个商品体系内部带来了"等价交换"的效果或外观，仿佛所有商品都能经过"货币"的中介而公平合理地、自然地按照一定量的"价值"实现相互交易，仿佛交易的规则和标准是一种先天给定的东西，"剩余价值"的形成才成为一个亟

① 《马克思恩格斯文集》第5卷，第70页。

— 159 —

须厘清和解决的问题。

尽管可能不易察觉，但"内在的交换"和"直接的交换"的上述裂隙症候性地呈现了柄谷在《马克思》中没有直接回答的一个问题。让我们重复一遍：在解释了商品"价值"如何产生之后，柄谷应该回答——而且在文中也明确地提出的问题是，资本制经济的"商品体系"如何确立和形成？但柄谷通过再次返回"货币形而上学"而回答的问题却变成了："剩余价值"如何形成？[①]

不过，重要的不是指出柄谷的论述偏离了方向，更不是指责柄谷没有充分回答自己提出的问题，而是探讨这种方向偏差的意义。所以，让我们继续跟随柄谷关于"剩余价值"的论述，进一步讨论这个问题。

简单地说，在柄谷看来，"剩余价值"形成于两个不同体系之间的交易 = 交流，也就是说，"W—G 和 G—W′在时间和地点上被分离开来"（第 55 页）。由地点上的分离所产生的"剩余价值"，历史上的表现便是商人资本，即将一个地方便宜买入的商品放到另一个地方高价售出。而之所以相同的商品在不同地区会有不同价格，无非是因为"在各个地区，它与其他商品的关系有所不同"（第 55—56 页；强调为原文所有）。与之相对，由时间上的分离所产生的"剩余价值"，则表现为产业资本的技术革新和效率

---

① 笠井洁在为"讲谈社文库"版的《马克思》撰写的"解说"中看到了这个问题，不过没有深究，仅仅指出柄谷的叙述"在此离开了价值形态论分析，转而对剩余价值做出探讨"。参见笠井潔「解説」，柄谷行人『マルクスその可能性の中心』所收，第 235 页。

提升。资本家通过发明先进的技术而从实质上降低现有的生产成本，进而通过把"潜在地已经相对降低的劳动力价值和生产物价值"投入"既有的价值体系"之中——也就是说，通过"现存体系和潜在体系"之间的差异（第78页）——来获得"剩余价值"。因此，在这个意义上，无论是通过时间还是空间上的差异，"剩余价值"的形成都取决于两个不同体系之间的关系。

不难发现，在"剩余价值"如何形成的问题上，柄谷也始终贯彻了以"交换"为中心的视点，甚至直接否定了马克思那里对生产环节的重视。例如，柄谷写道：

> 马克思似乎要说，产业资本不是从流通过程获得剩余价值，而是从生产过程获得剩余价值。但是，生产过程本身与价值无关，价值——因而剩余价值也是如此——始终只是由交换过程赋予的。如后文所述，产业资本其实也依赖于下述过程所产生的差额（剩余价值），即购入劳动力"商品"并出售其实际生产的商品。（第62页；强调为引者所加）

然而，我认为正是在这里，柄谷对"生产中心主义"和"价值内在论"的激烈否定，使他的论述引出一个颇具悖论性的结果。为了说明这一点，让我们再次整理一下柄谷到目前为止的论述。如前所述，一个商品的"价值"在它和其他商品进行交换的过程中形成或表现为其他商品的使用价值；"货币"作为一种特殊的商品，占据了一般等价物的地位并使所有商品都必须在与它发生中介的前提下方能参与交易。从结果上看，当"扩大的相对价值形态"发展到"货币形态"阶段后，"价值的关系体系"就在内部稳定下来，也形成了"等价交换"等交易规则。——众所周知，这种体系内部的稳定性，恰恰是马克思和柄谷针对资本主义的周期性恐慌展开论述的前提："什么是恐慌？恐慌是价值关系体系的一瞬间解体。这个时候，物的内在价值消失了。换句话说，恐慌使得货币形态遮蔽了的价值形态——象形文字——呈现出来"（第85页）。反过来说，柄谷关于商人资本的论述，似乎也确证或预设了体系内部的商品价值在所谓"常规状态"下的（虚假的）稳定性。恐慌是一种"例外状态"，但也恰恰因此显示了"常规状态"的真相。马克思的新颖性就在于"不把恐慌作为例外，而是作为资本制经济所固有的东西来理解"（第81页）。

事实上，柄谷关于产业资本的论述同样能够表明，所谓体系内部的稳定性仅仅是一种意识形态效果，因为即便在同一个体系中，也存在着"现存体系"和"潜在体系"之间的交换；而且，这种交换始终以一种"不显露"的方式进行着（第78页）。也就是说，在我们看到"等价交换"的地方，"剩余价值"总是已经潜伏其中了：

　　　　劳动生产性的上升，在既有的体系内部创造出了潜在的体系。所以，尽管外表上是等价交换，差额也可能产生。这种差额不久后就被消解，基于新水准的价值体系得以形成。因此，资本必须不断创造出这种

差额。这为产业资本主义时代前所未有的高速度技术革新带来动机和条件。（第79页）

在这个意义上，哪怕在同一个商品体系内部，遭到"等价交换"遮蔽的也不仅仅是"价值"的"起源"（即柄谷所谓的"价值的根底的缺席"和"使用价值的嬉戏"），更是"剩余价值"的"起源"（即时间上相互分离的两个体系之间的关系）：同一个商品在同一个体系之中，既由于它和其他商品的关系而表现出"价值"，又由于它在潜在体系中与其他商品的关系而——作为这种潜在关系在现实体系中的反映——表现出"剩余价值"。极端地说，价值就是剩余价值。或者说，剩余价值总已经像幽灵一般萦绕在形成"价值"的交换过程周围。

如果我们带着这个悖论性的结果重新回到刚才引用过的一段论述，就会发现在柄谷的阐述中，商品的所谓"内在价值"和"相对价值"归根结底并没有区别：

> 只有在考察两个不同的价值关系的体系时，才会假定某个商品的内在价值。一个体系内部的商品的价值，仅仅是由诸关系决定的相对价值，等价交换与非等价交换的区别没有意义。……所以，只有在两个不同体系进行中介的时候，非等价交换或剩余价值才第一次必然地存在。（第63页）

的确，结合柄谷关于商品体系和国家的类比（第65页），以及通过索绪尔的语言学所做的类比——相同"意义"的语词在不同言语体系中会因各自与其他语词的关系而具备的不同"价值"（第63页）——上面这段话或许容易让人联想到国际贸易或不同地域之间的贸易往来。这种理解相当于把"体系"的边界无意中转化或翻译为既有的政治或地缘的边界。然而，如果同一个体系内部始终包含着另一个"潜在体系"，那么我们必须说，不仅商品的"内在价值"是一种意识形态，它的"相对价值"同样是一种遮蔽了"非等价交换或剩余价值"的意识形态。换言之，与常识性的理解不同，柄谷所谓"剩余价值"产生于不同体系之间的关系的论断，并不意味着相互关系的两个体系本身是既定的、自足的、稳定的、规范性的；相反，任何一个貌似自然而稳定的体系，总是已经在内部包含了自身同一性的分裂和自我差异化——事实上，放在当代资本主义的语境下，这一看起来吊诡的论断不外乎印证了资本主义在经历了全球化阶段之后仍然可以通过技术上的不断革新来产生"剩余价值"的显见事实。

现在我们看到，为什么柄谷在应该追问"商品体系"如何确立和形成的关键点上，反而将论述重新调整到解释"剩余价值"的方向上去，这是因为，从来就不存在一个自足、封闭、自治、自我同一的商品体系，不存在如物理法则一般用于规范一个体系内商品交换的内在尺度；所谓"同一个体系"的边界，既不是自然的物理边界，也不是政治的边界，但也无法根据商品经济的"等价交换"原则加以勘定。在这个意义上，如果"货币的形而上学"的效果是"使得'关系'变成'存在'"（第142页），那么这同时意味着两个方面的遮蔽，即货币一方面遮蔽了商品之间在"扩大的相对价值形态"下的关系（"'差异'的嬉戏"），另一方面则遮蔽了商品的"价值"在现实状态和潜在状态之间的张力。——最终，就像我们无法拽着自己的头发离开地表，我们无法回答"商品体系如何得到确立"的问题，因为我们始终生活在"等价交换"仿佛先天地、稳定地、自然地规范着任何一次商品交易的意识形态中。①

四 细微的调整：揭示交换中的"不对称性"

应该说，在揭示了"货币形而上学"的"颠倒"后，柄谷在《马克思》中的核心工作也就结束了。在这本著作的最后几个章节，尽管柄谷还解读了《德意志意识形态》和《路易·波拿巴的雾月十八日》等文本，但论述方式仍然处在解读"价值形态论"的延长线上。例如，关于1848年大革命之后的法国在经历了临时政府的共和制宣言、国

---

① 当然，这并不意味着我们可以通过回到资本制经济出现之前的历史阶段来规避"商品体系如何确立"的问题。例如，柄谷写道："在封建制下，例如领主会掠夺生产物。但是，至少就它是商品而言，也仍然以交换为前提。并且，价值的存在取决于下述相互性，即不交换则无法取得他人的所有物。……所以，应该说在任何历史阶段，哪怕是原始社会，交换都是基于相互间的合意与契约。"（第73页）在某种程度上，我认为这一论述比柄谷后来在《跨越性批判》中基于"交换样式"原理对封建制社会做出的分析更为激进。例如，同样涉及马克思的著名论断——"交换始于共同体和共同体之间"——柄谷在《跨越性批判》中将通过他的"交换样式A"（互酬性）来解释共同体内部发生的"交换"，否定其中包含任何"商品交换"的因素（参见柄谷行人『トランスクリティーク』，第307—308页）；相比之下，在1985年撰写的"文库版后记"中，柄谷则将共同体内部的交换称为"系统论式的［交换］"（参见柄谷行人「文庫版へのあとがき」，柄谷行人『マルクスその可能性の中心』所收，第223页）。

民议会、六月叛乱等一系列动荡，终于迎来了路易·波拿巴称帝并大权独揽的历史闹剧，柄谷通过阅读马克思的著名分析而写道：

> 皇帝（货币）看似因其超越性而成为皇帝（货币），但这种超越性反而是因为对诸党派（诸商品）之差异（关系）的消除才得以可能。"价值形态论"中很难理解的论点，在波拿巴这一党派坐上王位的秘密中已经得到彰显。（第 112 页）

不过，在这段将政治层面的代表制问题和经济层面的价值形态论关联起来的论述之后，柄谷意味深长地写道："马克思说，波拿巴作为满足所有党派、诸阶级的要求的扭结点而出现，但波拿巴也代表了'小农'这一阶级"（第112 页），而小农或分地农民"既是阶级，同时又不是阶级"（第 114 页）。类比于价值形态论，那么可以说，货币既作为一般等价物而显示了所有商品的"价值"，同时本身又作为一种特殊的商品而参与到商品体系的交易中。对此，小林敏明有很好的概括："柄谷所看到的波拿巴……是一个从各种能指之中被排除性地挑选出来的超越性能指，换言之，这里出现的是一个特殊的能指：当波拿巴占据主宰位置，各个能指和所指的关系，也就是代表者和被代表者，具体而言就是党派和阶级阶层的关系，就被遮蔽起来了。"[1]

---

[1] 小林敏明『柄谷行人論』，第182 页。

这里呈现的问题，正是政治中的"代表制"的断裂和危机。路易·波拿巴几乎一人"代表"了所有阶层和阶级：既是劳动者的代表，又是产业资本家的代表，又是军队和官僚阶层的代表，还是小农的代表。用马克思的话说，这一局面恰恰表征着议会制度的失败，因为"不仅议会政党分裂为原来的两大集团，不仅其中的每一个集团又各自再行分裂，而且议会内的秩序党和议会外的秩序党也分裂了。资产阶级的演说家和作家，资产阶级的讲坛和报刊，一句话，资产阶级的思想家和资产阶级自己，代表者和被代表者，都互相疏远了，都不再互相了解了"。[①] 不难发现，路易·波拿巴与法国各社会阶层的这种悖论性关系——一方面代表所有阶层，另一方面又代表"小农"这一特殊阶层——恰恰预示了柄谷在20世纪70年代末开始的针对"形式化"问题展开的研究。简单地说，如柄谷在《作为隐喻的建筑》等文本中反复强调的那样，对于任何一个自治而稳定的体系而言，若要维持自身正常运作，必定会在体系内部包含一个无法被体系本身的原则证成的因素。体现在商品体系上，这个悖论性的因素正是"货币"："货币作为一种'元层级'位于商品关系体系的上级，它向各个商品赋予'价值'（在索绪尔的语境中便是'意义'），同时却又本身作为商品而内属于关系体系。"[②]

不过，通过路易·波拿巴与货币的类比而揭示出来的

---

① 参见《马克思恩格斯文集》第2卷，第150页。
② 柄谷行人「言語という謎」，柄谷行人『隠喩としての建築』所収，第221页。

这个悖论，并不是《马克思》的核心关切；即使是在阅读《路易·波拿巴的雾月十八日》时，柄谷在 70 年代的这部著作中仍然将侧重点放在被路易·波拿巴或者货币的统摄地位所消除的"'差异'的嬉戏"上面。至于由此引申出"货币"所体现的"类"与"成员"间的悖论性关系——"货币"本身既是一般等价物又是一种商品的特殊身份，使得整个商品体系形成了自我指涉的结构——其实已经是撰写《作为隐喻的建筑》时候的想法。[1] 所以，在 1985 年出版的《马克思》的"文库版后记"中，柄谷关于货币和商品体系的关系写道：

> 由于让商品的关系体系成立的超越性中心——货币——本身也是商品，或者说，由于这个"类"自己也是"成员"，所以商品的关系体系就包含了自我指涉的悖论。因此，货币经济不是单一稳定的均衡体系，而恰恰是复调的复数性体系。[2]

在这段话中，值得注意的是最后一句话。通过自我指涉的悖论证明"规则体系不可能自我证成"[3]，即通过对体

---

[1] 因此，尽管柄谷自己如何不满于"结构主义"，《马克思》给读者留下的最深刻的印象，恰恰是其中在《资本论》和索绪尔的语言学理论之间建立的各种类比。不过，根据柄谷的回忆，有关索绪尔语言学的部分其实是他去耶鲁大学访学后，在那里受到德·曼的启发而补充的："我开始阅读索绪尔，是在见了德·曼之后。我注意到马克思的'交换'和索绪尔的'差异'相互呼应，由此开始考察结构主义和后结构主义的问题。"参见柄谷行人「私の謎 柄谷行人回想録」（https：//book. asahi. com/jinbun/series/11034787）。

[2] 柄谷行人「文庫版へのあとがき」，第 218 页。

[3] 同上书，第 211 页。

系进行"解构",柄谷的意图不仅仅在于表明貌似稳定和均衡的体系遮蔽了真正潜藏于"根底"处的"'差异'的嬉戏"——换言之,不仅仅在于将体系"去中心化"——而是揭示出:任何一个体系总已在内部包含了复数的体系。或者说,商品价值在其中得到稳固和确立的"同一个体系",它的自我同一性和安定性不过是一种交易行动实现后的回溯性假定。而货币作为资本不断寻求"剩余价值"的过程,使得这种脆弱的假定在现实的经济活动中无法维系,而只能成立于"古典经济学"的理论之中。[1] 在这个意义上可以说,柄谷后来对于"形式化"问题的追问仍处在《马克思》论述的延长线上,只是以更直接和清晰的方式将"体系"所包含的悖论,从商品体系扩展到任何一种形式性的体系那里(即"作为隐喻的建筑")。

相比之下,柄谷在1985年左右那至关重要的"细微调整",发生在他对商品交换者双方的立场的重新解释之上。在对于自己迄今为止的思路进行反思时,柄谷将包括关于"形式化"问题的论述在内的考察视为一种不必要的"迂回":

> [我的方法是]首先将货币经济中的交换的"规则"体系作为前提,然后将这一体系逼入自我指涉的悖论,对它进行解构。可以说,在"价值形态论"那里采取的就是这种战略。但是,从别的视角来看,这也是将古典经济学所抹杀的货币——作为外部＝超越

---

[1] 柄谷行人「文庫版へのあとがき」,第223页。

性的货币——重新引入货币经济的内部。①

　　所谓将作为外部的货币重新引入货币经济的内部，一方面固然意味着驳斥那种强调商品的"内在价值"并将货币仅仅视作可有可无的"价值衡量尺度"的"古典经济学"论点，但另一方面，如今这一强调意味着，货币对于商品体系内部的交换而言始终是一种"外部"。也就是说，当商品和货币发生交换的时候，并没有什么既定和稳定的"规则"能确保交易必定实现。因此，摆脱商品体系的自我指涉的悖论，不采取"迂回"战略而单刀直入地揭示商品交换中的"外部"，就是揭示每次交换（甚至包括物物交换）之中的"不对称性"：持有货币的买方可以与所有商品发生交易，而持有商品的卖方则只能期待买方与自己进行交易。没有什么规则可以让交易自动发生，也没有什么给定的原则可以要求买方必须购入特定商品。在商品和货币之间，存在着马克思所谓的"惊险一跃"。只有在交易真正发生之后，货币和商品之间的等价关系才会回溯性地得到确立，并形成仿佛交易从一开始便按照某种既定规则进行的意识形态幻觉。因此，货币所具有的"外在性"，使得任何试图将"价值"还原到各个商品属性的做法（包括"劳动价值论"），都在根本上遮蔽了"规则离开'实践'就无法存在"②的事实，也遮蔽了体系的不稳定性和非同一性。

---

① 柄谷行人「文庫版へのあとがき」，第 219 页；亦参见第 211 页。
② 同上书，第 211 页。

柄谷承认，自己在《马克思》中并没有强调"卖"和"买"的关系中包含的"惊险一跃"或盲目性。① 实际上，不仅《马克思》的重心放在了对于"差异体系"或"体系中的差异性"上面，收录于该著作中的其他几篇讨论文学的文章——《论历史——武田泰淳》《论阶级——试论漱石（一）》和《论文学——试论漱石（二）》——也同样从武田泰淳和夏目漱石那里分别读出了"通过相互的关系、差异和同一性而紧密组织起来的符号体系"（第164页）和"使得关系成为关系的结合的任意性和排他性"（第210页）。相比之下，正是在《探究（一）》中，柄谷将重心放在"卖—买"的非对称关系上，重新阐述了"价值形态论"：

> 将不同的劳动产品进行等价，不是因为这些物包含了某种"共同本质"（同质的劳动）。事实上，这种共同本质不过是在这些物等价之*后*才被假定的。在此，马克思所谓被物化的"社会性质"究竟是什么，已经很清楚了。"社会性"不仅仅是"关系性"。毋宁说，"社会性"说的是存在于交换（＝等价）这种"行为"那里的盲目的跳跃。等价这种行为方式不是根据"规则"决定的。**恰恰相反**。规则仅仅在每次发生等价行为之后得到揭示的。②

为什么古典经济学会认为价值形态仿佛是无关痛

---

① 柄谷行人「文庫版へのあとがき」，第210页。
② 柄谷行人：《探究（一）》，第47—48页；强调为原文所有。

痒的事情？这是因为古典经济学家的出发点是充分发达的市场经济和自动均衡的市场体系，他们将商品的等价交换视为理所当然。①

从上面两个段落可以清晰看到，柄谷在视角上的细微调整使他从"价值形态论"中得出了与《马克思》中的论断有所不同的结论：如今，商品价值的"社会性"并不意味着"价值"可以在某个单一稳定的均衡体系中（"社会"）由于既定的规则或尺度而确定下来——不仅在商品于不同体系之间进行交换的情况下是如此，即使是在同一体系内部发生的商品交换也如此。相反，"买方"和"卖方"这两种立场的不对称性告诉我们，任何一次商品交换，任何一次"买—卖"的行为，都包含了不可能用任何事后性的规则加以覆盖和克服的"盲目的飞跃"；任何一种交易的规则和标准，都只能解释已经完成的交换为何是可能的，却无法让尚未进行的交换必然发生。实际上，这一点在《马克思》中已经有所暗示——就在柄谷试图说明"剩余价值"的产生方式时，他引用了瓦莱里的一段话来说明资本的"不透明性"（第55页）：

> 我抵达了这样一个地点——艺术这种价值（使用这个词，是因为我们正在研究价值的问题），本质上从属于下述必然性，即刚才提到的两个领域（作者和作品、作品和受众）必然无法被视为同一，生产者和

---

① 柄谷行人：《探究（一）》，第89页。

消费者之间必然要有中介项。重要的是，生产者和消费者之间存在着无法被还原为精神的东西，两者不存在直接的交涉。（第58页）

我们可以说，瓦莱里在这段话中关于作家、作品和受众之间的复杂关系的阐述，恰恰可以类比于拥有商品的"卖方"与拥有货币的"买方"之间的不对称或不透明的关系。因此，作家与受众与其说分别代表了两个不同的"体系"，不如说两者的关系恰恰象征着同一个语言体系的自我分裂和自我差异化。所谓"艺术的价值"，便取决于双方关系中无法预测、无法规范的"惊险一跃"；同样地，商品的"价值"也取决于对每一次"卖—买"过程中包含的深渊的跨越。

诚然，在我们的日常生活中，也就是说，在所谓的"常规状态"下，大多数的商品交易似乎都是按照一定的规则和秩序进行的：一个人拿着一定量的货币去商场里购入某个明码标价的商品，这一过程似乎井然有序，不包含什么盲目的"惊险一跃"（否则我们就无法区分正常的商品交易行为和上当受骗或恶意欺诈）。然而，在柄谷看来，在"货币形而上学"笼罩下的"常规状态"，至多不过是一种"习惯"。需要注意的是，柄谷几乎是在休谟的怀疑论的意义上使用"习惯"一词，即以此来否定任何既定或必然的规则。人们对某些交易准则和规范习以为常，并不就会使它们不可移易：

我们所揭示的物物交换，始终已经根据"习惯"

而进行。这也就意味着，上述不合逻辑之处无法理性地解决，只能在实践中解决。事实上，根据货币进行的交换的比例（规则），也是一种"习惯"。然而，由于货币的作用，任何一种交换都是与货币（或处于等价形态下的商品）的交换，因而人们就忘了其中包含的"惊险的一跃"，[交换]被认为仿佛是"相同物品的交换"。马克思从价值形态而非价值开始其论述，就是为了坚决从"习惯"出发，揭示潜藏在其中的"社会过程"。[①]

任何一次商品经济意义上的交换，哪怕或正因为它必定要以交易双方的合意或契约为基础，就必定包含着无法被任何既定规则或标准约束的"外部"。因此，无论在时间还是空间的意义上，"剩余价值"得以产生的那种不同体系之间的交换不仅不会自然地发生，而且同一个体系内部的每次"卖—买"行为都无法克服可能会动摇商品体系的稳定性的"外部"。在柄谷笔下，这一事实无非意味着"产业资本的剩余价值并不单纯来自让劳动者工作，而是来自下述差额，即（在总体的意义上）劳动者自身把劳动者制造的东西买回来"。[②] 但正是这个看似简单的事实，使得柄谷在《跨越性批判》中提出了抵抗资本主义的方法，这种抵抗将基于劳动者作为"消费者"的能动性而展开：

> 如果资本家站在"资本"的立场上，他就是主动

① 柄谷行人：《探究（一）》，第 92 页。
② 柄谷行人『トランスクリティーク』，第 25 页。

的。这是货币所具有的主动性，也即"买的立场"（等价形态）的主动性。反过来，出卖劳动力商品的人只能是被动的。但是，这里存在唯一一个让劳动者作为主体而出现的结构性位置。这个位置是生产物通过资本制生产而被售卖的位置，也就是"消费"的位置。这是劳动者持有货币、能够站在"买的立场"上的唯一位置。[1]

当然，我们不能根据这一论断想当然地认为，柄谷所提倡的抵抗资本主义的方式就是抵制消费或展开"不买运动"，或某种禁欲主义。柄谷的论述甚至也和如今的某些生态学马克思主义者所提倡的对于"生活必需品"和"非必需品"的区分无关。[2] 柄谷想要强调的是，即使我们放弃了资本制市场经济，"市场经济或货币也没有被废弃。消费—生产协同组织的全球性网络不是回到自给自足的共同体，而是迈向开放的市场经济。它和如今人们设想的那种（资本主义）市场经济看似一样，实则不然"。[3] 柄谷并没有具体向我们提示这种"开放的市场经济"的实际模式，但至少有一点非常明确：它要求我们站在资本制经济

---

① 柄谷行人『トランスクリティーク』，第 432 页。

② 例如，参见斋藤幸平在其畅销书『人新世の「資本論」』中提出的主张。斋藤认为马克思在晚年放弃了通过扩大生产和经济增长达到共产主义社会的设想；通过重新阐释马克思对于古代社会的阅读笔记，斋藤以此为基础提出了所谓"去增长"的激进口号。关于马克思的晚年思想，柄谷也做出了独到分析，不过并没有沿着"去增长"的方向前进。具体参见本书最后一章中关于《力与交换样式》的讨论。

③ 柄谷行人『トランスクリティーク』，第 447 页。

及其"货币形而上学"的"外部",重新思考交换＝交流＝交易。在我看来,这一问题将直接把我们引向柄谷后期思想中关于"交换样式"的讨论。

不过,在探讨"交换样式"理论之前,我们有必要考察一下柄谷在80年代中期经历的一次思想转折。这次转折的核心,可概括为柄谷对"形式化"问题的追根究底和由此引出的困境,以及最终对困境的克服。

第五章

从“外部”出发
——论《探究（一）》

一　批评与“外部”的问题

如果说在 20 世纪 70 年代，《马克思，其可能性的中心》和《日本现代文学的起源》拥有共同的问题意识和方法，即分别通过对“货币形而上学”和“日本现代文学”的考察，揭示一个貌似稳定和自然的体系如何通过认识论的颠倒而确立，并产生一系列意识形态效果来将体系确立过程的历史性和偶然性遮蔽起来，那么在进入 80 年代后，柄谷则通过对“形式化”问题的穷追不舍式的考察，进一步将体系的“（不）可能性条件”推进和扩展到各个领域——语言、经济、数学、建筑、艺术、政治等。在我看来，有两部著作最好地代表了柄谷这一时期的思考和关切，即出版于 1983 年的《作为隐喻的建筑》和出版于 1985 年的《内省与溯行》。

另一方面，我们已经提到，柄谷在 1983 年中断了《语言·数·货币》的写作，这一举动标志着他在差不多十年的时间内围绕"形式化"问题展开的探讨宣告结束。此后，始于1985年1月1日的《群像》杂志上的连载《探究》，无疑是柄谷思想上一次重要的"重新出发"。将这些文章集结成书并于1986年作为《探究（一）》出版时，柄谷在"后记"中把这些文章称为自己内心发生的一次"不仅仅是理论性的，而是更为根本的'态度变更'"。[①] 而在1992年为该书的"讲谈社学术文库版"撰写的"后记"中，柄谷更是略带夸张地强调，《探究》标志着自己"内心的一次政变"（第256页）。

不过，同样是在这个"后记"中，柄谷指出，既然距离当初连载已经过去七年有余，对于新一代的读者来说，如今这一文本的意义或许早已不同于当初它对于自己的意义。对这一变化，柄谷明确认为"不该在写作中讨论"，同时也明确拒绝所谓作者的"本意"（第256—257页）——尽管如此，或正因如此，柄谷在两个"后记"中反复强调这些文章作为"态度变更"带有的重要意义，无疑可以看作一个阅读的提示：我们需要具体考察，在什么意义上始于80年代中期的《探究》标志着柄谷的思想变化，而这一变化又如何影响了他以后的写作和思考。

在这一章中，我将围绕《探究（一）》中提出的"唯我论"批判来尝试阐明这一问题。简言之，在我看来，柄谷在"探究"中显示的"态度变更"，一方面意味着柄谷放

---

① 柄谷行人：《探究（一）》，第210页。以下引自此书处的引文皆随文标注页码，不另作注。

弃了自己从70年代初开始进行的对于"形式化"问题的追根究底；另一方面，在更宽泛的意义上，也意味着柄谷根本上改变了那种需要通过彻底地深入体系的"内部"（无论它是体系的内部还是意识的内部）并进行内在破坏才能显露或揭示的"外部"（无论它是自然、实存，还是历史）的思考方式，反而选择一开始就将"外部"倒转为一种总是已经在实践中存在（或只有通过实践才向我们呈现）的、无法从理论上予以说明的"他者"。简言之，原先是考察"终点"的东西，经过某种变形而成为"起点"——尽管我们会看到，它同样是一个不可思议的"起点"，只不过不再是如康德所谓的"物自体"一般无法触及的东西。①

正如柄谷自己在"后记"中明确交代的，"外部"在《探究（一）》中始终是一个关键词。我们知道，自从柄谷作为批评家亮相以来，"外部"在其思想中始终扮演了至关重要的角色。而就像柄谷自己对夏目漱石著作中的"自然"所阐述的那样，"外部"这个语词在柄谷著作中的意思也十分繁多，在其思考的不同时期带有不同的含义或侧

---

① 在一次座谈会上，柄谷明确通过"物自体"和"他者"的对比来概括自己在20世纪80年代发生的这次思想转变："［我的思想］大概是在84、85年左右发生了变化。我开始认为外部不再是物自体，而是他者。这似乎是康德和克尔凯郭尔的差异，对康德来说上帝或实在作为物自体是无法在理论上得到确证的，但可以在实践上得到确证。在克尔凯郭尔那里，问题就成了是否承认耶稣为基督。大致而言，虽然都是外部，但存在着从康德式的物自体到克尔凯郭尔的他者的移动。"（参见柄谷行人编『近代日本の批評Ⅱ』，第240页）而到了2001年出版的《跨越性批判》中，柄谷则直接通过"他者"来重新阐释康德哲学中的"物自体"："所谓综合判断，就是对产生分裂的感性和悟性进行的综合。但是，造成这一分裂的毋宁说是'他者'的存在，换言之即多个体系的存在。康德通过'物自体'想要说的就是这个问题。"（柄谷行人『トランスクリティーク』，第110页）

— 179 —

重点，几乎无法被笼统地定义。在这个意义上，为了戏剧化地显明《探究》的"态度变更"，不妨让我们复习一下"外部"问题在柄谷的早期思想中如何得到说明，以及在70年代开始的考察"形式化"问题的阶段，"外部"又如何呈现在柄谷的著作中。为此，我们参考的是发表于1971年5月的一篇文章《迈向内面的道路和迈向外界的道路》，以及连载于十年后的1981年并对日本思想界产生巨大影响的《作为隐喻的建筑》。

作为柄谷早期批评实践的一部分，《迈向内面的道路和迈向外界的道路》这篇短文有一个颇为"现实"的问题意识，即所谓"现实感"的缺乏——尽管柄谷在文章开头引述了文学批评家入江隆则对"小说世界"中"现实感"缺席所表达的不满，但他马上把矛头指向了批评家自身，进而把这个问题带进自己的批评实践：

> 说实话，我自己的现实感也几乎很稀薄。当然，这并不是说我对"现实"闭眼无视，或对"现实"不感兴趣。而是说，对"现实"太过关心，因而在自己内心没有留下任何痕迹。用森有正式的话说，我"体验"了所有事情，却什么都没有"经验"。仅仅是无数的情报和解释从我内部经过，回顾起来感觉就像梦一样。[1]

简言之，与"经验"包含的完整性不同，引起人们震

---

① 柄谷行人「内面への道と外界への道」，柄谷行人『畏怖する人間』所収，第322页。

惊的"体验"无法凝结成融贯的经验表象，而仅仅停留于短暂的、零碎的、刺激性的印象，使人的意识无法回收这些杂乱的、瞬时的、不连续的感官刺激。在其对法国诗人波德莱尔的著名研究中，德国思想家本雅明曾如此解释意识如何应对当代社会中向人袭来的各种"体验"以保证自身的正常运作："震惊的因素在特殊印象中所占成分越大，意识也就越坚定不移地成为防备刺激的挡板；它的这种变化越充分，那些印象进入经验（Erfahrung）的机会就越少，并倾向于滞留在人生体验（Erlebnis）的某一时刻的范围里。这种防范震惊的功能在于它能指出某个事变在意识中的确切时间，代价则是丧失意识的完整性；这或许便是它的成就。"① 然而，一旦震惊式的刺激印象"过载"，超出了意识防备机制的承受能力，就会导致意识的瘫痪——这种意象不仅出现在波德莱尔的诗歌中，也经常可以在赌徒、工厂工人，甚至是电影观众那里见到。

不过，如果本雅明首先是在当代技术发展的意义上解释传统社会中的"经验"在现代社会的衰败和瞬间性"体验"的主导地位，那么在柄谷的论述中，"体验"的泛滥则主要来自个人对现实生活中一系列政治和社会事件的反应。在上面这段引文后，柄谷写道：

> 表面上看，与"现实"有着轰轰烈烈的"接触"，实则却沉入厚重的浓雾。无论是何种深刻切身的体验，一旦被这个浓雾包围，就立刻变得遥不可及。例

---

① 瓦尔特·本雅明：《论波德莱尔的几个母题》，参见《启迪：本雅明文选》，第175页。

— 181 —

如，发生了"全共斗"运动，发生了三岛由纪夫事件，发生了各种事件。但是，我却无法承认说，处于这些事件的漩涡之中的自己，与现在的自己之间存在着切实的自我同一性。越是偏要承认这一点，语言就越是变得虚伪。"现实"是有的，却没有现实感。那么，是不是应该说，"现实"反倒是可疑的？[①]

显而易见，柄谷在此提到的两个具体"事件"，分别代表了日本战后左翼思想和某种意义上的右翼思想的"结晶"和退潮（无论它们的性质是悲剧或闹剧）。同样，对于曾在东京大学的驹场学生宿舍中为"重建'社会主义学生同盟'"撰写宣言式的理论文章的柄谷而言，充斥着内斗、混乱，甚至沦为暴力恐怖组织的左翼学生团体，早已无力回应（枉论指导）日本现实社会的矛盾和困境。面对眼前纷乱无序的各种情报、各种刺激性的事件，当时的柄谷认为，批评家唯一能做的或许就是彻底地回到"内在"或"自我意识"，并直面那里存在的根本难题：

> 小林秀雄在论述陀思妥耶夫斯基时指出，现代人恰恰是在自我意识中追问"如何生活"。但只要是在自我意识中追问，就不可能找到绝对的解答。同样可以说，现代哲学家们恰恰是在主观性中追问认识的可能性。离开了主观性的基础，人生规范也好，认知对象也好，就都消失了，这是现代哲学挥之不去的最大

---

① 柄谷行人「内面への道と外界への道」，第 323 页。

难题。换言之，这个难题就是：一切都必须在主观性（自我意识）那里得到奠基，于是外界或他我也就无法得到揭示。[①]

我们下文会看到，这个难题重现于《探究（一）》，并成为柄谷所谓的"哲学唯我论"的根本前提。不过，在1971年的文章中，柄谷却没有进一步将问题引向"唯我论"的错误，而是朝着相反的方向前行，认为这一困境——以自我意识为基础来寻求"规范"或"认知对象"的困境，一方面使得整个追问的结构始终被限制在自我意识或主观内面，但另一方面也提示了一种特殊的"外在性"，即最终超越于"主观—认知对象"或"主体—客体"之二分法的外部。简言之，在当时的柄谷看来，超越内部的方法恰恰是更彻底地深入内部，或者沿用之前引文的说法，面对被浓雾包围的、遥不可及的种种支离破碎的"体验"，应该做的不是占据一个更高的位置来对纷乱的"体验"进行重新整理和确立秩序，将"体验"重新凝结为"经验"（因为无法找到这样一个位置[②]），毋宁说，

[①] 柄谷行人「内面への道と外界への道」，第324页。

[②] 参见柄谷行人在文章开头对入江隆则的总结式论断的尖锐批评（柄谷行人「内面への道と外界への道」，第322页）。无法找到一个超越性的位置，导致论者本身始终处于自身所讨论的困境——这可以说是柄谷思考和论述的历史前提。在其思想的变化和发展过程中，柄谷逐渐将反过来利用这个略带悲剧色彩的前提，将它积极地转化为"移动"或"跨越性批判"的条件。也正是在这个意义上，如何看待柄谷在2000年左右开始建构的"交换样式"理论——它是否属于这样一种"超越性"的位置——就不仅是一个修辞问题。我们将在本书的最后一章处理"交换样式"的问题；但需要提醒，这里的问题不能被还原为类似于"认为不存在宏大叙事，是否本身就是一种宏大叙事"等语词游戏或逻辑悖论，因（转下页）

— 183 —

在这种状况下，置身其中的分析者应该和能够做的只是揭示各种以自我意识和主观性为基础的理论学说如何在"自我同一性"已经支离破碎的状况下逐步走向解体——换言之，通往"外部"的道路，必须呈现为"内部"的自我极端化。所以，柄谷写道：

> 在我看来，"迈向内面的道路"正是"迈向外界的道路"。如果可以这么说的话，笛卡尔以来的"方法性怀疑"是"迈向内面的道路"，因此同时也是"迈向外界的道路"。他们根据朴素的唯物主义（＝观念论）的那种毫不相干的知识严格性，探索了"迈向外界的道路"。无须重复，他们在实际生活中当然是非常现实主义的，他们的"内在性"绝不意味着"自我封闭"。①

不难发现，柄谷对笛卡尔（不同于笛卡尔主义）的评价向来很高。例如，柄谷在《探究（一）》中通过区分"进行怀疑的主体"和"思考主体"，强调了笛卡尔式的怀疑对于哲学唯我论的根本质疑。类似地，柄谷在上面这段引文中所突出的，恰恰是这种怀疑与"自我封闭"的哲学体系的对峙——但是，这里有一个微妙但重要的措辞需要注意：尽管柄谷指出"迈向内面的道路"也是"迈向外界的道路"，但在"方法性怀疑"的方法论的意义上，笛卡尔

（接上页）为关键恰恰在于明确"交换样式"的理论如何内在地包含和表达了它所处时代的矛盾和困境。
① 柄谷行人「内面への道と外界への道」，第325页。

（及其后的哲学）仍然需要穿过"内在性"，穿过以主观性或自我意识为基础而建构出来的"内部"与"外部"、"认知主体"与"认知对象"等"浓雾"。在同样写于1971年的一篇讨论夏目漱石的短文中，柄谷写道："漱石小说的结构大致都是主人公被不可名状的不安袭扰，逃到自我封闭的烦闷中去，从而产生裂痕。"[1] 如我们已经看到的那样，柄谷当时认为，透过这种自我内部的裂痕而遭遇的"外部"，并不是什么人类存在的本体论基础，更不是那种保持了意识和经验之完整性的"自我同一性"，而恰恰是"自然"——一种令人感到恐惧和不安的、揭示生存之无根基性的"自然"：

> 现代的原理在于人将一切都予以主体性创造的意志。但是，漱石是在巨大的丧失感中理解这一点的。问题不单单是艺术论。也可以说是我们的存在问题。这是因为，如果追问自我存在的根据，那便什么都没有，恐怕恰恰是**不存在的东西**保障了他的存在——自我存在的根据问题，涉及的便是这种悖论。在漱石那里，"自然"在这种虚无面前显露出来。所以，"自然"就是**不存在的东西**。[2]

根据这种带有强烈存在主义色彩的论述，我们奇妙地

---

[1] 柄谷行人「内側から見た生——漱石試論（Ⅱ）」，柄谷行人『畏怖する人間』所收，第98页。

[2] 柄谷行人「心理を超えたものの影——小林秀雄と吉本隆明」，柄谷行人『畏怖する人間』所收，第104页；强调为原文所有。

回到问题的出发点：如果没有什么可以保证自我意识的完整性或主体的自我同一性，如果对于"存在之根据"问题的追寻本身只能揭示出这种根据的缺席，那么可以认为，无法将"体验"凝结为"经验"、无法在眼花缭乱的事件中整理出连贯的线索或秩序、无法获得一个统摄性的主体位置，这种意识的"瘫痪"状态，或缺乏"现实感"的状态本身，或许恰恰（以最低限度的、无法得到积极表述的方式）已经向我们提示了"外部"的存在。对此，柄谷在《迈向内面的道路和迈向外界的道路》一文最后写道：

> 危机不是我们对"现实"背过身去。毋宁说，危机在于，我们一边接触过剩的"现实"，一边被其根底处足以致命的"非现实感"吞噬。但是，我们不能仅仅等着外界如恩宠一般从彼岸向我们袭来。我们应该做的是用自身的"方法性怀疑"开辟出恢复现实的道路。[1]

当然，这里所谓的"现实"，也就是"外部"或"自然"，或者说是（在积极的理论表述中，或在现象学还原的意义上）"不存在的东西"。重复一遍：通过将建立在自我意识上的各种论述设定为"问题"而非"解答"，通过始终在对自我意识的追问中保持最初的紧张感或焦虑感，柄谷试图从不同角度、不同讨论对象反复揭示那个只有借助"内部"的瓦解才能呈现的"外部"。在当时的柄谷看来，

---

[1] 柄谷行人「内面への道と外界への道」，第329页。

在这种"纯化了的内在世界"中,"现实"非但没有"在本质上被舍弃",而且"必定存在着'现实'以上的浓厚现实(reality)"。①

不过,柄谷的这种思考姿态也许共享了当时的时代氛围,而后者又可以用一个著名的说法加以概括,即"实存与结构"。不夸张地说,"实存与结构"或者说"存在主义对峙结构主义"这种漫画式的二元对立,相当形象地勾勒了当时包括柄谷在内地日本知识分子在混乱的社会事件中、在对现实政治的献身(commitment)中始终无法找到安身之所、无法安顿意义的困境。例如,柄谷在 1972 年为《恐惧之人》一书撰写的"致读者"中,对当时自己所处的思想状况做出了如下说明:

> 1960 年代中叶开始写作的时候,我感到了一种奇妙的扭曲。一方面,我强烈地感到,与时代状况毫无关系的"自我"问题实实在在存在着,它是伦理之前的东西。这是因为,若要具有伦理性,他者就必须存在,而在现实意义上却感受不到这一他者。……另一方面,我当时承认,无论我如何思考,世界都实际存在着,并且这种实在穿透"我"而在结构的意义上运作。②

---

① 参见柄谷行人为《恐惧之人》第一版所写的"后记",柄谷行人『畏怖する人間』,第 371 页。
② 柄谷行人「著者から読者へ」,柄谷行人『畏怖する人間』所收,第 374 页;强调为引者所加。

— 187 —

如前文所示，从 20 世纪 60 年代的"安保斗争"到 70 年代初的"联合赤军事件"，不同派别、不同社会阶层所发动和参与的各种左翼社会运动，为包括柄谷在内的一整代人留下了不可磨灭的思想影响，尽管它们在往后历史中的表现方式各不相同。这一代知识分子一方面感受到存在主义哲学所描画的个体的那种偶然的、"被抛"的存在方式，感受到"存在先于本质"所对应的冷峻现实；另一方面也因此感到这个坚硬的现实始终以不可抗拒，甚至与自身无关的方式无情地运行着，而自己的意志、行动、情感，无论它们多么强烈、鲜明、纠结，都仅仅是外部现实的巨大"结构"所产生的一些微不足道的效果。这种个体与现实社会的紧张关系，使得"存在主义"和"结构主义"都有相应的阐释力，又都不足以对现状做出充分解释。在这个意义上，与其说这两种学说成为柄谷早期思想的重要资源，不如说如何从两者的调和或不可调和出发、如何从"裂隙"出发进行思考，无疑是当时包括柄谷在内的同时代日本知识分子都不得不面对的时代课题。

　　但值得注意的是，当时柄谷在"存在主义"和"结构主义"的"裂隙"中展开的思考，恰恰是离开"他者"而进行的。或者毋宁说，恰恰是"他者"的缺席——或对于他者的"现实感"的缺席——使得柄谷必须将"实存"与"结构"的对峙、将关于自我意识的种种论述和自我意识的分裂和瘫痪的矛盾，收束到"自然"这一无法得到积极表述的"外部"那里。也就是说，当把自我和"与他者的关系"剥离之后，对于自我的存在根据、意义、价值等问题的思考，便始终只能在"前伦理"的层面、"非社会性"的层面进行，即变成一个必须从本体论的意义上得到回答的难题：为什么"我"如此存在，"我"的这种实存的偶然性意味着什么？而另一方面，能够为这种根源性的思考提供参照的，却只有庞大坚固的"结构"或"体系"以及针对它们的斗争所产生的各种支离破碎的纷乱体验。

在这个意义上，刺破"内部""体系""意识"而抵达一种无法被任何"结构"回收的、模糊而骇人的"外部 = 自然"，这种做法呈现的是一种决绝的抵抗姿态；在"他者"缺席的情形下，或许这种姿态不无伦理意义。但由此带来的一个困境是：一方面，柄谷断然拒绝任何超验性的存在来保障自我同一性、扮演存在之根据的角色（无论这种超越性的名字是"上帝""逻各斯""物自体"或其他），但另一方面，"外部 = 自然"作为"无根基的根基"又恰恰在否定神学的意义上充当了这样一种超验性。应该如何处理这一悖论？

二 《作为隐喻的建筑》中的断裂与转折

我们在前面几个章节中看到，这个似乎无法解决的悖论其实在 70 年代撰写的《日本现代文学的起源》和《马克思，其可能性的中心》中已经通过一次灵巧的翻转得到解决：简言之，"外部"之所以呈现出这样的悖论，是因为分析者从始至终都站在自我封闭的"意识"或"内面"的立场，将自己困在小林秀雄所谓"不可思议的球体"的自我意识内部，而没有看到由此造成的看上去无法解决的难题和悖论——甚至包括"内部/外部""自然/历史"等二元对立在内——都不过是某个由分析者自行设定的体系所带来的意识形态效果。于是，问题就不在于考察如何从这种封闭的体系突破到它的"外部"，而是考察出发点上的这种设定背后的"历史性"。说得更直白一些就是：究竟是什么认识论装置，使得知识分子会依照诸如"存在主义/结构主义"那样的对立图示来把握时代的境遇，这种思考方式如何形成？追问到这一步，"体系"或"制度"的面貌逐渐清晰浮现出来：它们不再是柄谷早期批评中作为引起焦虑和不安的诱因避而不谈的东西，而是越发有着明确的指涉——无论是"现代文学""货币形而上学"还是20世纪各个领域出现的"形式化"现象。对于自己早期思想的反思，在柄谷最近的一次访谈中也得到重申：

> 写了《马克思，其可能性的中心》以后，我开始对在封闭结构中完结的思考产生疑问。当时提出的"外部"就是从这一背景下出现的说法。我想从西方哲学所代表的那种封闭体系意义上的思考中脱离出来。为此，我通过对语言学和数学等的思考而进行了尝试。……通过内部和外部这两项展开的思考，本身就是在一个体系内部进行的。所以，就算想要迈向外部也不可能出去。越想要出去，反而越会被封闭起

来。所以，我所谓的"外部"，其实是"作为缺席的外部"。①

于是，在70年代出版了上述两部著作后，柄谷选择更深入地探讨他所谓的"形式化"问题，即不以任何"外部"的存在为前提，而是通过不断深入"体系"的内部——注意：不再是"意识"的内部——来设法让体系本身产生动摇和瓦解。与此同时，我们在下文还会看到，柄谷这里提出的"作为缺席的外部"的说法本身很有启发性，因为它一方面显示了柄谷对"形式化"问题的追究所抱有的核心关切，但另一方面也暴露了这一追究的根本问题。

应该说，柄谷对于自己在方法上的抉择，从一开始就有着充分的觉悟。例如，柄谷在1981年刊登于《韩国文艺》上的一封写给小说家中上健次的信中，向这位与自己关系最密切的小说家讲述了当时工作重心的移动：

　　去年夏天，在《日本现代文学的起源》出版以前，我去了美国。如你所知，在这本书中，我指出那些如今我们视为不证自明的东西——风景、告白、内面、表达，亦即"文学"——其实恰恰是明治二十年代作为某种"颠倒"而形成的制度。由于这种制度是由奈良时代导入汉字和律令制那里的"颠倒"积累而成的，我接下来应该去讨论这个问题。这样的话就和你的工作重合了。但是，我完全放弃了有待做出的考

① 柄谷行人「私の謎　柄谷行人回想録」（https://book.asahi.com/jinbun/series/11034787）。

— 191 —

察，去了美国。我在耶鲁大学所做的研究与其说是批评理论，不如说是逻辑学和数学基础论。我无论如何都想对此进行考察，而且除此之外别无选择。"文学"什么的都无所谓了，更不用说"文坛"了。①

从这段剖白式的话中可以看到，正如他在 70 年代初以"文艺批评家"的身份一头钻入对《资本论》的分析那样，柄谷的批评实践始终随着具体的甚至私人性的（idiosyncratic）关切展开，而不会受制于某个特定的主题或领域。在旁观者看来，或许《日本现代文学的起源》《马克思，其可能性的中心》和《作为隐喻的建筑》之间在论题上的跨度实在太大；但从柄谷自身的思考轨迹来看，三者其实处在一条循序渐进的思想线索上。当然，诸如《群像》这样的文艺杂志（以及包含在编辑过程中的一些特殊的偶然性）的长期存在，构成了柄谷这样的思想家能够相对自由地、不拘一格地进行写作和发表的重要文化和制度前提，这一点无论怎么强调都不为过；但从结果上看，随着对所谓当代西方思想和理论的借用或化用，柄谷的独特批评实践也逐渐给日本思想界造成深远影响，甚至推动了 80 年代后结构主义或后现代主义等当代西方理论以"当代思想"的名义在日本社会的传播和流行。而在柄谷的著作

① 柄谷行人「中上健次への手紙」，柄谷行人『隠喩としての建築』所收，第 298—288 页。不过，柄谷后来的确回到这个问题，对江户时代的日本思想与现代性进行了细致探讨。例如，参见柄谷行人「江戸の注釈学と現在」、「「理」の批判——日本思想におけるプレモダンとポストモダン」，柄谷行人『言語と悲劇』所收，第 81—160 页。

中，最能够说明这一点的文本或许就是连载于1981年《群像》上的系列文章《作为隐喻的建筑》。

在考察柄谷的这组影响深远的文章之前，也许有必要简单提一下其写作时的背景。如上面的引文所说，柄谷在1980年9月去了美国，在耶鲁大学比较文学系作为客座研究员进行了为期半年的访问。关于这次访问，柄谷回顾道："70年代我去了耶鲁大学，在那里建立了关系，所以又被喊过去了。这次去不用授课，所以能集中精力做事。但也做了几次演讲。我在耶鲁钻研的不是批评理论，而是数学基础论。我记得当时读了侯世达的《哥德尔、埃舍尔、巴赫》，开始对哥德尔的不完全定理产生兴趣。"[①] 的确，我们会看到柄谷如何在《作为隐喻的建筑》中借用哥德尔的不完全定理分析"体系"的自我指涉性；不过，真正使得柄谷的这个文本产生巨大影响的原因，或许不是他对哥德尔定理的介绍——毕竟柄谷自己也是通过侯世达的著作才了解这个原理的——而是柄谷在各个看似毫无关联的领域之间建立的类比性论述。当然，此类论述并不是《作为隐喻的建筑》的专利；熟悉柄谷的读者，都不难从他在80年代以前出版的著作中发现类似的论述方式。不过，对于一般读者而言，他们正是通过阅读《作为隐喻的建筑》这个标题颇为暧昧的文本（毕竟它不是一本建筑学著作），见识了柄谷不断地自如穿梭于哲学、经济学、数

---

① 柄谷行人「私の謎　柄谷行人回想録」（https://book. asahi. com/jinbun/series/11034787）。

学、文学批评等领域的本领，也因此接触到柄谷在著作中介绍的时髦理论。关于柄谷的著作当时在日本思想界造成的影响，批评家加藤典洋以不无贬义的语调写道：

> 大冈升平在其日记中写道，受到柄谷批评的影响，开始学习"哥德尔"了；最近江腾淳的批评文章中开始出现"索绪尔"的名字。可以说，在他们眼前、在我们眼前出现的现象，便是世界形象的"溶解"，这一激进科学技术革新的结果开始下降到生活层面，以醒目的形式向我们袭来。①

在此，所谓"激进科学技术革新的结果"的说法无疑是夸张的修辞（加藤甚至将当时开始在日本思想界流行的时髦理论，比作上班族们试图掌握的计算机知识）。但不管怎么说，早在1983年，即后来被人称为"新学院派"的思想即将开始风靡日本社会的时候——根据媒体研究者大泽聪的看法，狭义的"新学院派"思想的流行时期主要是1983年至1986年②——加藤便准确把握了被称为"新学院派"旗手之一的柄谷的理论著作在众多读者那里引起的巨大反响以及背后的深层心理原因：无论是受到柄谷的刺激而开始研读当代理论，还是固守着既有的学科的边界而对柄谷的著作嗤之以鼻，这两种反应都症候性地显示了日本知识分子乃至日本社会整体上对于西方理论所代表的"外

---

① 加藤典洋「畏怖と不能」，加藤典洋『批評へ』所収，第53页。
② 参见大澤聡「批評とメディア——『史』に接続するためのレジュメ」，東浩紀監修『現代日本の批評 1975—2001』所収，第27页。

部"的焦虑和不安。例如，加藤写道：

> 让以往的批评家们感到惊慌失措的并不是柄谷有关日本现代文学的"崭新"阐释的内容。在内容层面以前，首先是由技术革新造成的世界形象的"溶解"和由此产生的对于世界的根源性不安，使他们感到柄谷的工作——在他们看来，这是从"未知"的地方冒出来的东西——是一种威胁。柄谷的工作首先被认为体现了将知识革新消化之后的舶来思潮，并因此遭到恐惧，遭到敬而远之，遭到反对。①

因此，一个讽刺的事实是，就 20 世纪 80 年代初日本社会的思想氛围而言，柄谷在《作为隐喻的建筑》等文本中展开的考察，在很大程度上并没有被人们作为其有关"外部"问题的思考的延续来理解，反而被作为"知识最前线"② 的一部分，甚至被作为同时代西方理论的"简明版"来阅读、接受或拒斥。在这个意义上，《作为隐喻的建筑》所带来的思想震惊效果，或许反而遮蔽了包含在论述

---

① 加藤典洋「畏怖と不能」，第 54 页。或许这也部分解释了日本学界在很长一段时间内的一个奇特现象：尽管许多后起之秀曾受柄谷著作的启发，但在大多数情况下，他们在撰写专业的学术论文时都选择对柄谷的论述避而不谈。例如，斯宾诺莎的研究者国分功一郎就曾坦言，自己学生时代所写的有关莱布尼茨的论文受到柄谷的很大启发，但由于包括学术规范在内的种种原因而并没有在论文中明确提到柄谷的相关阐述。（顺带一提，国分提到的文章为柄谷的《莱布尼茨症候群》一文，收录在出版于 1993 年的文集《作为幽默的唯物论》之中。）不过，随着柄谷近年来不断受到国外学界的关注和认可，其著作在日本国内也逐渐开始经历再一次的"经典化"。

② 这一说法出自杂志『国文学 解釈と教材の研究』在 1982 年出版的一期临时增刊的标题："知识最前线，一百本书"（知の最前線，一〇〇冊の本）。

中的根本问题。站在时间和空间上的外部，今天我们或许占据了一个更好的立场，可以通过柄谷的前后期思想的整体把握来重新审视这个独特的文本，并放置它在柄谷思想中的恰当位置。接下来，让我们以"外部"为线索，整理和考察一下《作为隐喻的建筑》的论述。

首先，从结构上看，这个最初分五次刊登在《群像》1981年第1、2、6、7、8月号上的文本，基本可以分成两个部分。前两章为第一部分，后三章为第二部分。柄谷在第三章结尾的一个补注，为这种划分提供了外在的依据：

> 我从去年八月到今年三月都在美国。今年的《群像》新年号和二月号上连载的文章，实质上是在日本的时候写的，我在旅美期间出于种种理由开始感到，很难将这一部分继续下去。这次的文章和前两次非常不同，说到底这一变化是在此期间我想法的改变所致。①

前面已经提到，柄谷此次旅美最大的收获和关切，莫

---

① 柄谷行人「隠喩としての建築」，柄谷行人『隠喩としての建築』所收，第67页。以下引自此文的引文皆随文标注页码，不另作注。需要注意的是，《作为隐喻的建筑》存在多个版本：如柄谷自己所说，这一文集最初由三浦雅士编辑整理，按照年代顺序收录了柄谷在1981年1月至1982年8月所写的一些并未打算出版的文章。在1983年由讲谈社出版的单行本中，还收录了1989年"文库版"中删去的几篇文章，包括《美国来信》《某位催眠师》《外国文学与我》《"现代思想"与我》《六十年代与我》和《获奖之时》等。至于其他篇目则没有内容上的改动。而当1995年被翻译成英文出版时，柄谷全面调整了此书的内容，保留了同名文章《作为隐喻的建筑》并将它调整为"第一部分"，并根据《内省与溯行》和《探究（一）》中的论述，新增加了第二、第三部分。这些改动后来反映在2004年由岩波书店出版的"定本柄谷行人集"的第二卷中。鉴于英文版的改动掺杂了柄谷经历思想转变后的想法，此处的分析将以最初收录在单行本和"文库版"中的版本为准。

过于受到侯世达著作启发而开始探索所谓的"数学基础论"。这一点在《作为隐喻的建筑》中，则再明显不过地体现为第三章中出现的"哥德尔的不完全性定理"。那么，柄谷在前两章中写了什么？应该如何理解"作为隐喻的建筑"这个奇特的标题？

在这个文本的开头，柄谷单刀直入地告诉我们，"建筑"在此作为一个隐喻，指的是柏拉图以来的西方哲学传统中一种所谓"对于建筑的意志"：

> 建筑不仅仅是一种工匠的技艺，而是被理解为拥有原则性知识、能凌驾于工匠之上、掌握各种技艺、能够规划和指导创作的人的技艺。……在这里重要的是，柏拉图和亚里士多德将哲学家比作建筑家，并将哲学视为知识的建筑，换句话说，重要的正是一种**决断**，即试图让知识成为建筑性的东西。（第13页；强调为原文所有）

很显然，柄谷的论述直接回应和反驳了"结构主义"式的认识，即把一切都还原为与意识、主体性、个体无关的某个稳定和自我生成的"结构"。从某种意义上说，穿透结构本身而抵达无法从结构的运作本身看到的那种"对于建筑的意志"，已经使得柄谷的论述不同于《马克思，其可能性的中心》时期所强调的"'差异'的嬉戏"或"能指的嬉戏"。这里的论述方式无疑带有强烈的尼采风格，而柄谷接下来也的确直接引用了尼采，指出这种试图将知识确立为完全理性而自洽的体系的"非理性选择"本身是一种逃避：

> 尼采将这种［对于建筑的意志］视为非理性地向
> 着理性主义的逃避，或视为弱者的堕落，［因为］他
> 们无力对生成的多样性和偶然性做出肯定。〈第 15 页〉

事实上，尽管柄谷在此引述了尼采对于包括柏拉图在
内的西方哲学传统的批判，认为这些哲学家和他们炮制的
形而上学体系仅仅体现着生命力的羸弱和不敢正视偶然性
的怯懦，但就像前面的一段引文所示，在柄谷这里，"对
于建筑的意志"毋宁说恰恰（相对于静态的、貌似中性而
稳定的"结构"）表现出一种积极的"决断"。尼采所批判
的被动逃避的姿态，在柄谷这里被翻转为一种积极主动的
选择和决断。① 因此，所谓"作为隐喻的建筑"，意思便是
"相对于混沌本身的过剩'生成'，想要确立一种完全不依
附于'自然'的秩序和结构"（第 15 页）。这种努力之所以

---

① 柄谷强调这种"意志"或"决断"的积极意义，与他对日本社会的判断有很大关
系：在他看来，这样一种"对于建筑的意志"恰恰是日本思想界欠缺的。例如，
他在《作为隐喻的建筑》的"文库版后记"中写道："在 1980 年代的解构流行以
前，我就试图从建构（建筑）方面探讨这个问题。我自觉意识到，对于建构的意
识在日本思想中很稀薄，毋宁说，日本思想是一种解构。所以，与西方的倾向相
反，我认为必需首先从建筑和形式入手"（参见柄谷行人「文庫版へのあとが
き」，柄谷行人『隠喩としての建築』，第 320 页）。在更一般的意义上，柄谷将
日本思想的这种特性与 80 年代在日本社会大行其道的"后现代主义"联系起来，
批判性地将后者称为另一种"私小说"："'私小说'恐怕是在大正时代作为对于
西方的建构性小说的反拨而形成的（这与私小说家们的世界主义倾向不矛盾），
在这个意义上，现在的'后现代'作家也是'私小说'式的。这一点表现为对于
体系性和建筑性的厌恶，以及在语言上拒绝赋予同一性的'意义'（语言游戏）。"
（参见柄谷行人「無作為の権力」，柄谷行人『批評とポスト・モダン』所收，第
67 页）

是"非理性"的，恰恰因为它无法被自己试图建立的那种全然"理性"的体系或结构解释，甚至会在其中完全消失不见。它一方面试图完全抹去"生成的多样性和偶然性"（或"自然"），另一方面又不得不站在试图建立的体系的"外部"，不断在知识和思想体系遭遇危机的时刻做出应对和更新。

那么，潜藏于西方哲学传统中的这种非理性意志或决断，本身从何而来？柄谷没有正面回答，而是引用瓦莱里、马拉美、怀特海等思想家，将它称为一种"信念"或"偶然"。需要注意，这种偶然性非但不是某种外在于人的生存处境的东西，或突然降临到人身上的东西，反而是与人的生存处境休戚相关的因素（如果不说是人的固有性质的话），因为柄谷接下来会把尼采笔下的"生成的多样性和偶然性"改写为"经验的多样性和偶然性"：

> 列维-斯特劳斯……通过考察要素与要素的关系（而非要素本身）的方法，试图从看起来各不相同的神话中找出结构的同一性。但是，**经验的多样性和偶然性**，仅仅是次要的东西吗？毋宁说，"结构"才是次要的东西，不是吗？（第25—26页；强调为引者所加）

这里所谓的"经验的多样性和偶然性"，指的不（仅）是"要素自身"的特殊性质；毋宁说，它恰恰指向了列维-斯特劳斯等结构主义者的方法论选择本身：结构主义者对"结构的同一性"的关注和追根究底，其实同样源于一种"对于建筑的意志"，只是他们有意无意地对此视而不见。

例如，柄谷写道："如果没有某种意图、目的或意义，任何'结构'都是不可想象的。看到某个文本的隐藏结构，就已经预设了那里隐藏起来的意义。"（第25页）在这个意义上，结构主义非但不是对柏拉图以来的本质论形而上学传统的拒绝，反而应该被理解为它的彻底化和绝对化：

> 当然，自觉意识到这种"信仰"，和对此没有自觉，存在着巨大区别。实际上，在多数情况下，人们都对此没有自觉。结构主义被批判为打发掉"精神"和"主体"，但毋宁说恰恰相反，应该批判的是"精神"以自我绝对的方式潜藏在结构主义那里。（第49页）

也就是说，比起它所批判的本质或主体的形而上学，结构主义反而更严重地遮蔽了"对于建筑的意志"，因为它试图抹去主体的一切踪迹而留下一个仿佛可以自我运作的体系。然而，我们要问的是：既然柄谷并没有沿着尼采的批判而将西方哲学传统中的这种根深蒂固的意志或决断视作"弱者的堕落"或"逃避"，反而将它视为一种积极的行为，为什么它仍然成问题？为什么潜藏在结构主义之中的"精神"仍然需要得到批判？

根据柄谷的论述，这是因为任何基于对理性的信仰或意志建立起来的体系，都必然会遮蔽处在外部的"自然"。在此，什么是"自然"？如今它当然已经不是柄谷早期批评里意味着的那种骇人的非存在或生存的无根基性。柄谷借助对瓦莱里的阐述写道：

瓦莱里没有把"人与自然"进行对比，而是暂时将通过彻底探究制作和建筑的视点而发现的界限或不可能性称为"自然"。所以，"自然的产物"不能被限定在狭义的自然物上。哪怕明显是人造物的东西，也可能在其结构＝制作方式上具有不透明性。事实上，我们往往会给这样的东西冠以自然之名，如自然语言、自然都市、自然史。在这个意义上，只有阐明"人造物"的特性，"自然的产物"才会变得清晰起来。（第23页；强调为原文所有）

这里所谓的"自然"不是对象物，而是在人的制作（建筑）的可能性的界限上呈现出来的某种东西。（第30页）

的确，这里所谓的"自然的产物"和"人造物"的对立，以及通过对后者的不断追究而在其临界点上揭示"自然"的论述，在表面上都容易让人联想到柄谷在早期批评中有关"意识"与"自然"之关系的阐述。无怪乎加藤典洋认为，这里的问题设定自从柄谷的处女作以来未曾改变。[①] 然而，这种表面上的相似性其实掩盖了更大的思想转变：如前所述，在柄谷的早期批评那里，"自然"以突然降临的方式不可思议地出现在人面前，它以无意义或非存在的方式，揭示了任何人都无法直面的、总是希望从中逃避的那种生存的无根基性。与之相比，如今柄谷所强调的"自然"，则无非是哲学家们凭借"对于建筑的意志"不断

① 参见加藤典洋「畏怖と不能」，第63页。

试图克服的"经验的多样性和偶然性"。既然它隐藏在由此建立起来的体系或结构背后，那么我们甚至可以说，积极地突破结构来洞察位于其临界点上的"自然"、积极揭示结构所遮蔽的"自然"，同样需要一种积极进取的意志或决断。——在某种意义上甚至可以认为，这种意志或决断，与"对于建筑的意志"是同源同构的，只是在方向上截然不同：

> 所谓历史性地思考，不是在历史主义的意义上思考，而是看到某个结构或建筑并非自足的东西，而始终不过是任意的选择［的结果］。在这个意义上，尼采具有彻底的历史性。但是另一方面，如果不以"对于建筑的意志"为前提，这种思考也是不可能的。（第29页）

在这个意义上，无论是"对于建筑的意志"还是试图历史性地揭露这一意志的做法，都源于"经验的多样性和偶然性"，即都处在自我封闭的体系或结构的"外部"。只不过，也正是因为这样，无论是"建构"还是"解构"，都需要以某种结构或体系作为必要的前提。

然而，当论述进入第三章时，柄谷几乎放弃了上述有关"对于建筑的意志"和"自然"的讨论，重新将问题设定为20世纪中包括文学、绘画、数学、音乐在内的各个领域中出现的共同现象——这种现象如今将由前两章中未曾出现的"形式化"一词所代表：

在 20 世纪开始变得明显的文学和种种艺术上的变化——例如，抽象绘画和十二音阶音乐等——不仅相互平行、相互关联，而且根本上也对应于物理学、数学、逻辑学的变化。我们可以总体上把这种变化称为"形式化"。所谓形式化，可以说就是把指涉对象、意义内容和语境都放入括号，仅仅考察（本身没有意义的）项与项之间的关系。刚才所说的整体性的变化，其特征就是通过与所谓自然、现实、经验的乖离而开始形成自律的世界，这一点正是形式化的意思。（第 50 页）

而在另一篇由《作为隐喻的建筑》重新提炼而成的文章中，柄谷更具体地把"形式化"的特征列举如下：

第一，通过与所谓自然、现实、经验、指涉对象的乖离，"形式化"试图建构一个人工的、自律的世界。第二，将指涉对象、意义（内容）和语境放入括号，揭示本身没有意义的项（形式）之间的关系（或差异）和一定的规则。①

很显然，不同于先前论述的"对于建筑的意志"，如今"形式化"一词并不容易让人联想到"意志""决断""选择"等强烈带有"属人"色彩的概念，而这种修辞色彩上的区别也正是柄谷想要强调的关键之处——"形式化"与其说形成于任何一种特殊的"意志"或"决断"，不如说

---

① 柄谷行人「形式化の諸問題」，柄谷行人『隠喩としての建築』所收，第 144 页。

总是已经排除了任何"外部"的因素，无论后者的名称是"自然""意图"还是"经验的多样性和偶然性"。例如，柄谷在第三章中谈到"对于建筑的意志"和"形式化"这两种说法的关系时强调指出：

> 我们最初的问题是形式化为何会形成，但奇妙的是，这个问题无法从外部（外在地）进行说明。只能说，形成形式化的无非就是"形式化"本身。在迄今为止的章节里，我把这个问题称为"对于建筑的意志"。（第52页）

毫无疑问，柄谷在此把"形式化"的问题限制在"形式化本身"，或者说，排除"形式化"过程中的任何"外部"因素，是为了接下来引入哥德尔的"不完全性定理"[①]，并通过这个定理，从内部动摇和瓦解作为"形式化"之结果的结构或体系的自洽性与自足性。换言之，如今在柄谷看来，需要做的不是从体系的临界点上揭示某种"外部"，也不再是批判那种以"自我绝对的方式"潜藏在结构中的"精神""决断"或"意志"，而是揭示体系的自洽性本身所包含的自我解构的契机。关于哥德尔的"不完全性定理"，柄谷给出了如下说明：

> 先从结论上说，哥德尔的定理说的是，任何形式性体系，只要它是不矛盾的（自洽的），它就是不完

[①] 关于哥德尔的"不完全性定理"，小林敏明给出了非常简练的概括：第一，如果一个公理体系没有矛盾，它就是不完全的。第二，如果一个公理体系没有矛盾，它就无法证明自己的无矛盾性质。参见小林敏明『柄谷行人論』，第84页。

全的。他的证明显示了形式体系内部存在着与该体系的公理不吻合，因而无法判断其真伪的（不可决定的）规定。而且，换句话说，[哥德尔的定理意味着]即使某个形式体系是自洽的，对它的证明也无法从该体系内部获得，而是需要比它更强大的理论。由此，下面这一点就得到了**证明：纯粹数学的完整演绎体系是不存在的。**（第57页；强调为原文所有）

柄谷的说明是否准确把握了哥德尔定理的内容和意义，不是我们关心的问题。重要的是，在柄谷看来，哥德尔的定理不仅证明了完全自洽的数学体系的不可能性，更证明了20世纪以来与之平行的各个领域中的体系必然包含自我解构的悖论性因素。于是，借助"不完全性定理"，如今柄谷强调认为，对于任何体系或结构的突破取决于"揭示其自身内部的'不可决定性'，以此证明基础的缺席"（第58页）。如加藤典洋所言，柄谷从第三章开始的论述，使得"形式化"或"对于建筑的意志"离开了与"外部"或"自然"的关系，以至于"体系"成了"自我生成并出于形式化的内部理由而达到其界限"的东西。[1] 与此同时，如前所述，假如"对于建筑的意志"和揭示这一意志的"意志"同出一源，那么，如今对于已经将自然、现实、语境、经验等因素都作为"外部"而加以排除的"形式化"而言，任何旨在对它进行解构的努力也都不再与"经验的

---

[1] 参见加藤典洋「畏怖と不能」，第66页。作为一名出色的批评家，加藤敏锐地看出了柄谷在前两章中"富有生机的文体"与第三章以后的"死的文体"的差异。

多样性和偶然性"相关，而同样必须把自己限制在体系内。

不过，在此需要注意柄谷的一个重要提醒：体系所包含的"不可决定"的因素，并不是一开始就出现在那里的；毋宁说，这个让体系发生动摇和自我解构的因素，只有在体系已经具有自洽性的前提下——体系已经自我完成并开始运作的前提下——才会呈现出来。如果不严格论述这种自洽性，"解构"也无从谈起。柄谷写道："在哥德尔的不完全定理那里，只有当某个体系是自洽时，仅仅在这个时候，这个体系才是不完全的。"（第 63 页）也就是说，"解构"是一项耐心而缓慢的工作，我们不能在分析的出发点上就以体系的自我瓦解为前提，而必须以体系的自洽性为前提不断深入体系的内部，并在此过程中揭示那个动摇其自洽性的解构性因素。正是在这里，柄谷重新提到了"对于建筑的意志"："之所以会出现这一哥德尔式的问题，是因为'形式化'——文学批评也好，符号理论也好，一般的系统理论也好——归根结底扎根于'确定性'，即基于'对于建筑的意志'。悖论在于，对于'确定性'的探求和构筑，反而证明了它的不可能性。"（第 64 页）需要注意，相比于第一部分，这里的论述发生了一个微妙的偏移。在之前的论述中，恰恰是体系本身透过它的边界而呈现了"外部"，即"经验的多样性和偶然性"；因此，"对于建筑的意志"的失败（如果可以这么说的话），来自它无法将这种多样性和偶然性彻底克服和收编在合乎理性的体系中。而在第二部分，体系则通过自身内部的悖论呈现了"对于建筑的意志"的无力或不可能性：任何一个体系，就它是一个自洽的体系而言——换言之，就它与自身的关系而言——就是"不完全"的。我认为，经过这样一种改写，"对于建筑的意志"被从"经验的多样性和偶然性"那里抽离出来。

于是，对于"作为隐喻的建筑"，柄谷也赋予了全新阐释。在前两章中，"作为隐喻的建筑"指的是西方哲学传统中各种基于理性原则所构筑的体系；而柄谷通过这一说法想强调隐藏在这些体系背后的"意志"或"决断"。相比之下，如今经过柄谷对"隐喻"一词的细致分析，最终"隐喻"也成了"不可决定性"的代名词：

> "隐喻"这一词汇的含义发生了巨大变化，这是事实。然而，这种变化本身就是隐喻性的。这样一来，就再也无法存在一个超越的、外在的立场，来追问"什么是隐喻"。换言之，我们无法站在隐喻的"外面"。然而，这正是隐喻问题的核心所在。（第76页）

同样，柄谷在同一时期的另一篇文章中写道：

> 在我看来，隐喻不是通过将不同的东西结合在一起而产生别的东西。隐喻之为隐喻，仅仅当它是停留在"不可决定"的状态下的时候才如此，否则就不是隐喻。[1]

---

① 柄谷行人「言語という謎」，柄谷行人『隠喩としての建築』，第223页。

如此一来，所谓"作为隐喻的建筑"，意思就是"在内部必然包含不可决定性的所有自洽体系"，而它标志着20世纪各个知识领域发生的最大事态。在前面的章节我们看到，其实早在柄谷探讨《路易·波拿巴的雾月十八日》的时候，他就已经通过分析路易·波拿巴与当时社会各个阶层之间的悖论性代表关系，暗示了体系内部包含的悖论。在这个意义上，哥德尔的"不完全性定理"对于柄谷的意义，无疑更多体现为以数学的严格性证明了柄谷之前的洞见。不过，正如德里达、德·曼等人对文学和哲学文本的阅读所示，"解构"从来不试图摧毁破坏文本的结构，也不是从外部的立场出发进行反驳或质疑，而是致力于揭示出：文本自身的成立和运作取决于某种特殊的因素，后者既是这一结构的可能性条件，又是其不可能性的条件。反过来说，论证一个体系如何由于某个因素而产生自我动摇，也意味着揭示它如何依赖这个因素而运作。然而，正是这一看似同语反复的陈述，为柄谷的思考带来一个难以解决的问题。

应该说，这个问题在《作为隐喻的建筑》中并不显豁；相比之下，在同样写于1981年的文章《八十年代危机的本质》中，由"不可决定性"所引出的问题就变得明显了。在这篇文章中，柄谷同样借用了《哥德尔、埃舍尔、巴赫》中的论述，谈到了任何体系或建筑都包含的"不可决定"的因素：

　　　　在埃舍尔的一幅"视觉欺骗画"中，背景和形象会根据观看的方式而发生反转，两者都是"不可决定"的。如果像数学那样，在看上去仿佛是形式上最牢固的建筑物那里，也能找到根本上的"非决定性""不完全性"，那么其他领域也就不难想见了。[1]

这里所谓的"其他领域"，其实有着特定的含义——事实上，柄谷在这篇文章中的重点并不是重述哥德尔的定理，而是将这一定理从所有特殊的领域那里扩展到"世界状况"的高度，并进而分析那些针对"现代国家"和国家主义做出的批评所包含的悖论。例如，柄谷指出，任何站在国家之外的"超越性"立场上展开的批判都是无效的，因为这种批判立刻就会被国家话语收编到自身内部：

> 不存在超越"现代国家"的原理（元层级）。例如，基本人权和人性都恰恰是由国家所确保的。所有超越于国家的普遍性原理（上帝、人性、自由……）都会原封不动地从属于国家，或者归结为国家主义。这既不是矛盾，也不是转向。这种反转（背景和形象的反转）无法阻止。"不可决定性"就是这个意思。……当代的症候表现为，我们无法提出任何"直接"的解决方案。现在，没有任何原理能够"直接地"或"超越性地"对世界范围内冒头的国家主义展开批判。毋宁说，这样的原理会反转成为国家主义。[2]

---

[1] 柄谷行人「八〇年代危機の本質」，柄谷行人『隠喩としての建築』，第289页。

[2] 柄谷行人「八〇年代危機の本質」，柄谷行人『隠喩としての建築』，第289—290页。

首先要强调的是，从今天来看，尽管距离柄谷写下这篇有关"八十年代危机"的文章已经过去了四十多年，但这种有关基于"普遍性原理"的批判的悖论性质，对我们来说仍具有相当重要的启示性。针对国家主义的普遍性批判如何迅速地被国家主义话语本身收编和再利用，如今早已是一个无需多加赘述的常见现象。当然，柄谷并不是一位"国家主义者"，他在这里的论述也并不是为了给国家主义张目，主张现代国家在话语和思想上无远弗及的辐射范围。恰恰相反，基于历史的后见之明，我们应该把柄谷的这些论述与他今后在（例如）《跨越性批判》等著作中强调的那种基于"移动""视差"的有限性批判结合起来看待。不过，在1981年写下这些论述的时候，正是由于他所揭示的悖论，柄谷并没有在文中对于既有的元效批判提出任何积极的替代性方案；换言之，他没有沿着"解构式阅读"的思路告诉我们，如何在这个名为"现代国家"的体系或结构内部找到一个促使结构发生自我松动的契机。

正是在这里，加藤典洋对柄谷的批评值得我们重视。因为在加藤看来，柄谷的这种彻底的论述，恰恰将"形式化"给"绝对化"了；换言之，将"外部"从一开始就排除出去的并不是"形式化"过程，而正是柄谷的论述本身：

> 这里必须注意的是，这一主张——没有原理能够"直接地"或"超越地"批判国家主义——本身也没错。柄谷的论述并没有错。他根本上犯的错误在于把上面这一点当作结论了。无须多言，结论本来应该

是：在接受"没有'原理'能够批判国家主义"这一主张之后［应该说］，正因如此，对于"现代国家"这种共同性的批判，只能来自"现代国家"的"外部"。①

在我看来，加藤的这一批评看似简单，实则直指问题的核心。为了更明快地说明问题，让我们进一步将加藤的批评改写如下。的确，从内容层面来看，就像柄谷指出的那样，众多以某种超越性的立场或价值出发展开的国家主义批判，无论是以"普遍人性"的名义还是"基本人权"的名义做出，都可能通过一次轻易的反转而被重新收编到国家主义或民族主义话语内部。例如，保守主义思想家迈斯特（Joseph de Maistre）早在 1797 年出版的《论法国》中就说，自己见过法国人、俄国人等各个国家的人，却从未遇见过所谓的"人"。② 在这个意义上，或许确实不存在任何"能够'直接地'或'超越性地'"对国家主义展开批判的原理。然而，这一"批判的批判"之所以能够成立，恰恰是柄谷将自己的视野局限于国家主义内部造成的。也就是说，这里缺乏的其实正是《作为隐喻的建筑》第一部分的那种眼光，即透过貌似自洽而稳定的、合乎理性的体系或结构，洞察到背后的非理性"信仰""意志"或"决断"的眼光——在我看来，《作为隐喻的建筑》中两个部分的根本差异，也体现在这一点：无论柄谷在后半部分如

---

① 加藤典洋「畏怖と不能」，第 69 页。

② See Joseph de Maistre, *Considerations on France*, 72.

何强调体系内部的"不可决定性"或"不完全性",都无法通过对体系本身的分析而抵达前半部分所强调的"对于建筑的意志"。而柄谷之所以能够在《作为隐喻的建筑》的前半部分看到这种"意志",不是因为他站在了某种"超越性"的立场上,而只因——用柄谷经常强调的一个说法——他把目光聚焦在两个体系"之间"。

重要的是,这种在不同体系之间进行"移动"的视点,不需要以任何超越性的体系(如柏拉图主义的"最佳政制")为前提;批评来自"移动"本身,而不是任何稳固的真理立场。与此同时,这种移动的视点事实上恰恰在实践的意义上符合那些看似以某种"超越性"为基础的社会或政治批判背后的现实感觉。例如,当我们感到一部新出台的法律是"恶法",我们往往不是基于"法律的理念"做出这种判断,甚至不是将它和现实中的其他国家的类似法律进行比较而做出一种相对的判断——我们似乎凭借感觉就认为它是坏的。而我们的这种日常感觉,与其说来自厚实的日常生活和蕴含其中的"默会知识",不如说来自我们不自觉地对许多类似状况的反应和理解,来自我们将这条法律和与之相关的生活领域进行的比较,即产生自我们在日常生活中的不同"体系"之间的不自觉"移动"。当然,这里的问题丝毫不涉及哲学上的经验主义或直觉主义,但它或许同样不涉及(例如)"法律体系的自我解构"。它不是一个有关"形式化"的问题。不如说,这里的问题涉及的是体系本身无法证成或解释的"外部",而它的另一个名字无非就是柄谷所谓的"经验的多样性和偶然性"。

不过，值得补充的是，柄谷在《作为隐喻的建筑》的后半部分并非完全没有看到这种实践和经验意义上的"外部"，只是并没有予以充分的重视。例如，柄谷写道：

> 日常的事物和正常事物之所以成立，是因为它们维持着逻辑类型，即类与成员之间的不连续性。在这里，制度的意义变得清晰。［制度］并不禁止语言分节的任意性，而是由于自我指涉性在原理上使得逻辑类型不可能成立，因此只能从外部，也就是从社会上进行禁止。作为一种形式的语言体系，内部是无法实现这一点的。（第91—92页）

对于这里所谓的"从外部，也就是从社会上进行禁止"，此时一心一意想要深入体系内部揭示其"不可决定性"的柄谷自然不会着墨过多。甚至当引用了后期维特根斯坦和马克思关于"实践"的论断后，柄谷也只是将它们引向"形式化"的问题上："很难说他们是否充分意识到'理论'所具有的哥德尔式的问题。至少可以说，他们的说法只有在将'形式化'推进彻底的时候才有意义"（第65页）。

从1981年的《作为隐喻的建筑》到1983年中途放弃的《语言·数·货币》，柄谷近十年间孜孜不倦地执着于在体系内部寻求"外部"的努力，终于以《探究（一）》的转变宣告结束。

三　《探究（一）》：作为"他者"的"外部"

　　现在，在追踪了柄谷著作中有关"外部"的问题如何在《探究》诞生前得到考察后，我们终于可以转向《探究（一）》中的分析——简单来说，通过重新引入"他者"这一维度，柄谷得以在保留原本许多分析的同时，对"外部"问题（以及"内面""主观性"和"自我意识"等问题）重新阐述。

　　首先，哪怕仅仅从文体层面而言，1985 年开始连载的《探究》也标志着柄谷思想的一个崭新阶段。我们记得，柄谷早在《马克思，其可能性的中心》中就已经意识到思想和文体的密切关系："思想家发生改变，文体也肯定会变化。如果文体不变，那么即使理论性内容变了，他也丝毫没有改变。"[①] 而在 70 年代末写下的短文《论文体》中，柄谷更是将文体视为文本本身的不透明性："'文体'不是可以从作品中分析取出的东西，而恰恰来自一种不透明性，即作品本身决不能被还原为意义内容的不透明性。于是，文体说到底就是有关文本本身的问题。"[②] 这些论断无疑也适用于柄谷自己的写作，尤其反映在《探究》以及之后的著作中。例如，早有论者指出，相比于此前文章的遣词造句，《探究》中的文章"变得好读了"，具体来说就是

[①] 柄谷行人『マルクスその可能性の中心』，第 137 页。
[②] 柄谷行人「文体について」，柄谷行人『批評とポスト・モダン』所收，第 189 页。

"文章句子变短了，前后句子的结构也变得清晰了"。[①]

的确，随着文体风格的改变，柄谷对"外部"的思考也产生了巨大的变化。如果说柄谷在先前著作中的形象流露出不少存在主义和结构主义或后结构主义的影子，那么从《探究》开始的著作则几乎彻底摆脱了"存在主义"与"（后）结构主义"的对峙。因为柄谷如今认为，无论是索绪尔式的结构主义语言学还是萨特式的存在主义，甚至包括胡塞尔的现象学，都没有摆脱哲学上的"唯我论"，或者说哲学本身（无论是西方哲学还是东方哲学）就是以"唯我论"为前提而确立起来的——在我看来，"唯我论"也可以被理解为上文的"形式化"问题的重新表述：

> 我称作"**唯我论**"的，绝不是那种认为只存在"我"一个人的思考方式。认为适用于我的论述能适用于所有人，这种思考方式才是唯我论。（第6页；强调为原文所有）

> 如果唯我论指的是这样一种立场——一切都在我的意识之中，一切都是"对我而言的世界"——那么与之相对，即使主张"对世界而言的我"，即主张我的意识是我所从属的关系体系的"结果"，也还是会重新陷入唯我论，因为这种关系体系归根结底是通过我的意识而得到揭示的。（第129页）

[①] 参见日野启三「不可解に立つ」，『国文学　解釈と教材の研究』1989 年 10 月号，第 6 页。

因此，无论是"物自体"（康德）、"社会制度"（涂尔干）还是"他我"（胡塞尔）或"共同存在"（海德格尔），都属于"试图摆脱唯我论的唯我论"，因为在这些看似截然不同的思考背后，"我"都已经被提前改写为"我们"，或者说，"我"作为一般意义上的、普遍存在的人，早已被设定为一个不言自明的前提。这是哲学本身的可能性条件，也是任何"体系"的构成要件：

> 哲学始终都是这样一种思考装置：它从"我"（内省）出发，并暗中将这个"我"视为"我们"（普遍意义上的人）。（第 200 页）

在哲学＝唯我论那里，与"我"截然不同的、他异性的"他者"被事先排除在外，然后再作为与"我"同质的另一个"自我意识"被发明出来。在柄谷看来，无论"我"与如此发明建构的"他者"处于多么激烈的对抗关系——其典型便是黑格尔的"主奴辩证法"和萨特所谓的"他人即地狱"——这里的"他者"都不是真正的"他者"，而仅仅是"我"的自我意识和内在对话的外化。于是，"为了批判唯我论，只能引入他者，或者说，只能引入与他者（属于异质性语言游戏的他者）之间的交流"（第 6 页）。

我们马上就会探讨"他者"的问题。在此之前，还需提到的一点是，不同于对"形式化"穷追不舍的阶段，柄谷如今旗帜鲜明地指出，任何试图穿过"内部"而通达"外部＝自然"的企图都是徒劳的。我认为，柄谷下面这

段针对"文本主义者"的批评,某种程度上也适用于柄谷自己在很长一段时间内秉持的方法和策略:

> 文本性唯我论的批判并不迈向"外部",而是从内部破坏形式性的差异体系,从其根底处揭示"差异化的游戏"。如下文所述,这就成了"神秘主义",或神秘主义的当代版本。(第203页)

在另一个地方,柄谷甚至以相同的方式对德里达提出批评:"德里达提出'差异的先验性',可以说差异就被超验化了。"(第23页)我们已经看到,无论在《马克思,其可能性的中心》里,还是在《作为隐喻的建筑》里,德里达及其所代表的"解构式阅读",都是柄谷论述中的"正面形象"。我们并不评价柄谷在此针对德里达的批评是否准确,重要的是,我们可以将这里所谓的"差异的先验性"改写为"'外部=自然'的先验性",从而看到柄谷在这里的根本性"态度变更"。换言之,我们需要回答的问题是:为什么提出一种完全不同于"我"的、绝对他异的"他者",就能避免重新落入否定神学意义上的超验性?在"我"和"他者"的不对称关系中,"他者"难道不是同样已经被"超验化"了吗?

现在让我们考察一下,柄谷如何处理有关"他者"的问题。十分擅长类比思维的柄谷,如今将"他者"问题翻译为"教—学"关系和"卖—买"关系,并认为这两种貌似稀松平常的行为实际上包含了"他者"之他异性的秘密。^①——需要注意的是，这两种关系看起来都是我们日常生活中稀松平常的关系，而且是我们每个人都会经历的关系。我们在后面会看到，这个再显然不过的事实有着主要意义。

首先，就"教—学"关系而言，柄谷明确指出，这种关系不能被等同为权力关系，这是因为：

> 事实上，我们要想下命令，那么这件事就必须被"教"。对于孩童，我们与其说是支配者，不如说是其奴隶。换言之，和通常认为的相反，"教"的立场决不占据优势地位。毋宁说，这一立场反而需要"学"一方的合意，反而不得不从属于"学"一方的任意性；应该说，"教"的立场处于弱势。（第4页）

借助对维特根斯坦的讨论，柄谷主要以教授规则（教游泳、教外语等）为例，揭示出"教"与"学"的非对称关系中包含的一个悖论：我们都"知道"规则，却无法在积极的意义上为规则提供必然基础。例如，在教授外国人汉语时，尽管我们可以在有限的范围内根据语法书来对某些语法点做出解释，但这些解释往往捉襟见肘，只要学生再进一步追问一两个"为什么"，原本的"解释"又会重新

---

① 与这两种关系相对，"唯我论"的代表性立场被柄谷称作"言说—倾听"的立场，即自己倾听自己之言说的立场，一种自我封闭形成"内部"的立场。例如，柄谷有关这一点写道："不只是笛卡尔主义，包括更一般意义上的哲学本身，也可以说是始于'内省'（独白）。换言之，这是站在'言说—倾听'的立场上，封闭在'内部'。我们必须改变这种态度。我们必须试着站到'教'的立场或'售卖'的立场上去。我的考察将始终围绕这个貌似平易的艰难问题展开。"（第9—10页）

变成"问题"。最终，我们也许只能回答：中国人就是这么说话的。

因此，占据"教"的立场的人，恰恰将交流是否成立的关键留给"学"的一方，他自己对此无能为力。只有当学生承认教学内容的正当性，或者说，只有当学生重新把交流内容翻译为客观性的"知识"时，通常意义上的"教—学"的相互关系才能成立。在此，千万不能误解，柄谷所讨论的并不是（例如）"明示知识"和"默会知识"的区别。毋宁说，这一区分本身就是建立在交流已经成立和由此形成的"事后追溯"——仿佛交流从一开始就由各种稳定的规则来确立和安排——的前提下的。与之相对，柄谷想要强调的是：当面对不与我们共有同样的规则、编码、认知、生活方式的"他者"，一个我们必须与之进行交流却不知如何进行交流的"他者"，没有什么可以保证交流的成立："在私人的意义上'遵从规则'是不可能的，这相当于说，积极明确地表达规则是不可能的。或者，这相当于说，'有意义（遵从规则）'是无根基的、不稳定的。"（第58页）柄谷指出，同样的问题在马克思关于商品交换的论述中也可以见到：

> 如马克思所说，商品如果卖不出去（如果不进行交换），它就不是价值，因而甚至连使用价值也不是。于是，商品能否卖出去，就是"惊险的一跃"。商品的价值并不是事先内在的东西，而是作为交换之结果而被给予的东西。说什么事先内在的价值通过交换得

到实现——完全没这种事。（第 4 页）

将不同的劳动产品进行等价，不是因为这些物之中包含了某种"共同本质"（同质的劳动）。事实上，这种共同本质不过是在这些物等价之后才被假定的。（第 47 页；强调为原文所有）

可以说，通过商品体系中的非对称关系来揭露"劳动价值论"或任何实质性的价值理论的虚假，是柄谷自 70 年代对《资本论》展开解读以来反复强调的关键。无论是"等价交换"的规则还是"劳动价值论"，都不过是商品交易成立之后回溯性确立的"规则"；没有什么可以事先决定交易的成功，同样，不存在那种有待在交易过程中得到体现的所谓商品的"内在价值"。相反，商品的价值只是通过交换过程而被回溯性确立的东西，而"货币"在此过程中扮演的角色，就是让人误以为等价交换从一开始就遵循着某种规则或秩序（内在价值或意义）。

既然在与"他者"的交流过程中，没有什么规则或前提可以事先保证交流的顺利进行，一切秩序和规则都不过是交流成立之后才被回溯性地发明建构的，我们能够从交流中揭示的就不是任何规则，而是"惊险的一跃"：

恰恰只有在"有意义"这件事对于"他者"而言成立时，才谈得上"语境"，"语言游戏"也才成立。"有意义"这件事为何且如何成立，到最后都是不知道的。但在这件事成立之后，我们就能够说明它为何且如何成立——我们可以搬出规则、编码、差异体系等说法。换句话说，无论是哲学、语言学还是经济学，都仅仅是在这种"黑暗中的一跃"（克里普克语）或"惊险的一跃"（马克思语）之后成立的。规则是事后才被揭示的。（第39页）

在这里，柄谷将德里达关于"语境"的论述推进一步，如德里达所言，"语境"不可能被完全填充，而总会因为新要素的加入而发生变更；[①] 但更重要的是，"语境"总是已经以交流的成立为前提——只有在话语对于对话者而言都"有意义"的情况下，才能谈论一句话在何种"语境"下产生意义。不难想到，柄谷在这里的论述可能引来一种质疑：在语言的实际运用中，一句话能以多种方式"没有意义"——譬如，外面明明没有下雨，我却说"下雨了"，对方可能无法理解我；而如果我说出一连串莫名其妙的发音，对方同样无法理解我。这两种"无意义"当然不是一回事。当柄谷把一切交流都还原为"惊险的一跃"，是否混淆了这两种显然不同的"无意义"？并不是。

柄谷说"语境"只有在"有意义"这件事对于"他者"成立的情况下才成立，这一论断事实上同时包含了各种意义上的"无意义"：事实上，我们很容易设想下述"通常情况"，即对方为了理解我所说的与事实不符的"下雨了"，或为了理解我一连串莫名其妙的发音，可能会自然而然或殚精竭虑地补充各种"语境性因素"，也可能会单

---

① See Jacques Derrida, "Signature, Context, Event," trans. Samuel Weber and Jeffrey Mehlman, in Jacques Derrida, *Limited Inc.*, ed. Gerald Graff, 1 - 24.

纯地认为我脑子不正常——但无论是何种情况，"交流"（哪怕是以厌恶的神情对我做出反应，或觉得我不可理喻而悄悄走开）总已经发生了。并且，我们也不难设想，面对我们的同一句话，我们的朋友、亲人、同事以及陌生人的反应会截然不同。在这个意义上，关键问题不是交流何以可能（我们会看到，柄谷反复强调的一点正是：在实践中，交流总已经是可能的），而是我们无法事先判断或规定交流何以可能。但是，这一不可能性并非来自符号的自我撒播，不是来自体系的自我差异化或能指的嬉戏，而是来自"他者"的他异性。

因此，需要特别注意的是，此处的"他者"并不是对于（例如）学生、孩童、买家、（克尔凯郭尔笔下的）基督、言说者一方等"具体事例"的概括，甚至不是严格意义上的比喻或隐喻——确切而言，"他者"在这里根本不是一个概念。① 就像与"他者"的交流本身那样，柄谷关于"他者"的这些论述同样是事后性的。正如没有人可以知道耶稣就是基督——甚至耶稣本人也不知道——所有关于"他者"的他异性的描述或规定，都是一种事后的辨认。不存在站在"事前"的位置上预先"确认'他者'"的问题。"他者"是我们由以动摇和质疑规则与秩序的稳

---

① 在这个意义上，柄谷强调指出："维特根斯坦所发现的不是宗教忏的他者；相反，他从更根本且更平常的地方发现他者。这一'他者'既可以是商品的买家，也可以是外国人或孩童，也可以是动物。关键是设想一个不理解我们的极端他者。"（第27—28页）不存在可以得到普遍性概念界定的"他异性"，因而就不存在能够发挥超验性概念作用的"他者"。

定性的契机。① 但另一方面，这一过程并不意味着"他者"的他异性在交流成立之后，就可以被转化或还原为各种普遍的范畴或谓述（predicates）；相反，对于交流的这种事后性的定秩和奠基，仅仅遮蔽了"他者"的他异性（在此，"他异性"不过是交流的偶然和深渊的另一个名称）。例如，柄谷在讨论马克思时指出："马克思从〔古典经济学那里〕追溯到'交换'成为临界问题的那个场所。重复一遍，这不是一个时间性或空间性的场所，而是这样一个场所：它始终存在着，却在共同体（系统）之中遭到遮蔽"（第11页；强调为原文所有）。这一点同样道出了我们习焉不察的事实。例如，在日常生活中，哪怕（或正因为）对话者是我们的朋友或亲人，事实上我们无法事先判断他们对我们的发话会作何反应。

然而，柄谷指出，在"唯我论"的哲学论述那里，"他者"的他异性从一开始就被抹去了，一切都被还原到自洽而统一的"系统"内部——正如在政治领域中，一旦形成共同体（＝系统＝内部），或者说，一旦开放的、充满

---

① 因此，合田正人的下述质疑看似在哲学的意义上至关重要，实则根本不得要领："为什么能将'他者'和'另类'区别开来？谁能做出这种区别，如何做出这种区别？既然是自我意识的想象的产物，'另类'不也是比喻吗？照这样说，如果被规定为并非'另类'的存在，那么'他者'不也是比喻吗？……归根结底，与迄今为止论述过的比喻性形容和假定条件一样，这一基准不也是由先验主体来赋予的吗？"（合田正人『吉本隆明と柄谷行人』，第232—233页）在柄谷的论述中，对于"他者"的辨认从来都不存在什么"基准"，重要的问题也并不是辨认"真正意义上的他者"（l' autre proprement dit）。恰恰相反，柄谷强调的是，我们总是已经不自觉地遭遇不同的"他者"并和他们发生各种交流＝交换，这种交流＝交换先于任何"先验主体"及其认识论条件的确立。

偶然性和不确定性的"交流空间"塌缩或折叠为封闭而稳定的共同体，其中的交流便呈现出遵循一定规则进行的样貌，仿佛这些规则是自然正当的；正如在经济领域中，货币为商品交换赋予了一种通过某种内在价值而实现等价的假象。如果说马克思的《资本论》通过重新讨论货币而揭示了始终蕴含在资本主义商品经济内部的交易或交换环节的可能危机，那么，面对其他领域的各种交流模式和法则，我们所要做的同样是去揭示潜藏其中的"惊险的一跃"，即揭示交流成立之前的"他异性"。——有人可能会问：如果是这样的话，那么柄谷在这里的论述方式（或步骤）和他在 70 年代做出的论述到底有什么区别？似乎无论是以前还是现在，柄谷的步骤都是深入一种貌似稳定的体系（或规则、自我意识、"内部"），通过揭示其中的无根基性和不稳定性而抵达某种"外部"——只不过如今这个"外部"的别称不再是"自然"，而成了"他者"，不是吗？

如前所述，这里的根本区别在于："他者"不再如"自然"那样，是论述所要揭示或遭遇的"终点"或"目的"，而恰恰是论述的"起点"。同样地，"外部"也不再是骇人的（非）存在或无法在积极意义上呈现的"经验的多样性和偶然性"，更不是某个体系内部的悖论性因素，而无非就是稀松平常的、日常生活中的"他者"。仍然以"教—学"的非对称关系为例，柄谷如此写道：

> "教—学"这种非对称的关系，正是交流的基础性
> 事态，而绝不是非常态。通常的（规范性的）事例，

即具有同一规则的对话，才是例外性的。（第6页）

在这里，通过将"他者"的他异性作为思考的"前提"，或者说，通过将这种他异性作为一条思想线索引入（例如）交流理论或语言体系，我们可以看到"常态"所遮蔽的偶然性和不确定性——而这种发现本身便意味着，另一种截然不同的交流方式和生活方式，始终是可能的。

四　"个体"与关系的偶然性

所以，在《探究（一）》这里，"他者"并不是对柄谷早期批评中的"自然"的替代；如今作为思考的"起点"，"他者"总是已经作为各式各样的他者而现身。一方面，柄谷指出"他者"是他异性的、极端的，不与"我"共有同一种语言游戏或交流法则；但另一方面，"他者"从来都是日常生活中与我们打交道的存在：

> 他者对我们而言是"超验性"的。但是，他者并不是超验性的存在（上帝）。因为他者是稀松平常的、无力的人类。与他者的关系并不是"与超验性的存在的关系"，也不是"与人的关系"。并且，正是这种与他者的关系才是"现实性的"（实存性的）。（第156页）

这里不存在矛盾："他者"的他异性和极端性，并不来自"他者"自身的固有性质；不如说，任何与我们直接面对面的"他者"，任何与我们处于"相互关系"中的"他者"，任何我们试图与之进行交流＝交易的"他者"——也就是说，任何剥离了既定的规则、编码、身份、社会关系之规定等中介环节的、处于"赤裸裸"的相对关系中的"他者"——都是他异性的。对此，柄谷给出一个非常形象的例子，在恋爱关系中，如果我诉诸由逻辑或"真理"所中介的话语，如果我以任何规范或标准来衡量我与对方的关系，那么我与对方的交流注定失败。在面对面的"相互关系"中，"我"不仅要面对一个极端的、无法理解的"他者"，这个"他者"更有可能将"我"从既有的规则和秩序体系中解放出来，从唯我论式的封闭思考结构中抽离出来，重新放到一个向交流的可能性、关系的可能性、社会化的可能性敞开的地平线。

在这个意义上，"他者"作为"起点"并不保证交流的顺利进行，更不保证"我"的存在根据、意义或价值，但正因如此，"他者"让"我"可以对现有的秩序、体系、规则、价值、共同体产生怀疑：

> 进行怀疑的主体仅仅作为*外部性*而单独存在着。对于如此这般存在的主体的明证性，找不到任何保证或依据。……即使［上面说到的这件事——］存在于诸多共同体的外部、作为单独者而进行怀疑——找不到任何根据，也存在着推动自己做出如此怀疑的东西，正是因为有那个东西存在，自己才能进行怀疑。我们可以将这个东西称为他者。（第8页；强调为原文

所有）

从这一釜底抽薪式的位置出发，柄谷对于一众现代哲学家——黑格尔、胡塞尔、海德格尔、萨特、索绪尔、雅各布森——展开了令人眼花缭乱的批判。当然，在这些批判中，有的稍显偏颇，有的更不乏"大而化之"之嫌，但重要的不是柄谷的批判是否中肯，而是注意到通过恢复在这些所谓的"唯我论"哲学中从一开始就被排除的"他者"的他异性以及同样从一开始就被敉平的"自我"，柄谷所做的工作并非阐明交流如何形成（这种"惊险的一跃"或"黑暗中的一跃"是无法阐明的），更不是强调交流的不可能性，而是提请注意"一个理应令我们感到震惊的事实性"：

> 当然，我并不是想说，与他者（语言游戏不同的人）的交流是不可能的。相反，我想说的仅仅是：交流虽然在合理性的意义上不可能，也无法为交流奠定基础，但现实中交流却在进行——我们应该对这一**事实性**感到惊讶。（第 157 页；强调为原文所有）

> 克尔凯郭尔认为，在与他者之关系＝交流的根基处，合理性的奠基是不可能的。在考察维特根斯坦的"语言游戏"论时，这种"深渊与飞跃"不容忽略。他并不是从"哲学话语"回归到"日常话语"。他所回归的恰恰是下述**事实性**——一个理应令我们感到震惊的事实性：尽管哲学上（合理性上）不可能，但在日常（实际）上却可能。（第 159 页；强调为原文

所有）

　　说到底，柄谷通过"他者"试图挑明的是一个向各种社会关系的可能性开放的、偶然的、（在无法被任何理论还原或解释的意义上）经验性的个体形象。这种"个体"一方面试图从所有既定的关系、身份、法则和秩序中挣脱出来，但另一方面也意识到自己无时无刻不处在社会关系和体系中——如卢梭在《社会契约论》开头提出的著名主张。但是，柄谷也向我们表明，突破这些系统和关系的制约而追求自由的道路，不必在"外部＝自然"那里寻找，不必在"无根基的根基"那种本体论的饶舌那里寻找；恰恰相反，每一种关系、每一种秩序的根本的不稳定性和偶然性，意味着"个体"在与"他者"的多层次的水平关系中，在这些关系"之间"，始终可能找到新的关联方式、新的腾挪空间、新的自由、新的生活方式。在经历了"形式化"考察的失败之后，柄谷以一种意想不到的方式，重新唤回了"经验的多样性和偶然性"。可以说，同样的问题在《探究（二）》中继续沿着"专名""无限性"等问题展开，并得到进一步深化。

第六章

专名·他者·交换
——论《探究（二）》

一 "形式化"问题：思考的僵局

让我们重新回到 1983 年这一关键的时间节点。根据柄谷自己的讲述，他在 1983 年前后由于思考"形式化"问题而一度陷入思想的困境和苦恼，甚至因此得病。在 1983 年 10 月中断了始于同年 4 月《语言·数·货币》的连载之后，柄谷几乎有一年时间没有进行任何学术写作。尽管个人传记意义上的细节不是我们关心的问题，并且，关乎作者生活的背景性知识绝不能取代对文本的阅读，但就柄谷在 1980 年代初遭遇的思想和精神危机而言，他自己的一些生平回顾确实能为我们理解这段插曲和柄谷在此期间的心路历程提供宝贵的外部资料。

柄谷在最近一次访谈中提到，自己最初将《语言·数·货币》视为自己理论工作的"集大成"，抱着彻底将"形式化"进行到底的觉悟一头钻进了语言学、数学、经济学等领域，试图从各个自洽和自足的体系内部尝试找到通向"外部"的突破口。然而事与愿违，这种劳作最终只是一次次将柄谷带到无法再被"形式化"的地步，甚至把他引向某种神秘主义：

> 从一开始我就明白，关于语言的思考只能通过语言进行，只能以语言为依据。数学也一样。而当深入追求形式化时，反而会浮现出那些无法被形式化的东西。在反复尝试之后，依然有无法被形式化的东西残留。当我思考这些问题时，不知不觉就变得有些神秘主义了。[1]

如果用一种不那么严肃的说法，那么柄谷在《语言·数·货币》中展开的理论工作，一方面显示出在各个不同的学科领域之间不断地跳跃和类比，整个过程令人眼花缭乱；但另一方面，同样的操作方式又使得柄谷的整体姿态有如鬼打墙一般，在各个体系内部兜兜转转而始终无法迈向所寻找的"外部"。柄谷精神上的疲惫在文本自身内部的一个绝佳表征，便是一个几乎称得上"不光彩"的细节：《语言·数·货币》中的一些论述居然和泽田允茂出版于 1962 年的《现代逻辑学入门》如出一辙。[2] 当然，如山城睦所说，关键不在于讨论柄谷的做法是否构成剽窃，

---

[1] 参见柄谷行人「私の謎　柄谷行人回想録」（https：//book．asahi．com/jinbun/series/11034787）。柄谷在采访中还提到，自己当时苦思冥想到戴着奇怪的面具在住宅附近的公园里来来回回地走，引来周围人异样的目光。

[2] 最早发现这一点的是批评家山城睦。参见山城むつみ「『内省と遡行』——窮通のエクリチュール」，関井光男編『国文学解釈と鑑賞別冊　柄谷行人』所收，第 245—246 页。

而是这些与其他著作的雷同之处症候性地表明，柄谷的"这一试论各处都提到了许多'思想'，仿佛着了'类比之魔'一般，从头到尾都只是在这些'思想'之间（例如，康托尔和马克思之间）找出固定的类比关系，对于柄谷固有的'思想'则沉默不语"。[①]

到了 1983 年秋，柄谷最终由于陷入精神和肉体的双重病态而放弃了"形式化"问题的追根究底。为了转换环境和心情，柄谷在 1983 年 9 月至翌年 3 月再次旅美，这次的身份是哥伦比亚大学东亚系的客座研究员。在那里，柄谷结识了后来成为"后殖民主义"理论开拓者的萨义德和同样是后殖民主义理论代表人物之一的斯皮瓦克（Gayatri Chakravorty Spivak）。不过，根据柄谷自己的陈述，真正促成他发生思想转变的倒不是和这些思想家的交流，而是德·曼的突然离世。关于当时的情况，柄谷说道：

> 我在这一时期从事的工作，源于和德·曼的相识。论文得到他的认可，但我自己还不满意，就想要写出完整的东西。写得不顺利，又进行下一次尝试……但是，德·曼一个人就肩负着欧洲知识传统，如果以他为读者进行写作，就必须涉及整个西方思想史，压力很大。……1983 年 12 月，我想在哥伦比亚

---

① 最早发现这一点的是批评家山城睦。参见山城むつみ「『内省と遡行』——窮通のエクリチュール」，関井光男编『国文学解釈と鑑賞別冊　柄谷行人』所收，第 247 页。

— 231 —

大学期间跟德·曼见一见，就打了电话过去。因为从纽约到他所居住的纽黑文，车程大约一个半小时。想要去的话马上就能去。他回答说自己正在疗养，马上就能痊愈了。但几天后他离世了。……实在来说，当时我自己有一种解放了的感觉。虽说当时已经没法写下去了，但从事了将近十年的工作也无法说放弃就放弃，实在很苦恼。而既然德·曼已经不在了，那就干脆放弃吧。于是心情就变得爽朗起来。①

的确，在1985年1月开始连载的《探究》，作为标志着柄谷在思想上的痊愈和转变的作品，在文体和风格上也显得颇为"爽朗"。尽管我们不能断言德·曼的逝世促成了柄谷的思想变化，但这一事件确实可以被视作柄谷告别"形式化"问题的关键契机。② 关于这一思想转变，我们在上一章中通过对照柄谷在不同思想阶段有关"外部"的阐述，已经做出了说明。在此需要补充的是，具体到1983年秋天，柄谷在思想上的转变其实同样可以找到某种文本上的依据。例如，在1983年9月发表的一篇讨论吉本隆明的文章中，柄谷从根本上反思了自己多年来的思考方式：

　　20世纪的种种学问和艺术，拥有一个共同的志

---

① 参见柄谷行人「私の謎　柄谷行人回想録」（https：//book. asahi. com/jinbun/series/11034787）。

② 另一方面，柄谷在为英文版的《作为隐喻的建筑》撰写的"序言"中，将自己思想转折的契机归功于阅读了萨义德的《世俗批评》一文，认为它"点出了当时我本人走进死胡同的原因"。参见柄谷行人：《作为隐喻的建筑》，第7—8页。

向，我将它称为"形式化"。基本而言，这种志向试图将对象、外部和意义进行还原，理解形式（符号、差异）的独立体系。将这种志向视作以语言学（索绪尔）为中心的看法，不过是一个偏见。这种志向分布于各个领域，但结果上形成了彼此平行的一次转向。而从这种平行性来说，这次转向和它的逻辑归结，已经由哥德尔的不完全定理预先显示出来了。也就是说，通过将"外部"或"实践"予以摒弃而成立的形式体系不得不陷入"不可决定性"。①

显而易见，尽管柄谷在此似乎重述了《作为隐喻的建筑》的主要论点，但不同于后者那里对"形式化"的坚持，柄谷在此将重点放在了遭到摒弃或抽象的"'外部'或'实践'"上面；只不过，在写这篇文章时，柄谷并没有想好如何对"外部"加以讨论。因此，在这篇没有结论的文章末尾，柄谷不无沮丧地写道："'后现代'已经不是任何思想事件，而是在后产业资本主义的迅速发展过程中被吸收，并彻底沦为推进其发展的意识形态了，不是吗？这一'自问'让我陷入了忧郁。这重新把我送回'形式化'的起点。换言之，它迫使我重新思考在那里被还原掉了的'外部'。"② 与这种姿态形成鲜明对照，当柄谷在一年后经历了思想转折，并通过后期维特根斯坦开始重新探讨"他

---

① 柄谷行人「モダニティの骨格」，柄谷行人『批評とポスト・モダン』所收，第77页；强调为引者所加。
② 同上书，第78页。

者"和"外部"时，哥德尔的名字将逐渐淡出柄谷的视野。具有象征意义的是，在英文版的《作为隐喻的建筑》中——顺便一提，这部经过重新编排和改写的著作被分成三个部分，前两部分对应于"形式化"探索的阶段，而第三部分对应于思想转折之后的阶段——柄谷在第三部分的开头处，引用了维特根斯坦的两句话：

> 我的任务不是从内部，而是从外面抨击罗素的逻辑（像哥德尔那样）。
>
> 我的任务不是谈论譬如哥德尔的证明，而是在谈论时绕过它。[1]

正如我们在上一章所看到的，柄谷可以说借助维特根斯坦的这两句话而从根本上调整了自己的论述策略和位置。如果说柄谷在《探究（一）》中主要围绕维特根斯坦和克尔凯郭尔探讨了"他者"的问题，那么随后出版于1989年的《探究（二）》的重点则是借助对斯宾诺莎等哲学家的重新阐释来探讨"个体"和"无限性"的问题，而后者最终又凝结在柄谷针对"专名"做出的考察之中。因此，在这一章，我将主要围绕"专名"的问题追踪柄谷的"探究"历程，并提示《探究（二）》如何为柄谷此后的思想奠定基础。

---

[1] 维特根斯坦：《论数学的基础 16》第 5 篇，转引自柄谷行人：《作为隐喻的建筑》，第 93 页。

二　"专名"的意义

什么是"专名"？看上去这似乎是一个很简单的问题：当我们用一个特殊的名称单独指涉一个对象的时候，这个名称就是"专名"。然而，"专名"不仅作为语言学问题，而且作为哲学问题，在西方形而上学传统中始终占据着重要位置。例如，早在柏拉图和亚里士多德那里，"专名"问题就和"一与多""普遍与特殊"等问题结合在一起，得到了细致的讨论和辨析；而到了中世纪经院哲学，对于"专名"的讨论又和"三位一体"学说以及对于上帝"位格"的讨论联系在一起。总的来说，"专名"似乎在哲学上并不像它在习焉不察的日常语言用法中那样简单。

在现代英美分析哲学的脉络中，对"专名"的讨论曾产生一种著名的理论，即伯特兰·罗素最初在1905年发表的著名论文《论指称》中提出的"摹状词理论"或"描述语理论"（Description Theory）。罗素认为，我们可以把一个"专名"还原为它所指涉的那个对象所包含的一系列特征或谓述（predicate），从而"专名"就可以与一连串谓述形成对等关系。对"摹状词理论"的一个著名批评，来自克里普克（Saul Kripke）出版于1970年的名著《命名与必然性》。简单说，克里普克对"摹状词理论"的质疑，可归纳为他所谓的"可能世界"理论：在可设想的另一个世界中，当前世界里从属于某一事物的某项谓述完全可能得到改变，而这一改变在可能世界里并不影响某个专名对于该

— 235 —

对象的指涉，不会引起该事物的同一性的变化。借用柄谷在《探究（二）》中经常举的一个例子来说，富士山的一个谓述是"日本最高的山"，而如果在一个可能世界中富士山不是日本最高的山，"富士山"这个专名与富士山的指涉关系也不会发生变化。然而，与"富士山不是日本最高的山"的陈述相反，"日本最高的山不是日本最高的山"的陈述显然在逻辑上不成立。

因此，区别于罗素的"摹状词理论"，克里普克将"专名"称作"严格指示词"（rigid designator），并对此做出了如下论述：

> 一个对象的某些性质也许对它而言是根本性的，因为它不可能不具备这些性质。但在另一个可能世界里，这些性质并不被用于辨认这个对象，因为这样一种辨认是没有必要的。而在现实世界里，某个对象的根本性质也不必是那些被用来辨认该对象的性质——如果在现实世界里这个对象的确是通过种种性质而得到辨认的话（对此问题我们暂且不论）。[①]

在此，克里普克强调了一个非常重要的问题：当我们用某个专名来指涉某个对象时，这一指涉过程并不需要经过该对象的一系列特征的中介才能实现；毋宁说，无论有意还是无意，我们总是已经在上述指涉过程得以实现的前提下，才回过头来谈论该对象的性质或谓述。也就是说，

---

① Saul Kripke, *Naming and Necessity*, p.53.

试图回溯性地通过该对象的性质来还原一个"专名",其实是一种认识论上的颠倒。于是,在克里普克这里,作为"严格指示词"的"专名"在使用上得到确定,依靠的不是一连串的谓述,而是一个让"专名"在其中得到传递和分享的共同体:

> 一个人可能难以区分盖尔曼和费曼。他不需要了解这些;相反,一条回溯到费曼本人的交流链条已经得到确立了——这种确立依靠的是他在一个共同体中的成员身份(这个共同体一环接着一环地将这个名字传递下去),而不是他自己私底下在书房里进行的仪式:"我以'费曼'来命名那个干了这件事和那件事的人。"[1]

换句话说,克里普克的论述表明,"专名"的指涉功能并不是一个关乎认识论的问题,它甚至也与所谓命题的真伪无关——无论"富士山是日本最高的山"这个命题的真伪如何,"富士山"与富士山之间的指涉关系都不会受到影响——但它的的确确与我们身处其中的共同体及其历史密切相关。我们会看到,上述罗素与克里普克的关于"专名"的理论,以及克里普克"可能世界"假说中包含的个体与共同体、指涉与历史的问题,将成为柄谷重新讨论"专名"问题的基本背景。

对于柄谷而言,"专名"问题带有超出单纯语言学或

---

[1] Saul Kripke, *Naming and Necessity*, p.91.

哲学讨论的意义。或许不太为许多读者所知的是，除了"柄谷行人"之外，柄谷曾经在大学期间还用过"原行人"这一笔名。对于自己的名字，柄谷在最近的一次访谈中说道：

> "原"是已故妻子的姓氏。"行人"则是在厕所里突然想到的。我本名叫"善男"，读起来是"zennan"，总好像会被人瞧不起，所以不喜欢这个名字。尽管如此，但也不能叫"恶男"（笑）。……也考虑过"そうやつとむ"（Sōyatsutomu）这个名字，是从［《汤姆·索亚历险记》的］汤姆·索亚来的。还好没叫这个名字（笑）。有几个候补，当时都写到纸上，贴在厕所里。最初"行人"的读法是"yukito"，1969年《意识与自然——漱石试论》投给"群像新人奖"的时候，也是这么写的。但后来不知怎么变成了"kōjin"。①

在此引用这段有趣的插曲，当然不是为了解释"柄谷行人"这个专名的含义或用意，而是为了表明，早在学生时代，名称问题就已经在柄谷的思考中占据重要位置；只是在当时，这一问题尚未变成他笔下的主题。但同时也可以认为，"专名"的问题在柄谷这里从一开始就几乎实存性地和"个体""存在""意识"等问题密切联系在一起。

在1991年的一次演讲《个体的地位》中，柄谷就"专名"作为一个独特的哲学和语言学问题展开分析："如索

---

① 柄谷行人「私の謎 柄谷行人回想録」（https：//book. asahi. com/jinbun/series/11034787）。

绪尔以后的语言学家所说，语言（langue）和指涉对象或意义无关，它是差异性的能指的关系体系。然而，由于专名是固定指涉，它就偏离了这种关系体系。因此，语言学家在考察语言的时候就排除了专名，认为专名正是将语言和指涉对象结合在一起的谬论的源泉。这是一种与认为可以将专名还原为确定谓述的思考相平行的论述。"① 为了理解柄谷的论述，让我们先简略地回顾一下索绪尔在《普通语言学教程》中对语言学研究的对象和性质做出的规定。

在讨论语言的一般性质时，索绪尔开宗明义地将外在指涉（即实在对象）排除出语言学讨论的范围："语言符号联结的不是事物和名称，而是概念和音响形象。后者不是物质的声音，纯粹物理的东西，而是这声音的心理印迹，我们的感觉给我们证明的声音表象。"② 于是，在索绪尔的论述中，构成符号的音响形象（能指）和概念（所指）的两个层次，都是在同一个语言体系内部运作并通过差异化而产生意义，整个过程和传统意义上的"语言与指涉"的关系截然不同。对于上述差异关系，索绪尔解释道：

> 我们在这些例子里所看到的，都不是预先规定了的观念，而是由体系发出的价值。我们说价值与概念相当，言外之意是指后者纯粹是表示差别的，它们不是积极地由它们的内容，而是消极地由它们跟体系中

---

① 柄谷行人「個体の地位」，柄谷行人『ヒューモアとしての唯物論』所收，第23页。
② 费尔迪南·德·索绪尔：《普通语言学教程》，第101页。

其他要素的关系确定的。它们的最确切的特征是：它们不是别的东西。[①]

也就是说，在同一个语言体系中，能指通过与其他能指之间的差异性关系、所指通过与其他所指之间的差异性关系而确定自身的意义；同样，在索绪尔的另一段话中，符号的一切意义都被还原为纯粹的差异性：

> 如果价值的概念部分只是由它与语言中其他要素的关系和差别构成，那么对它的物质部分同样也可以这样说。在词里，重要的不是声音本身，而是使这个词区别于其他一切词的声音上的差别，因为带有意义的正是这些差别。……起作用的只是符号的差别。[②]

通过上述方式来规定语言符号的两个层面，索绪尔驳斥了所有试图在语言和实际指涉对象之间确立因果关系或实质性对等关系的尝试。同样，作为音响形象的能指和作为概念表象的所指之结合的偶然性，截然不同于，也不可还原为所谓语言符号和实际指涉之间的对应的偶然性——这是两种不同的偶然性。"专名"所预设的语言符号与实际指涉之间貌似自然的联系，当然也就无法在这种差异性符号体系中找到一席之地。那么，柄谷如何理解索绪尔的这种论述？

需要注意的是，就像他对马克思的解读那样，柄谷不

[①] 费尔迪南·德·索绪尔：《普通语言学教程》，第163页。
[②] 同上书，第164页。

止一次讨论过索绪尔，而每次讨论的侧重点乃至结论也未必一致；在此，我选择以《内省与溯行》中的讨论为例，仅仅因为这部被浅田彰称作"惊人的失败的记录"的著作，标志着柄谷这一时期的理论思考的顶点。关于索绪尔的差异性体系，柄谷在《语言·数·货币》中如此写道：

> 语言从来就是关于语言的语言。也就是说，语言不单单是差异体系（形式体系·关系体系），而是自我谈及·自我关系性的，换言之，语言是这样一种差异体系：它对自身而言是差异性的。在自我谈及的形式体系或自我差异性的差异体系中，不存在根据，不存在中心。或者，它是尼采所谓的多中心（多主观），索绪尔所谓的混沌和过剩。语言（形式体系）存在于自我指涉遭到禁止的地方。①

这段话可视为对索绪尔的创造性重写和批判。柄谷强调，索绪尔的差异体系之所以能够作为一个"封闭"的体系而成立，有赖于一种回溯性的视角，即从已经产生意义的差异关系出发来想象性地重构意义产生的过程，仿佛这个符号体系从一开始就是封闭的、稳定的、自洽的。换句话说，当我们依据索绪尔的上述讨论而将语言学研究限定在某个单一的"语言体系"内部，进而在能指和所指的层面谈论"差异"的时候，"差异"关系实际上已经被还原为能够生产意义的"对立"关系（比如，"cat"和"hat"的

---

① 柄谷行人『内省と遡行』，第171—172 页。

对立，两者和"cut"的对立，等等）。柄谷用一种非常具有德里达色彩的口吻告诉我们，在这样一种有关"差异"的论述中，"差异"从来都不是纯粹的；恰恰相反，在已经被安置于某个语言体系内部的"差异"那里，纯粹的差异、自我与自我的差异、无法通往意义的生成和确定的差异，被事先排除在外——依靠一种柄谷所谓"究极的所指"的缝合，所有差异性关系都得以发生在一个自洽而封闭的体系中：

> 究极的所指封闭了无限后退的连锁，以此来完成符号体系。反过来说，无论是哪个符号体系，只要是体系，暗中就会以这种究极的所指（超越者）为前提。如前所述，语言学·符号学只有在现象学式的还原那里才可能。也就是说，只有在对意诉来说某物（声音也好事物也好）有意义的情况下符号才是符号；而只要我们从这里出发，我们所发现的就不可避免的是封闭了的体系（语言）。即便主张能指与所指之结合的任意性，或两者的偏差的可能性，根本而言，能指与所指的二分法本身也只有通过这种体系性（使体系成为体系的东西）才能成立。①

所谓"究极的所指"，就是本身并不在能指和所指的差异性体系中出场，却能够确保体系的封闭性、确保意义生成之规则有效运作的"不在场"的所指。在这里，就体

---

① 柄谷行人『内省と遡行』，第218页。

系之为体系而言，这种"究极的所指"是一个在结构上被预设的前提——换句话说，重要的不是如何表征或再现这种所指（它与其说是不可能被再现的，不如说是一个必要的"缺席"），甚至不是这种所指是否真的"存在"，而是这种在结构上作为体系成立之可能性条件的、占据着"超越性"位置的"符号"，在体系运作起来之后便被遮蔽了，仿佛各个符号从一开始就仅仅是在一个给定的、差异性的稳定体系中形成彼此关系并生产意义。我们在《马克思，其可能性的中心》中已经看到，柄谷认为，"货币形而上学"根据同样的方式而产生意识形态效果。在此，柄谷则将这种"究极的所指"称作"符号0"：

> 符号0……是对缺席的消除。但是，由符号0消除的是自我差异性（自我谈及性）。这种缺席的消除，恰恰就是对根据的缺席——因而"不均衡"才是常态——的消除。①

尽管柄谷在这里似乎是从积极的角度描绘"符号0"的作用，但我们需要时刻记住的是，柄谷讨论的并不是一种时序性的发展或生成，仿佛的的确确先有一个超越性的"符号0"（无论它是什么），然后再通过它的消除（或自我消除）产生封闭的差异性体系，就如《圣经》里上帝无中生有的创世过程那样。事实上，"符号0"仅仅是我们将貌似封闭的差异性体系的差异化过程推到极端所产生的

---

① 柄谷行人『内省と遡行』，第219页。

结果，仅仅是我们追究体系之成立的可能性条件的后果。正因如此，柄谷在《内省与溯行》等文本中的工作，就是严格把自己限定在体系内部，通过不断加剧差异化来寻求"向外"的突破口——"符号0"便是他找到的似乎可以通往"外部"的关键。事实上，"内省与溯行"这个标题就凝结了柄谷在这一阶段的基本工作方式："内省"（introspection）意味着将自己封闭在某个体系内部展开彻底的探索，不预设任何外部的立场或原则，仿佛包括"内部/外部"这一二元对立在内的一切都生成于体系内部；"溯行"（retrospection）则类似尼采笔下的"谱系学"，即通过追溯体系的"自我发生的起源"而暴露体系内部足以动摇其正常运作的悖论性因素。例如，柄谷借助尼采的论述，如此描述他严格的工作方式："尼采的溯行不是在外部的（物理学、生物学、历史学式的）事实性那里进行的，而只能在内省中才能进行，而且只能呈现为内省的拒绝。"①

而在写于思想转变之后的 1985 年的"后记"中，柄谷如此回顾自己在《内省与溯行》中的尝试：

> 在《内省与溯行》中，我第一次从正面开始思考语言，这时候我［将自己］封闭在所谓"内部"。或不如说，我所发现的是，无论人们怎么想，他们都已经被困在"内部"了。要想从单义的、封闭的结构，亦即从"内部"迈向尼采所谓的"巨大的多样性"的

---

① 柄谷行人『内省と遡行』，第 10 页。

"外部"、迈向作为事实性的外部——换言之，迈向作为缺席的"外部"——并不是件容易的事。我当时认为，这只能通过将内部或形式体系进一步彻底化，以此使它自我破坏，才有可能做到。可以说，我是积极地将自己局限在"内部"的。①

但是，正如我们在本章开始时提到的，即便发现了"符号 0"的悖论性作用——它既是一个体系成立的前提条件，也该是体系无法积极再现反而始终遮蔽的"缺席"，它位于体系内部又不属于体系，等等——柄谷似乎也无法跳脱出自己这种与"内部"的搏斗，正如批判始终无法摆脱它的批判对象。在这个意义上，柄谷揭示的"外部"似乎反倒成了"内部"所产生的另一个效果，尽管是一个颠覆性或解构性（在"解构"一词的严格意义上）的效果。在不断重复和坚持"内省与溯行"的过程中，柄谷与"外部"的关系仿佛阿基里斯追赶乌龟的悖论，每当要接近"外部"的时候，就只能在那里发现需要进一步追根究底的体系的内部运作。

现在，让我们重新回到《个体的地位》这篇演讲。柄谷说："专名之所以看起来保存了和语言体系外部的联系，不是因为它特别指涉［外部］对象，而是因为它带有某种无法在语言体系中被内在化的外在性。"② 将这段话和上面有关"符号 0"的考察对比，我们就不难发现，如今柄谷

---

① 柄谷行人『内省と遡行』，第 322 页。
② 柄谷行人「個体の地位」，第 24 页。

通过"专名"的问题一下子把自己从对于"内部"的追根究底中解放出来，站在了体系的"外部"。当然，这里的"外部"并不是一种实质性的、自我同一的本质，而是对于任何一种交流和交换、任何意义生成过程来说都不可或缺，又无法积极明确地得到理论规定的条件。

要言之，如果"专名"对于传统语言学理论和索绪尔的语言学理论而言都是一种"另类"的存在，那么，重新讨论"专名"问题就能将我们从对于"符号0"的穷追不舍式的讨论中拯救出来，以便从新的角度切入与"他者"的交流的问题。而这正是柄谷在《探究（二）》中展开的分析。

三　独特性：与"其他事物"的关系

柄谷在《探究（二）》中对"专名"问题的探讨，首先是和所谓"独特性"或"单独性"的探讨联系在一起的。柄谷在如下意义上区分了"独特性"与"特殊性"：如果后者与"一般性"相联系并呈现为某个一般性的概念范畴下的个例，那么"独特性"从一开始就跳脱出一般概念范畴的规定。① 柄谷举例说明：

---

① 顺带一提，柄谷在一次访谈中指出："一般性—个别性之轴与普遍性—单独性之轴，处于不同层次；这一差异相当于《漱石论》里'伦理维度'和'存在论维度'的差异。"（参见柄谷行人「文学と運動」，柄谷行人『柄谷行人インタビューズ 1977—2001』所收，第 224 页）这一陈述意味着"单独性"或"独特性"是柄谷一直以来关心的主题，然而，正是这种一贯要求我们注意他在不同思想阶段对于这个主题的不同思考。我们不能想当然地认为（例如）《探究（二）》的论述可以直接追溯到柄谷的早期批评那里。

在此，我把"这个我"或"这条狗"的"这个"性（this-ness）称作单独性（singularity），并把它区别于特殊性（particularity）。如后文所述，单独性并不是只有一个。特殊性是从一般性出发得到的个体性；与之相对，单独性则是绝不属于一般性的个体性。例如，"我存在"（1）和"这个我存在"（2）是不同的。（1）的"我"是一般意义上的一个我（特殊），因此适用于任何一个我；与之相对，（2）的"我"是单独性，无法与其他的我进行替换。当然，这丝毫不是说，"这个我"如此特殊以至于无可替代。"这个我"和"这条狗"，哪怕再普通，哪怕没有任何特点，也仍然是单独的（singular）。①

有意思的是，柄谷的入手点——所谓"这个"——正是罗素所认定的、唯一真正的逻辑"专名"。不过，在罗素那里，"这个""那个"被认定为最基本的简单事实或逻辑原子，恰恰是沿着他的"摹状词理论"对名称进行分析和化约之后得出的结果——如不少论者所说，将这两个词视作真正的"专名"，不啻是"一场逻辑灾难"（斯特劳森[P. F. Strawson]语）。另一方面，柄谷则围绕如"这个我""这只猫"等表述的难题，指出了"独特性"问题的悖论所在：事实上，我们无法通过（例如）"这只猫"一语来表达它所指涉的猫的独特性，以至于"这只猫"始终无法

---

① 柄谷行人：《探究（二）》，第5—6页。以下引自此书处的引文皆随文标注页码，不另作注。

抵达所指涉的猫的"这个"性，因为一旦"这只猫"通过特指而被从一般意义上的"猫"那里选定出来，它就在同一个过程中预设（并且回到）了一般意义上对"猫"的概念规定那里。

在这个意义上，当我们试图用"这只猫"来表现眼前这只猫的独特存在时，我们就必须重新理解或界定"这个"，否则这个表述反而会使我们希望表现的"独特性"淹没在"特殊性"中。对此，柄谷写道：

> "这个我"或"这条狗"里的"这个"，不同于指示某物的"这个"。指示某物的时候，"这个"将"我"或"狗"等一般存在给特殊化了（作了限定）。在这个意义上，坚持"这个我"，便是主张我如何与他者不同，也即我如何特殊。不过，这么做的前提恰恰是把他者也当作"我"，即一般意义上的"我"。
>
> （第 13 页）

这段话的最后一句颇为关键：正如"这只猫"的表述无法呈现眼前这只猫的"独特性"或"单独性"，在围绕"这个我"确立起来的唯我论的思考方式中，"自我"与"他者"的差异实际上从一开始就被回收到自我同一性的视野中，以至于"他者"一开始就遭到排除。换言之，如何揭示"独特性"的问题，也是如何与"他者"相遇的问题。那么，对于柄谷来说，如何从"这只猫"这一表述通往事物的独特性？

的确，"这只猫"中的"这"从逻辑上无法提示猫的

"独特性"，而只能把所指涉的猫还原为特殊性的一个事例。但这一逻辑事实无法抹去的一个更简单的事实是：在日常的语言使用中，我们的确会用"这只猫"这个表述来（不可能地）表达眼前的猫的"独特性"，不然我们究竟为什么要使用"这只猫"的表述就是不可理解的。请注意：这并不是在把问题还原到经验主义或心理学层面，仿佛重要的只是言说者自己的想法或意图；恰恰相反，在此最无关紧要的就是言说者的想法和意图。因为我们在此谈论的仍然是一个形式性的问题，即"这只猫"的"这"恰恰提示了它所指涉的猫和其他猫的差异，尽管这种涉及"独特性"的差异无法在语言层面上积极明确地被再现或被表达出来，因为一旦试图将这种差异命题化，我们就落入了"特殊性／一般性"的窠臼。但是，与此同时，这一有关"独特性"的困境并不会使"特殊性"与"独特性"的差异消失，反而使这种差异更鲜明。正是在这里，"专名"问题与"独特性"问题的联系呈现出来：

> 单独性意义上的"这个"，以差异——换句话说，以"其他事物"——为根本前提。因为所谓"这个"，指的是"不是其他而就是这个"。单独性不属于一般性。但是，单独性不是孤立而游离在外的东西。单独性反而以其他事物为根本前提，并在与其他事物的关系中得到揭示。但单独性不是那种不能用语言表达的深邃之物。前面已经提到，［单独性］出现于专名之中。例如，在名为"太郎"的狗那里，它那"不是其

— 249 —

他而就是这个"的单独性，恰恰只能体现在"太郎"这一专名中。（第 14 页）

在柄谷看来，之所以"独特性"可以出现在"专名"那里，是因为"专名"并非仅是对事物的命名，更涉及"如何看待'个体'"的问题（第 21 页）。换句话说，"专名"无法被还原为事物的一连串性质或谓述，其原因和"这只猫"无法表现所指涉的眼前的猫的"独特性"如出一辙。例如，通过将"富士山"还原为一系列描述性的特征（假如真的可以做到穷尽性描述的话），我们也恰恰在此过程中丢失了"富士山"这个专名所包含的固有性。（我之所以强调这里的"固有性"，恰恰是因为柄谷的考察向我们表明，一个事物所固有的东西［properness］，其实无法被还原，甚至表述为某种积极的本质属性；正如我们将会看到的，所谓"固有性"或"独特性"，其实是差异性的另一个表达而已。然而，这一事实并不意味着"固有性"因此就不存在或没有意义。）或者，如果用一个更显豁的例子加以说明的话，这里的问题类似于"谁"（whoness）和"什么"（whatness）的区别。当我们问"谁是柄谷行人"时，回答可以是诸如"当代日本知识分子""博古瑞奖 2022 年获奖者""《探究（二）》的作者"等；但是，这一系列特征性描述所回答的问题都只是"什么"层面的问题，而无法触及"柄谷行人"这个专名所指涉的是"谁"。

反过来说，如果"专名"提示的固有性或"独特性"

无法在所指涉事物的任何描述性特征那里得到揭示，那么，"专名"在语言上的形式标记也绝不像看上去那样理所当然；毋宁说，与它希望揭示的"独特性"一道，专名的形式标记消失在了（例如）"这只猫"的表述所包含的、无法在形式上做出区分的两种不同方向上——这两个方向即（1）它将所指涉的猫还原为"特殊性"的一个特殊事例，如"猫"这个范畴或集合中的一个成员；以及（2）相反，它提示所指涉的猫与其他猫的纯粹差异。在语言的形式标记层面，没什么能阻止一个人将自己的猫命名为"凯蒂""狗"甚或"猫"，尽管一般认为"猫""狗"都是普通名词而非专名。但在用"狗""猫"或"老虎"来称呼我的猫时，它们的的确确发挥了专名的作用。在这个意义上，专名对于事物的"独特性"的提示，前提就是之前提到的、专名所标记的差异性——没有什么明确的形式标记可以区分作为"专名"的"猫"与作为普通名词的"猫"，这一事实并不意味着两者都可以被还原为一连串谓述；恰恰相反，这一事实显示了"专名"与言说者的密切关系。在同一时期的演讲《关于专名》中，柄谷对此说道：

> 专名指示的"独特性"，不是"仅有一个"意义上的"独特性"。某样东西就算只有一个，我们也未必会用专名来称呼它。某样东西的"独特性"，只有在我们用专名来称呼它的时候才出现。并且需要注意的是，某个语词能够成为专名，并不是由于我们以它来指示个体的个体性，而是由于我们用它来指示"独

— 251 —

特性"。[1]

重复一遍：当柄谷强调某个语词是否为专名取决于我们是否用它来提示"独特性"时，他并没有把"专名"对事物的指涉关系还原为言说者的意图或主观性；毋宁说，这里的"我们"不能被等同于"我"，因为它涉及克里普克对罗素的批判中提到的共同体问题。延续上面的例子，只有在他人知道我把自己的猫叫作"狗"时，才能理解当我使用"狗"这个语词时，我有可能是在用这个"专名"指涉自己的猫，而不仅仅在说一般意义上的狗。但是，在这里起作用的并不是我的意图，更不是我对语言的私人性用法；也就是说，并不是我的主观意愿或独特用法将"狗"这个语词从一般性的语言使用中抽离出来，让它变成一个可以用于命名"猫"的独特"专名"（仿佛我可以凭借自己的意图对语言的使用建立新的规则）；相反，"狗"（或"约翰""凯蒂"等）之所以能够成为我对自己的猫的命名，离不开与"专名"及其指涉无关的一个"外部"背景，即共同体之中的交流。甚至在"这只猫"的表述这旦，情形也如此。不过，"共同体之中的交流"的说法同样具有误导性：确切而言，使得"专名"发挥作用的与其说是共同体内部的"命名仪式"或任何与之相关的法则，不如说是不依据任何明确法则或基础而展开的交流本身。于是，与克里普克强调的相反，"专名"不仅不会直接或间接地经由"命名仪式"的中介而将我们限制在共同体的内部，反

---

① 柄谷行人「固有名をめぐって」，柄谷行人『言語と悲劇』所收，第 393 页。

而会经由"可能世界"的逻辑而将我们带向共同体之外。如柄谷所言,"个体性处于共同体之中,而单独性则处于共同体之外。如此,单独性就具有'社会性'"①。例如,让我们仔细看一下柄谷的一段话:

> 罗素的"这个"就仅仅是"这个",不带有"这个"以外的其他事物的可能性。但与此相对,["这个"指的是]"不是其他而就是这个"(这个这个)。当我说"不是其他"的时候,已经将"其他(或多个)"作为前提了。专名与这种"不是其他而就是这个"有关。专名所指示的"这个",是在"其他 = 多个"的可能性中被揭示的。换句话说,克里普克作为出发点的"现实世界",不是单纯的经验世界,而已经是在可能世界之中被揭示的世界。……恰恰在诸多可能世界或诸多可能性中,才能思考现实世界或现实性。从现实世界出发思考"可能世界",事实上相当于说,已经从可能世界出发来思考"现实世界"了。将专名置换为限定摹状词,会在可能世界中产生不合逻辑的情况——这就说明:专名所涉及的现实性,已经是包含了可能世界的现实性。(第 46 页;强调为原文所有)

在这段话中,柄谷对克里普克的罗素批判进行了颇为独特的阐述。我们可以将他的解释整理如下:克里普克所

① 参见柄谷行人、蓮實重彦『柄谷行人蓮實重彦全対話』,第 207 页。

谓的"可能世界",并不是如莱布尼茨（Leibniz）笔下的情形那样，属于一种抽象的、与现实世界无关的设想；相反，它是为了说明现实世界的"这个"性——事实性或偶然性——而被提出来的思想实验。有论者认为，克里普克的"可能世界"理论预设了事物自始至终的同一性，但在柄谷看来，这与其说是对克里普克的批评，不如说恰恰是克里普克论述的关键。也就是说，从"可能世界"出发来思考"现实世界"，意味着将现实中看起来理所当然的、不可改变的事物特征还原为一种偶然的结果；换言之，某物在如其所是地呈现出来的同时，也向我们提示着它不必如此的可能性。这里的关键在于，如此一来，如果"专名"既不能被还原为事物的描述性特征，也不能被还原为言说者的意图，或是某个既定的语言规则，那么"专名"之所以为"专名"，就完全是一个关乎交流之形式性的问题：也就是说，正是在与他人的实际交流过程中，在每一次实践的过程中，"专名"被实实在在地确定下来。当我向人说出"这只猫"或"凯蒂"时，这个表述所指涉的猫的"独特性"（"这个性"），恰恰是在我用这个表述来与人进行交流（哪怕是与未知的受众进行交流）的情况下得到提示的。正因如此，在不同的"可能世界"中，我完全可以设想这只猫在特征上的不同变化，而无需确定哪些性质是本质性的、哪些不是。简言之，只要交流可以实现，哪怕在"可能世界"中我用"这只猫"来指涉一种不可名状之物，"这只猫"在"专名"意义上的指涉作用仍然不会发生变化。

同样，拥有相同名称的事物（例如，同名同姓的人）尽管很多，但我们在现实生活中使用某个"专名"的时候，也就是说，当我们实实在在地与他人展开交流的时候，往往并不需要特意说明我们以此来意味什么；事实上，当我们在与他人的交流中使用某个常见的名称时，根本不需要做出任何说明，一般而言，他人也不会要求确认这个名称的指涉。（在特殊的场合下，也许对方的确会出于惊讶或疑惑而提问说："柄谷行人？你说的是那个柄谷行人吗？"但与其说这个问题是在向言说者请求确认"柄谷行人"这个"专名"指涉的具体对象，不如说恰恰是以双方共同认知的对象为前提，以这个"专名"所指涉之对象的非含混性为前提，表达自己的惊讶或疑惑。）

　　那么，如何在与他人的交流中就"专名"达成合意？我们是否要像克里普克主张的那样，将"专名"的稳定和传递追溯到某个初次的、起源性的"命名仪式"那里，甚至追溯到某个恰当意义上的"述行句"那里，以至于所有"专名"都必然隐含着对于原初的那句"我在此将此命名为……"的重复？当然不是。事实上，关于"专名"之传递的上述想象同样是一种颠倒的产物，它恰恰是"专名"作为"专名"成立之后回溯性地追认的一条线索，它是"专名"发挥作用的效果而非原因。因此，在克里普克那里假定的、仿佛我们在其中习得"专名"的用法和意义的那个共同体（语言体系），本身也是交流达成合意之后产生的一个效果。关于这一点，柄谷论述道：

要言之，名称传达者和接受者的关系（遭遇）是外部的、偶然的。也就是说，这是与"其他事物"之间的关系。指示的"固定"不是所谓共同主观性的东西，它包含着与"其他事物"之间的外部和偶然的关系。（第49页）

简言之，"命名"的偶然性，不过是语言交流的偶然性的一个环节；反过来说，"专名"所揭示的内容，正是我们所有语言交流都包含的内容。我们记得，在《探究（一）》中，柄谷曾通过对维特根斯坦著名的"语言游戏"的讨论指出，交流并不发生在既定规则的基础上；相反，交流的规则和秩序只是事后才被确立，并被回溯性地规定为仿佛一开始就存在于那里。在每个实际交流的现场，没什么能保证交流双方达成合意，没什么能预先实现交流。柄谷从而借用马克思和克尔凯郭尔的说法，将交流合意的实现称作"惊险的一跃"。同样，在实际的交流过程中，与其说我们在对其"起源"习焉不察的情况下使用着"专名"，不如说对于"专名"的"起源"的想象本身，也是"专名"发挥作用的效果之一。"专名之所以可以固定指示，反倒是因为它带有无法在共同规范的意义上被为化的那种关系的外在性。"（第49页）

在这个意义上，在放弃了将自己局限于封闭的体系内部并试图以内部的自我瓦解来寻求"外部"的思考进路之后，如今柄谷选择以"专名"问题为线索讨论"他者""外在"等主题，并不是因为"专名"天然就指向了语言的

"外部"（否则我们就退回到传统认知中的那种语言和现实指涉的对应关系上去了），而是因为"专名"之为"专名"所包含的与外部的交流或交流的外在性：

> 专名看上去保存了和语言体系外部的联系，这不是因为专名指称外部对象，而是因为它含有语言体系无法内在化的某种外在性。①

如果说在索绪尔那里，能指和所指在各自的差异性体系中通过消极性的差异而产生积极意义的过程，需要一个"符号0"的"缺席性在场"，也即需要一个本身无法被表征的超越者来确保体系的封闭性，确保"差异"能够生成"意义"，那么柄谷提醒我们："专名"在我们日常交流过程中的使用和指涉，并不需要经过这样一种超越者的中介，或者不如说，超越或外在于"专名"及其现实指涉的东西，不是别的，正是对"专名"而言不可或缺的、言说者与他者的交流本身。在此，柄谷通过对"形式化"问题的追问而苦苦思索的问题，通过一次看似简单的移动而得到消除：我们不需要通过彻底的"内在化"才能寻求"外部"，更不需要提前设想某种实体性的"外部"，因为所谓的"外部"无时无刻不构成我们交流、理解、认知的前提，又无时无刻不处在我们由此形成的规则和秩序之外。归根结底，"形式化"的探索本身遮蔽了从一开始就存在却无法被体系内在化的交流的外在性和偶然性。值得注意的

---

① 柄谷行人「個体の地位」，第24页。

是，柄谷在关于"偶然性"问题的论述中，特别提到了日本哲学家九鬼周造关于这一主题的著名考察。所以，在继续我们的论述之前，在此有必要非常简略地勾勒一下九鬼关于"偶然性"问题提示的大致要点。

四　"偶然性"与"他者"

1935 年，九鬼周造出版了其探讨"偶然性"问题的名著《偶然性的问题》。根据九鬼的阐述，"必然性"的本质是"同一性"，"偶然性"则体现为对该同一性的挑战和破坏，从而在作为"有"的"同一性"中，发现作为"无"的内部裂缝。如田中久文所说，"九鬼所说的'无'，绝不是那种支撑人们相互关系的对立和分裂的、稳固化的东西，而是这样一种运动，即否定那种由固着而趋于'一元化'的僵化人际关系，生成那种不断地蕴含着分裂和对立的'二元性'关系"。[1]

具体来说，九鬼周造在《偶然性问题》一书中提出了三种"偶然性"："定言的偶然""假说的偶然"和"离接的偶然"。所谓"定言的偶然"，指"概念"与"个体"之间的偶然关系。例如，在三角形的概念中，三个角相加等于180 度是一种必然，而具体的各个角的度数是多少，则是偶然的。进一步说，任何一个实际存在的个体，相对于语词和概念上对事物的定义，都是偶然的、不断变化的。但

---

[1]　田中久文『日本の哲学をよむ』，第 205—206 页。

是，如果我们将因果性加入概念与个体的偶然关系中，会发现"定言的偶然"其实是"假说的必然"——也就是说，个体的偶然存在还是有规律可循的。例如，自然科学对于所谓"自然法则"的探究，就是试图从根本上阐明偶然存在背后的"必然性"。

与"定言的偶然"相对，九鬼提出的第二种偶然性是"假说的偶然"。例如，如果"人"这个概念里包含了"会说话的动物"的必然性，而有人始终不会说话，那么这一个别事实虽然是偶然的，但人们可以追溯这一事实的原因，考察是什么因素导致了这个人不会说话。但这样一来，在"人会说话"所建立的因果必然性中，就掺入了其他的因果联系，由不同的因果链条形成了"这个人不会说话"的结果——九鬼指出，这些因果性的相遇本身是偶然的。"假说的偶然"意味着，世间发生的所有事件，哪怕都可以追溯到某些因果序列，但事件的发生仍是偶然的，独一无二的；而这也就意味着，因果序列的必然性（目的和手段的关系）可以被转变为一种"没有目的的手段"，不可预期也不可计算，超出共同体的合理秩序的范围——它是发生在共同体内部的对于外部的一次开放。关于"假说的偶然"的伦理含义，九鬼写道：

> 道德内容必须根据现在呈现的偶然性而个别化。作为道德课题的实践的普遍性决不是抽象的普遍性。它必须是以偶然为契机，在内涵的意义上将全体加以限定的具体的普遍。如果存在着将一切都单一化为形

式同一性的伦理学说，那么即便有反抗这种抽象的普遍性，即便有着像苔丝狄蒙娜那样临死说谎的人，像泰莫利昂那样杀人的人，像奥托那样自杀的人，像大卫那样闯入神殿偷盗的人，因饥饿而在安息日里摘取麦穗的人，他们的声音也会被当作人类内心深处的良心的声音吧。[①]

在这个意义上，"道德法则"不是放之四海而皆准的准则，而恰恰是在个体的特殊存在中，在个体作为"单独"者而存在的过程中，在他与他者遭遇的偶然性之中产生的。然而，如果将所有的历史可能性、事件发生或没发生的可能性加在一起，也就是说，如果站在一个历史总体的立场看的话，那么不管发生什么事情都是可以被收束在一个总体性的"同一性"之中的——"太阳底下无新事"。所以，九鬼继续将论述推进到下一种偶然，即他所谓"离接的偶然"。正是在这一点上，九鬼的考察和柄谷解释的"可能世界"理论产生了关联：这第三种偶然性指的是，某一事物之成为 X，是完全偶然的，它完全可能成为 Y 或者 Z，也完全可能不存在。事物固有的性质，或事物存在的事实本身，都无法为它的存在方式提供充分的基础。田中久文概括道："打破作为可能的各种可能性全体的'同一性'，虽然可能不存在，但却在现实中表现出来的 X，由它所创造出来的'二元性'就是'离接的偶然'。这种'离接的偶然'是此前论述过的所有偶然的根源，或可称为

---

① 九鬼周造『偶然性の問題』，第 280 页。

'原始偶然'。"①

　　"离接的偶然"所强调的，正是我们生存的有限性：正因为我们的存在是有限的，我们可以是这样或那样，甚至可以不存在；于是，我们在现实中以特定方式存在着的事实就表明，我们的存在无法诉诸理念、因果律或其他法则来加以证成，而只是在与他者——寻常而不可思议的他者，但也包括其他我们所不是但可能是的可能性——的不断关系中，偶然而有限地显露出来。"外在性最终就是关系的非对称性。关系的外在性（外面性）就是绝对无法被内面化的东西。关系的外面性，也可以说是关系的偶然性。"② 柄谷行人在讨论克里普克的"可能世界"理论时再三指出，"可能世界"的出发点是"这个世界"，并且只有通过现实的"这个"世界，才可能思考"可能世界"。一切都在"这个"世界内部发生，这恰恰意味着，一旦我们借助"单独性"的视角将"个人"从一般性的概念规定性中、从辩证法的矛盾环节中、从目的—手段的因果序列中——简言之，从"同一性"的封闭体系中——抽离出来，放回到它与世界的偶然、有限、多样的关系中去，也只有在这种情形下，我们才能与"他者"相遇，才能真正进行笛卡尔意义上的、有别于"意见"的思考，才能脱离思想上的"唯我论"。

　　柄谷反复提到，笛卡尔的《谈谈方法》始于他对一切

---

① 田中久文『日本の哲学をよむ』，第 225 页。
② 柄谷行人「ライプニッツ症候群——吉本隆明と西田幾多郎」，柄谷行人『ヒューモアとしての唯物論』所收，第 148 页。同时，与他者的关系的偶然性和外在性，也被称为"关系的绝对性"（第 161 页）。

既有知识的怀疑，而笛卡尔主义则将这种怀疑的态度固化为僵硬的主客观对立和心物二元论。值得注意的是，如果像柄谷那样强调"我思"与"我怀疑"的区别，那么我们在阅读笛卡尔时面对的一个悖论就是：我们无法通过阅读笛卡尔而重复笛卡尔式的怀疑。反过来说，如果我们顺着笛卡尔的沉思而到达笛卡尔主义的二元论，那么我们在此过程中恰恰忽略了笛卡尔的"怀疑"，忽略了其"我怀疑"中那个"我"的"单独性"。因此，柄谷行人指出，笛卡尔的"怀疑"总是一种"私人性的'决断'"（第 93页）——从"我怀疑"不仅无法推导出"我思"，而且"我怀疑"无法找到一个确凿的、理性的根基为自己提供证明。也就是说，笛卡尔从"我怀疑"的有限性推论出上帝的"无限"存在，并不是一种"论证"：

> 如果"我思故我在"不是证明，那么"无限（上帝）存在"也不是从"我思"的明证性那里推导而来的证明。相反，正因为有无限，"我思"（外在性的实存）才是可能的；"我在"说的是"在无限中，我以怀疑的方式存在着"。（第 104 页）

笛卡尔对"上帝"存在的证明，归根结底不是在确认或提供"我思故我在"的正当性，而是表明：我们的思考始终是有限的思考，我们无法通过反思达到超越性的立场和视野。因此，所有"元层次"意义上的思考都要被放入进一步的怀疑之中——所谓上帝的"无限性"，并不是与此世的"有限性"相对的超越性维度，而是表明，我们在其中进行思考、认识、行动的诸规范和体系都只是相对的，绝对性（无限性）属于外在于规范和体系的"他者"。上帝的无限性，无非就是同样有限的他者的无限性。无论是黑格尔还是终末论式的历史唯物主义所预设的"历史终结"处的总体性视角，都要被重新放入笛卡尔式的"怀疑"中，因为它们都没有为与"他者"相遇的可能性留出"空＝间"。柄谷行人借助斯宾诺莎在《伦理学》中关于"上帝"的讨论指出：

> 上帝不是超验性的，而是内在的。换句话说，上帝是自然，是世界。这是"唯一的"世界。换言之，一切都属于这个世界之内。这便是"无限"的意思。（第 141 页；强调为原文所有）

"个人"的"独特性"超越于"一般/特殊"的形而上学框架，但这种"独特性"并不是一种和物体的其他属性（无论是笛卡尔那里的"一级属性"还是"次级属性"）相区别的、单独用于将物体"个体化"的属性（如某些中世纪经院哲学所论述的那样），而是物体的"偶然性"标志——"独特性"呈现的是物体和其他事物、和它所不是却可能是的东西、和它可以存在也可以不存在的"原始偶然"之间的关系，仅此而已。

在这里，让我们考虑一个可能出现的质疑。如果柄谷仅仅是要拥抱或赞美偶然性、强调事情本来可以是另一个样子，那么很显然，批评家小林秀雄早在 20 世纪 30 年代就已经触及了这个问题，而且更"深刻"地指出我们作为

— 263 —

"偶然如此"的存在者的有限性和悲剧性。例如，福田和也就在这个问题上严厉批评柄谷：

> 柄谷和小林一样看到了"这个我"的可能性和偶然性，但他没有正视"事实"与产生"事实"的那种力量，反而仍然念叨着失去了的可能性。……柄谷绝不像小林那样，对"偶然"的力量感到"惊讶"。因为这种"力量"确乎无法被抽象，无法被思索。柄谷将"偶然"和"必然"并置起来且讨论其差异，从而回避对"力量"的正视。①

真的是这样吗？柄谷仅仅将"偶然"和"必然"并置起来讨论两者的差异，仿佛在写一篇有关模态逻辑的论文？当然不是。作为同样非常熟悉小林秀雄的批评家，柄谷更不可能不知道自己的论述有可能让人联想到小林在1929年发表的著名论文《花样种种》中有关"偶然性"的阐述："人是抱着种种可能性降生到这个世界的。他可能成为科学家，也可能成为军人，也可能成为小说家，但他无法成为他以外的人。这实在是一个惊人的事实。"② 不过，柄谷针对小林的这段话做出如下批评：

> 所谓现实性，是在"也可能是别的样子"的可

---

① 福田和也「柄谷行人氏と日本の批評」，福田和也『甘美な人生』所收，第47—48页。福田进而指出《探究（二）》中关于"独特性"的考察和柄谷关于"这个"的分析不过重复了日本文艺传统中对于吟诵偶遇和错综复杂的人际关系的和歌以及"一期一会"的基本认识（第57页）。在我看来，这几乎是胡扯。
② 小林秀雄「様々なる意匠」，转引自柄谷行人「村上春樹の『風景』——『1973年のピンボール』」，柄谷行人『終焉をめぐって』所收，第133页。

能性中，作为"不是其他，而是这个"而存在的。浪漫派想要从这样的"被限定性"那里逃离开去。……与之相对，小林秀雄试图把这种惊人的"现实性"作为"必然性"（宿命）接受下来。但是，这仍然只是确保超越论式的主体的优越性（自由）的一个手段而已。①

换言之，福田试图借助小林来批评柄谷，却未能看到，柄谷之所以强调偶然性和个体的独特性，恰恰是为了执着于当下面对的"现实"处境及其"被限定性"——不是被种种"失去的可能性"限定，而是被失去这样一个可以将偶然的现实与其他可能性放在同一层面进行评判或哀叹的、占据优越地位的"主体"位置限定：自始至终都不存在这样一个上帝般的超越性立场或位置。在柄谷笔下，这个问题和"专名"直接相关："专名之所以重要，不是因为它和对象结合在一起，而是因为它始终已经是被他者所给予的东西。换句话说，专名显示了超越论式的主体所无

---

① 柄谷行人「村上春樹の『風景』——『1973 年のピンボール』」，第 133 页。需要补充的是，柄谷在这里显然是在负面的意义上使用"超越论式的主体"一词，仿佛与他在《探究（二）》等著作中对"超越论式的"一词的正面用法——也即强调一种对自身的认识的可能性条件做出积极反思的态度——相矛盾。关于这一点，柄谷在另一篇文章中通过探讨德国浪漫派的"反讽"给出了非常清晰的解释："所谓'超越论式的'，指的是某种'精神性的态度'，指的是'自我的二重化'。但是，施勒格尔由此推导出'超越论式的自我'的优越性。这就是浪漫派式的反讽。反讽是将自己的无力转变为优越性的颠倒。然而，并不存在什么'超越论式的自我'，它只存在于保持超越论式的态度的不断努力之中"（参见柄谷行人「ヒューモアとしての唯物論」，柄谷行人『ヒューモアとしての唯物論』所收，第 144 页）。

法超越的世界的外在性。"①

　　现在，让我们重新回到前面的问题，即《探究（二）》中"专名"与言说者的关系。前面说过，"专名"不仅提示了所指涉的对象的"独特性"，而且提示了言说者对于该对象的态度或位置（尽管不是言说者的意图）。关键在于，不仅在我说出（例如）"柄谷行人"或"这只猫"的时候如此，当我使用"我"这个语词的时候同样如此。在"专名"那里发生的事情，同样发生在所有我们运用语言的场合下。"专名"只是最突出地显示了语言使用中的这一特点。这里的情况与其说是"我"作为言说者经由"我"这个语词而被收编到一个差异性的符号体系内部，以至于仿佛作为言说主体的"我"仅仅是语言的效果——众所周知，在结构主义和后结构主义的论述中，这是十分常见的理解——不如说恰恰相反：当我使用"我"这个语词时，我希望借此提示的、与他者之间不对称的差异性（作为言说主体的"我"，并不是通过与其他"我"的对比来得到"我"所固有的差异性，而正是通过说出"我"这个语词来形式化地显示我与他人不可还原的差异性），无需经过某种抽象而一般的、关于"自我"或"主体"的先验性规定才能得到揭示；通过以"我"这个人称代词来自指，作为言说主体的"我"就已经提示了无法被语言体

---

① 柄谷行人「村上春樹の『風景』——『1973 年のピンボール』」，第 129 页；强调为引者所加。

系内在化的、差异性的"外部"。① 重复一遍:"外部"在此指的不单是作为经验事实的外部存在,更是对语言使用而言不可或缺的交流的外在性。

如果对于"他者""外部"乃至"差异"的揭示无需经过一个"缺席性在场"的超越者的中介,那么,这一点进一步意味着:对于任何话语和制度的批判和反省,都不需要批判者占据一个超越性的"元立场"。在阐述笛卡尔的"我思故我在"时,柄谷写道:

> "主观"只有在笛卡尔以后的哲学中才显现出来,这如果说的是先验结构的首次显现,那么的确如此。因为如笛卡尔所说,在此之前的哲学从属于所谓"语法"。但是,在笛卡尔那里已经发生的事情,这种先验结构那里出现的"主体",一旦仅仅作为认识性的主观而被积极地确立下来,它就消失了。①

在柄谷看来,如果我们依照笛卡尔主义的主客二分法来表达所谓的认识论主体,那么这一做法会使我们落入一

---

① 尽管柄谷在《探究(二)》中没有涉及,但这一点正是法国语言学家本维尼斯特(Émile Benveniste)通过分析人称代词所强调的内容。例如,本维尼斯特在分析第一人称代词"我"的时候指出:"我到底指什么? 指某种只限于语言的非常特殊的东西:我与话语被说出时的个体语言行为有关,并且指示其中的说话者。这个词只会出现在曾经被我们称为话语时位的情形之中并且只能以现实为参照。它所参照的现实就是言语的现实"(参见本维尼斯特《普通语言学问题》,第296页)。显然,本维尼斯特在此对于第一人称代词"我"的分析,与柄谷对于专名性质的分析若合符节。所谓"言语的现实",不是将现实还原为语言(或结构)的效果,而是对应于柄谷强调的"不是其他,而是这个"的独特性意义上的现实,即偶然而有限的"这个"世界的现实。

① 柄谷行人『ヒューモアとしての唯物論』,第97—98页。

种围绕所谓"先验结构"而确立起来的有关认知模式的封闭体系。在这里，非常关键的一点在于，柄谷并不是在强调主体的"消失"，就像结构主义者或后结构主义者在批判"主体"时所做的那样；相反，柄谷强调的是：既然我们在使用语言时不可避免地包含着无法被语言体系内在化的那种"关系的'外在性'"，那么在面对诸如"批判何以可能""认识何以可能""反思何以可能"等貌似处于"元层次"的问题时，我们不必为自身的批判或反思设定和准备额外的条件，仿佛只有从一个抽象而高高在上的"普遍性"——无论它被称为"理性""人性"还是"精神"——出发，我们才能对种种"特殊性"做出价值评判。相反，在每一次的交流中、在每一次与他者的偶然关系中，都包含了批判的可能性，因为在每一次的交流（或用柄谷强调的一个词："交通"）过程中，都会不可避免地发生主体位置的移动或"跨越"：

> 作为先验结构的主体的场所，或作为场所的主体，不是在"深处"而是在"旁边"；换句话说，必须把它称作"作为差异性的空＝间"。当然，这不是心理意识，也不是客观空间。[1]

因此，柄谷指出，在笛卡尔的"我思"那里得到揭示的，便是主体的这种"作为差异的场所"——不是一个稳定而抽象的思考主体，而是一个处于不断移动中的主体，

---

① 柄谷行人『ヒューモアとしての唯物論』，第104—105页。

一个在"交通"过程中进行思考、比较和批判的主体。换言之，不固着于某种"主体的先验结构"，而是以"交通"过程中与他者的偶然关系为着眼点：在我看来，这构成了柄谷在两卷《探究》、《跨越性批判》到《世界史的构造》以降的一系列著作中一以贯之的思考方式和论述姿态，也是我们评价其"交换样式"理论时不可忽略的重要前提。

结合专名的讨论，柄谷关于"我思"的讨论告诉我们：在日常使用语言的时候，事实上我们无时无刻不在使用"专名"的意义上使用语言；我们无时无刻不与语言（的所谓字面意思）之间保持着一种无法还原的距离——不是一种物理上可勘测的距离，不是"先验主体"与经验之间的距离，不是一般性与特殊性之间的距离，而始终是作为"差异性的场所"而存在的、标志或烙印着言说者之主体性和独特性的距离。

五　打开交换＝交流的"空—间"

最后，让我们简短地讨论一下柄谷有关"个人""独特性"和"专名"问题的考察与他之后围绕"交换样式"展开的理论建构之间的联系。就《探究（二）》中的论述而言，在柄谷对于霍布斯"契约论"的批判性考察中，"个人"的"独特性"问题不仅是语言哲学或本体论问题，更是政治哲学问题，因为它关系到我们如何理解现代民族国家的基本构成，关系到如何理解霍布斯以降的现代契约论传统，而这些又与我们当下理解"国家""政治"和"共同体"的问题休戚相关。关于社会契约论，柄谷写道：

> 但凡试图从个体出发来形成类别，霍布斯的那种思考方式就不可避免。对此，有一种黑格尔所代表的批判，即认为这样的个体已经是由类别中介了的个体，想将个体作为实体抽出，纯属幻想。黑格尔批判了社会契约论，认为它是一种抽象的思考。但是，社会契约论应该受到批判的地方，不在于它不承认整体（体系）是先决条件，而在于它［恰恰］暗中将这一点作为前提。要言之，社会契约论正是为了给现代国家的优越地位提供正当性而炮制出来的逻辑。斯宾诺莎所谓的"契约"不是这种东西。如果霍布斯那里的契约［的作用］是将个人内在属于共同体（国家）这一点正当化，那么斯宾诺莎所谓的契约可以说所指的就是无法让渡的、作为单独性存在的个体之间的"社会"关系。（第167页）

霍布斯设想在政治共同体建立之前存在着所谓的"自然状态"，在其中每个人都受到对荣誉的激情、对突然死于暴力的恐惧和对自我保存的欲望驱使，强者依靠强力，弱者依靠狡诈，人人自危，这是"所有人对所有人的战争"的状态。面对这种状态，人们决定通过"社会契约"将自己的自然权利让渡给一个维持秩序并给予人身保护的主权者，从而进入和平的政治状态。在霍布斯那里，"自然状态"构成"社会契约"的必要性，而"社会契约"也将"政治社会"和"前政治社会"从性质上截然分开。

在政治思想史上，对霍布斯的契约论的批判已经汗牛充栋——不必等到黑格尔指出契约论的抽象性，卢梭在《社会契约论》中就已经尖锐指出，霍布斯对"自然人"的设想其实是将社会条件下的个人属性投射到前政治状态。或者说，霍布斯的"自然状态"其实是从"共同体"的必然性或必要性出发而回溯性地建构起来的一个颠倒了的虚像，是共同体自我证成的神话。而在柄谷行人看来，与霍布斯的契约论相对，斯宾诺莎对政治共同体性质的论述恰恰跳脱出了"个体—集体"相互规定的循环。例如，斯宾诺莎在《神学政治论》中写道：

> 没人能完全把他的权能，也就是，他的权利，交付给另一个人，以致失其所以为人；也不能有一种权力其大，足以使每个可能的愿望都能实现。命令一个国民恨他所认为于他有益的，或爱于他有损的，或受辱而处之泰然，或不愿意摆脱恐惧，或许多与此类似的事，那永远是枉然的，这些事密切地遵循人性的规律。[①]

与其说斯宾诺莎在这里呈现出比霍布斯更加"自由主义"的政治倾向，或更强调个人权利与国家力量的对峙，不如说斯宾诺莎设想的这种共同体指向一种近乎理想的社会状态，其暂时的名字是"民主政体"：

> 我相信，在所有政体之中，民主政治是最自然，

---

① 斯宾诺莎：《神学政治论》，温锡增译，第226页。

与个人自由最相合的政体。在民主政治中，没人把他的天赋之权绝对地转付于人，以致对于事务他再不能表示意见。他只是把天赋之权交付给一个社会的大多数。他是那个社会的一分子。这样，所有的人仍然是平等的，与他们在自然状态之中无异。①

在这个意义上，斯宾诺莎的论述与卢梭对社会契约的设想更接近：政治共同体实现的是个体在"自然状态"下拥有的自由。如果我们在"个体—共同体"或"个人—国家"的框架内思考社会契约和个人的政治自由，那么，无论是强调个人的积极自由或消极自由，还是强调集体对个人自由和权利的塑造，我们始终无法处理作为政治哲学问题的"独特性"或"单独性"，也无法令人满意地解释在什么意义上个人进入政治状态后仍能保有"自然状态"下的平等和自由。相对地，斯宾诺莎的"社会契约"所设想的政治状态，其基础正是个体的"独特性"而非"特殊性"，因为在每个人通过社会契约而相互关联后所产生的，不是一套放之四海而皆准的、抽象普遍的法律准则，或一种无所不包、无远弗及的主权权力，而是个人通过与其他个人、通过与原先和他并不共享同一种自我认识、价值规范的"他者"建立起偶然关系而形成的"国家"。柄谷行人将这种"国家"称为"市民社会"，它与一般意义上的国家概念相对立：

---

① 斯宾诺莎：《神学政治论》，219 页。

斯宾诺莎所谓的国家不同于霍布斯所谓的国家。马克思相对于国家而将它称为"市民社会"。它不是内属于国家（共同体）的东西，而是超越了共同体、即通过社会关系和交通网络而存在的那种交通空间。再说一遍：单独者不是孤立的个人。确实，单独者没有"共同体性"。但它是"社会性"的。或不如说，只有单独者才是"社会性"的。斯宾诺莎所考虑的国家，在这个意义上具有社会主义（不是共同体主义）的性质。（第168页）

在另一个地方，柄谷行人通过斯宾诺莎而将霍布斯的"自然状态"重新改写为一种共同体之外的"社会"或"空＝间"：

我们设想了一个没有内部和外部的交通空间，诸多共同体都由此以自我折叠的方式形成自身的"内部"。交通空间在共同体以前就存在，现在也存在。在当下，它是货币所中介的、不断得到重新组织的诸多世界性关系的网眼。它是一个无法被各个共同体（国家）隔断的跨国家运动，任何共同体都不仅不能从中脱离而自足地存在，而且毋宁说依赖于这种交通。（第297页）

于是，在柄谷笔下，包括我们置身的共同体在内，所有政治共同体都是通过在"社会性"的交通或交换过程中为自己设置"内部/外部"边界而形成的封闭体系；借用柄谷在《探究（一）》中阐述的"教—学"关系来说，虽然教师和学生的关系从一开始就不对称，而且教师无法为自己教授的内容提供意义基础，但教学活动却实实在在地发生了——这一教学关系的形成本身是偶然的、有限的、独特的。同样，政治共同体的历史形成不仅没有必然性和目的性，而且共同体形成之后产生的封闭而自足的体系，反而遮蔽了自身形成过程中的偶然性，将"社会性"的交流转化或翻译为迈向共同体的"目的—手段"式的关系。

与之相对，通过突出共同体形成的偶然而打开的那个交流"空＝间"，柄谷行人道出了他对"个体"和"独特性"的考察所引出的重要结论：

> 设想社会性的事物，也即交通空间的先行性——这是一个假说。不过，这不是一个思辨性的（speculative）假说。当然，我们无法从实证的（史前学的）角度对此加以确证。但是，需要注意的是，在实证性历史学和社会科学中，叙事性的思辨颇有势力。例如，人们会认为，先有小家庭，然后逐渐向远处扩大为部落、共同体、国家直至帝国。这完完全全是一种神话式的思考。流传下来的所有神话，讲述的都是共同体如何形成的故事。它们是确保共同体的内在同一性的故事。（第 306 页）

换句话说，只要仍然处在共同体（或体系）的内部，我们就始终无法避免"一般/特殊"的循环，无法避免共同体内部规则和体系对"内部"和"外部"、"常规"和

"例外"的规定，无法遭遇真正的"他者"。我们不难从这里看到柄谷对自己的"形式化"追问的全盘反思。而将共同体的同一性逻辑继续平面地向其他共同体延伸的结果，便是霍布斯所谓国际政治空间的"自然状态"——仿佛所有共同体都以同样的方式，彼此建立起封闭而自足的体系，并按照一定规则形成国际关系。尽管柄谷没有直接提及，但这显然是政治哲学意义上的"唯我论"。相比之下，柄谷始终强调共同体之间的无规则地带，即先于共同体的"社会空＝间"。并且，柄谷认为，这个"空＝间"同样无时无刻不渗透于共同体内部——个体的"单独性"便是它的体现；任何一种有关自我同一性的叙事，任何一个封闭体系，都无法抹去这个"空＝间"。这个开放的"空＝间"，便是"个体"的"独特性"所包含的政治可能性，是同一性内部的"外部"。在另一篇文章中，柄谷如此设想这种通过"个体"和"独特性"所打开的"外部"："排斥一切共同体，又被它们排斥——斯宾诺莎所思考的'国家'，是一个不属于任何共同体＝类的、作为独特性存在的'个体'组成的社会性联合体。"[1] 当然，柄谷并没有正面地描绘这种新颖的"社会性联合体"的可能面貌——而我们在下一章中会看到，在柄谷的后期思想中，这个问题将以"交换样式 D"和"共产主义"的名义重新出现。

最后，值得注意的是，对于从"社会"向"共同体"的转化/封闭过程，柄谷行人在《探究（二）》中给出了

---

① 柄谷行人「歴史の終焉について」，柄谷行人『終焉をめぐって』所收，第183页。

一个历史解释：

> 为什么交通空间会封闭成各个共同体？基本而言，可以说这是栽培（农耕）所带来的定居的结果。另一方面，畜牧在性质上则是非定居的。后者也是共同体，但它的内/外分割不在实际空间之中。在实际空间那里没有任何边界。在这个意义上，游牧民族可以说保存了原初的交通空间。（第308页）

站在今天的角度不难看出，这段话暗示了柄谷行人在此后的著作中将会逐渐深化的主要关注点，也暗示了他以后从交换样式的角度重新解读"世界史"的尝试。换言之，《世界史的构造》的内在思想动力，可以追溯到柄谷关于"个体"与"他者"之关系的探讨。与此同时，以《世界史的构造》为代表的后期著作，某种程度上固然可以视作对"共同体/社会"之对立的具体展开，但也部分偏离了柄谷在两卷《探究》中所强调的关于"个体"与"他者"的问题。有时候，这种偏离可能会为我们整体性地探讨柄谷的思想带来某些困难。在此仅举一例。在《探究（二）》中讨论"先验主体"时，柄谷写道：

> 如果主张这样的主体存在，那么它就马上成了经验性的主体。或者说，成了超验的主体。先验主体只存在于对于上述主体的批判之中。换句话说，先验主体不是对世界进行建构的主体＝主观，而只存在于那个试图站到这种世界之外的实践性的主体性之中。

"先验的"就是"主体的",反之亦然。(第194页;强调为原文所有)

在此,所谓"先验主体"(或"超越论的主体"[①]),是指无法被经验化、无法在坚实的实质性概念基础上确立自己的根基的"主体",是只有通过不断质疑和打破同一性,不断在体系的内部建立与"他者"关联的"外部",才得以成立的"主体"——换言之,这是笛卡尔的"我怀疑"的"主体",是不可表征的"独特性"或"单独性"。这种主体性非但无法在历史中找到具体的"代表"(甚至游牧民族也不是),而且历史性本身也被包含和折叠在这种主体性中,成为这种主体性本身的自我运动和自我否定。关于这种"超越论"性质,柄谷在1998年的一次演讲中说道:

> 所谓"超越论的",指的并不是"超越的",换言之,并不是站在一个元层级来俯视;相反,它表示这种做法的不可能性和不当性。所以,"超越论的"指的是自己对于自身思考中默认的、无意识地作为前提的那些条件本身进行反思。也就是说,哲学便是思想

---

① 在《探究(二)》中,柄谷行人多次使用了"超越的"(transzendent)和"超越论的"(transzendental)这两个来自康德批判哲学的概念,直译成汉语或可表述为"超越性的"和"超越论性质的"。"超越论的"源于中世纪哲学中用来表示超越事物分类的一些概念(如"存在")的"transcendentalia",而在康德的《纯粹理性批判》等著作中则用来指涉一些先于经验内容、使人类经验得以可能的形式性思考范畴;与之相对,超出理解力的认知边界的东西则被称为"超越的"。这组概念在胡塞尔的现象学中也得到继承和发展:事物外在于意识的存在方式是"超越的",而这种存在方式在意识自身之中的构成方式,则涉及"超越论的"。

试图将那个对思想自身做出限制的体系予以阐明的活动。在这个意义上，哲学恐怕就是一种超越论式的态度本身。①

在这个意义上，如果柄谷行人之后在游牧民族的生活方式那里找到了"交通空间"的历史对应，那么他所强调的"个体"的"单独性"，是否有被重新改写为一种"特殊性"的危险？我认为，为了避免再次落入"特殊性/普遍性"的窠臼，我们必须带着《探究》所探讨的问题——包括"个体""独特性""他者""外部"等——进入柄谷后期有关"交换样式"的理论建构，并重新阐述"交换样式 D"与其他三种"交换样式"的关系。换言之，如果忽视柄谷在《探究》中从事的工作，先入为主地将"交换样式理论"视为某种对人类固有行为模式的分析或某种认知范式（paradigm），恐怕就无法理解为什么柄谷会说，"交换样式 D 以独立于共同体之外的诸多个人为前提"。②

① 柄谷行人「ポストモダンにおける『主体』の問題」，柄谷行人『言葉と悲劇』所收，第 361 页。
② 参见柄谷行人『世界史の構造』，第 228 页。

第七章

"交换样式"的变形与"力"的形成
——柄谷行人的后期思想

资本主义是一种纯粹的宗教信仰。

——瓦尔特·本雅明

一　90年代的思想转折

　　根据柄谷行人自己在《跨越性批判》中的说法，他的思想在1991年苏联解体后发生了一次巨大的转变，即从原来的"批判"转向更积极的"建构"。简单来说，柄谷认为，包括自己在内的批判知识分子在很长一段时期内曾经希望寻找"第三条道路"，借以同时抵抗政治中既有的二元对立；但是，这种姿态所依据的历史和现实前提，其实恰恰是50年代以降的美苏冷战格局。换言之，正是因为现实世界已经被总体划分成两大意识形态阵营，如何超越或摆脱这一二元对立结构，才自然而然成为知识分子在思考当下与未来时能够预设的思想前提。反过来说，一旦资本主义与社会主义的对立格局被打破，知识分子就不得不重新反思自身所处的历史地平线：有些知识分子或许会赞同以福山（Francis Fukuyama）为代表的"历史终结论"者，但对于另一些知识分子而言，苏联解体及其在思想和社会层面引发的一系列广泛却浅薄的影响——比如，认为这一政治事件标志着马克思主义思想的破产，或西方自由主义政制乃至新自由主义意识形态的全面胜利——恰恰要求他们重新调整自己相对于社会的思考位置和角度。无疑，柄谷行人属于后者。例如，柄谷曾在多个场合表示，苏联解体并没有带来什么"历史的终结"；历史没有终结，只是又回到了 19 世纪末的帝国主义时代。冷战的结束并没有为世界承诺和平，反而孕育着新的战争和冲突的可能性——但新的局面不是什么"文明的冲突"，而只是民族国家之间的利益之争。可以说，进入 21 世纪以来，在现实的国际政治层面，各国围绕国家边界展开的种种纷争乃至战争，已经不断佐证了柄谷的判断。

在《跨越性批判》的序言中，柄谷关于自己的思想转变如此写道：

> 在 1989 年以前，我对未来的理念都颇为轻蔑。我过去认为，对于资本和国家的斗争，即使没有未来的理念也是可能的，斗争只能沿着现实中产生的矛盾无限地延续下去。但是，1989 年以后我变了。直到那时，我对旧有的马克思主义政党和国家都持批判态度，但这种批判是以它们稳固地持续存在作为前提的。只要它们继续存在，那么只要显示否定的态度，

就能感觉像是做了些什么。当它们崩溃的时候，我才意识到自己反而吊诡地依赖于它们。我开始感到，自己必须在积极的意义上说点东西出来。[①]

但在我看来，柄谷的这次转变更多涉及写作的对象、主题和切入角度，而不是思考方式上的变化，更不是问题意识上的变更。不如说，柄谷的问题意识从来都是一以贯之的，即对于"他者"和"外部"的追求，只不过这些语词在不同的思想阶段有着不同的含义；关于这一点，我们也已经在之前的章节中反复强调过了。

毫无疑问，从结果上看，进入90年代以后，柄谷从根本上改变自己的"姿态"[②] 的具体表现，以及他所谓"在积极的意义上"建构的理论，当然就是"交换样式"理论。同时，将有关各种主题的讨论统摄在这一理论之下，也标志着柄谷后期思想的主要特征。众所周知，"交换样式"理论在柄谷于2010年出版的著作《世界史的构造》中得到全面系统的阐述，并进一步被延伸运用至历史、文学、哲学等诸多领域。（回顾起来，柄谷也因此失去了一部分读者而获得了另一部分甚至更多的读者，其中不乏现实政治的参与者。这是后话。）

无论如何，外部国际政治情势的变化对于一位思想家的思考和写作的影响，终归只是一种偶然，正如柄谷在多

---

① 柄谷行人『トランスクリティーク』，第5页。类似的表述亦参见柄谷行人『世界史の構造』，第 viii 页。
② 柄谷行人『トランスクリティーク』，第9页。

个场合提到的插曲——自己某天在公交车站突然想出了"交换样式"理论——也是一次私人性质的偶然。[①] 比起个人和外部的偶然性，更重要的是，柄谷的这次思想转变还标志着一次方法上的调整。如苅部直指出的那样，柄谷在80年代的工作基本上仍然在语言理论和符号理论的范围内展开。一方面，这当然可以说是柄谷在经历了"消沉期"后做出的自觉的理论选择，即充分意识到"宏观宇宙"和"微观宇宙"之间的断裂，并"更加微观地"深入各个"微观"的领域进行考察；但另一方面，从结果而言，它们与西方马克思主义的那种强调"意识形态上层建筑的自律性"的论述似乎并没有本质区别。也就是说，只要仍然以"语言层面"为中心展开讨论，客观上就必然会导致对"经济结构"的轻视。"结果，讨论就会变成仿佛一切都是从符号和语言的差异化中生成的。……所以，不能把交换当作交流，相反要从交换的观点看待交流。"[②]

苅部直的这一观察可谓切中肯綮。我们在之前的章节已经提到，对于马克思的著作（尤其是《资本论》）的解读，贯穿了柄谷自70年代以来的思考；不过，在相当程度上，除了《马克思，其可能性的中心》之外，哪怕是在80

---

① 根据柄谷自己的陈述，"交换样式"是1998年一次在去探望住院的母亲的路上等公交车时偶然出现的想法。他在一次访谈中开玩笑似的说，自己感觉"交换理论"不是什么理论，而是真理本身。关于这次"悟道"般的经历，柄谷在多个场合有过涉及。例如，参见柄谷行人ほか『柄谷行人「力と交換様式」を読む』，第16—17页。
② 苅部直「未来について話をしよう」，柄谷行人『「世界史の構造」を読む』所收，第97页。

年代连载《探究》的时候，对马克思的讨论也更多是在类比的意义上和有关语言和数学的讨论联系在一起；也就是说，尽管柄谷在80年代中期在主题上放弃了对"形式化"追根究底，但大而化之地说，如果仍然"把交换当作交流"，那么柄谷的论述就仍然没有摆脱"语言理论"与"符号理论"的范畴，即没有摆脱西方马克思主义对"上层建筑的自律性"的强调。

在这个意义上，将论述聚焦于"交换样式"的做法，尽管从表面上看只是又一次细微的视角和切入点的调整，却从方法上将讨论的领域从"上层建筑"转移到"经济基础"，也就是"从交换的观点看待交流"。事实上，最早体现出这一调整或转折的著作，无疑是出版于2001年的《跨越性批判——康德与马克思》。这部将康德和马克思进行创造性的对照阅读的著作，原本以《探究（三）》为题陆续连载于1993年至1996年的《群像》杂志；连载中途由于柄谷的思想发生变化而遭到中断，在改题为《跨越性批判》之后，又总计八次连载于《群像》1998年9月号至1999年4月号。在经历大幅改写后，这些连载文章在21世纪初作为单行本出版问世。正是在这部著作中，柄谷通过对马克思的探讨而抵达了"交换"的不同形态，宣告了自己漫长的"探究"旅程的到达点。因此，将《跨越性批判》视为柄谷思想中的一部承前启后的著作，或许也并不为过。①关于

---

① 不过，在我看来，《跨越性批判》的重要性与这部著作的标题所提示的超越论性质的方法——"跨越性批判"（transcritique）——其实并没有太大关系。尽管柄谷在书中对这一方法进行了理论上的解释和提炼，但类似的论述早在（转下页）

这一点，柄谷在一次访谈中如此说道："如果没想到'交换'，那么《跨越性批判》恐怕就会基于我以前的想法，也就会重复这样的观点：马克思并没有积极地提出理念，只是始终对现状进行认识、批判、斗争。"①

正是在《跨越性批判》的后半部分，柄谷首次提出了后来被称为"交换样式"的理论；只不过，柄谷在这本著作中使用的表述并不是"交换样式"，而是"交换原理"或"交换形态"。同样从马克思的著名论断——商品交换开始于"共同体与共同体之间的交换"——出发，这次柄谷的着眼点从交换或交易的偶然性和"惊险的一跃"那里发生了些许偏移，即开始强调在 80 年代的两部《探究》中仅仅被作为"事后形成的规则"而一笔带过的"交流/交换原理"。例如，柄谷关于商品交换写道：

> 商品交换始于共同体和共同体之间，这一点意味着什么？第一，这意味着商品交换不同于共同体内部的"交换"。在共同体中，交换的原理是赠与和返礼的互酬性。例如，如今哪怕是在商品经济最为发达的国家，家庭内部即使存在分工，也不存在商

（接上页）《探究》时期乃至在更早的《马克思，其可能性的中心》中已经可以见到，只是用词不同。我们在其他章节中已经看到，在此前的著作中，柄谷更倾向于用"移动""差异""交通"和"空—间"等语词来表示同样的意思。毋宁说，正是由于著名的左翼思想家齐泽克（Slavoj Žižek）对此书的介绍性阐述，"跨越性批判"作为方法才显得尤为新颖和独特。参见 Slavoj Žižek, *The Parallax View*, pp. 20—28。

① 参见柄谷行人「NAM（ニュー・アソシエーショニスト運動）再考」，柄谷行人『ニュー・アソシエーショニスト宣言』所收，第 25 页。

品交换。在那里，被称为"爱"的赠与的互酬性起着作用。第二，商品交换也不同于共同体与共同体之间的接触所产生的暴力抢夺。这种赠与和抢夺，在商品经济以前普遍存在，而商品经济仅仅是边缘性的东西。①

在这里，柄谷明确地将商品经济遵循的"原理"，区别于共同体内部的"互酬性原理"和共同体之间以强力为标志的相互关系（如战争和殖民）。更进一步，柄谷将体现于不同交换关系中的四种原理，分别归纳为"赠与的互酬制（农业共同体内部）"、"掠夺与再分配（封建国家）"、"通过货币进行的交换"和所谓的"联合"。② 很显然，我们可以从这一论述中看到后来成为"交换样式"理论的雏形。不过，在我看来，重要的并不是考察柄谷在不同著作中关于这些"原理"和与之对应的社会构成体的论述在细节上如何变化（例如，我们在下文会看到，如今柄谷倾向于认为，商品交换中同样包含了以互酬制为特征的"交换样式 A"的因素），而是要强调：在柄谷最初提出这一理论的语境中，作为最后一种"交换原理"的"联合"（association），恰恰在和前三种"原理"所形成的社会构成体相对抗的意义上得到阐述。也就是说，在"交换样式"理论最初形成的时期，后来被称为"交换样式 D"的部分，

① 柄谷行人『トランスクリティーク』，第307—308页。
② 同上书，第415页。

已经与其余三种"交换样式"处于不同的理论层级上了。①

例如，关于"联合"与"资本＝民族＝国家"的关系，柄谷如此写道：

> 应该认为，资本、国家和民族，分别基于不同的"交换"原理。它们无法区别开来，因为在资产阶级现代国家，它们形成了三位一体。首先让我们区分三者的"交换"原理。这不是从历史学的角度看待国家和民族，而是从作为交换形态的先验溯行中看待它们。这时，如我们所见，就能从中发现三种交换形态（赠与的互酬制、掠夺与再分配、通过货币进行的商品交换）。此外，还有一种交换形态，我们称之为联合。它基于和上述交换形态不同的原理。因为不同于国家和资本，联合所体现的交换是非剥削性的，同时不同于农业共同体，联合的互酬制是自发且非排他性（开放性）的。②

---

① 在《迈向世界共和国》中，柄谷对"交换样式 D"的表述是一个未知的"X"。顺带一提，在一次访谈中，柄谷将自己关于"交换样式"的发现视为一次重要的思想突破："从理论上说，1998 年有一次突破。就是在这个时期，我形成了'资本＝民族＝国家'的观点。"参见柄谷行人『政治と思想　1960—2011』，第 78 页。我始终希望强调，柄谷是在试图与资本和国家展开积极斗争的意义上提出"交换样式"理论的；关于这一点的具体说明，可参见柄谷行人在 2000 年所作的一次题为《作为他者的物》的演讲。例如，他在其中说道："1991 年……苏联解体之后，后现代主义也失去了到那时为止所具有的激进意义。此后，反讽性地主张资本制经济的解构性力量的后现代主义姿态不再有效。这一点在这十年里越发明显了。在此期间，或更准确地说，在此数年间，我自己的位置也发生了根本的变化。我开始认为，我们应该采取积极的立场，与资本和国家展开积极的对抗。"（柄谷行人『思想の地震』所收，第 27—28 页）

② 柄谷行人『トランスクリティーク』，第 309—310 页。

在这段话中，通过"联合"原理而想象乃至构建一种不同于当代资本主义条件下的民族国家的"社会构成体"的尝试，已经呼之欲出了。因此，尽管从大致的方向或图景来说，柄谷在这里的论述将在其后的《迈向世界共和国》和《世界史的构造》等著作中得到继承和延续，但在《跨越性批判》中，"资本＝民族＝国家"的"三位一体"以及与之对抗的"联合"，显然构成了论述的鲜明前景，而"交换原理"则更多处于背景的位置；与之相对，在随后的几部著作中，原先构成背景的"交换原理"会以"交换样式"的名义重新占据论述的中心。

"前景"和"背景"的这种微妙置换，无疑涉及柄谷本人对现实中的社会实践的态度变化，但更重要的是，通过将"联合"改写为"交换样式D"，柄谷从根本上改写了《跨越性批判》中的"外部"：简言之，如果说"联合"旨在通过当下的实践而在现实中完成对"资本＝民族＝国家"的突破或克服，那么到《世界史的构造》以后，柄谷一方面貌似从激进的实践立场向后撤退，不再明确提及"联合"的具体实现方式或可能性①，但另一方面，可以说"交换样式D"的引入彻底动摇了《跨越性批判》中以三种"交换原理"来解释"资本＝民族＝国家"的论述——不过，这并不意味着柄谷在此之前的论述是错的，而是说，由于此前的论述仍然以某种具有现实政治意义的对抗结构

① 虽然《世界史的构造》中仍然有一章的标题是"联合"，但柄谷在其中更多将重点放在"世界同时革命"和将联合国塑造为"新的世界体系"的论述。参见柄谷行人『世界史の構造』，第492—495页。

为前提，结果反而忽略了柄谷在两部《探究》中反复强调的交流的"偶然性"和"单独性"。柄谷以"交换样式 D"的说法代替"联合"，一方面将"交换样式 D"与其他三种"交换样式"更系统地整合在一起，但另一方面，恰恰是这种整合的不可能性（或"交换样式 D"与前三种交换样式的不对称性）暗示我们，包括"资本＝民族＝国家"在内，当其他"交换样式"通过复杂的相互作用而形成特定社会构成体的时候，它们始终无法消除内部的"交换样式 D"的幽灵般的踪迹。

换句话说，如今论者们多会强调柄谷关于"交换样式 D"做出的积极主张，即它是对于"交换样式 A"在更高次元上的恢复，却较少触及一个最基本的事实：从始至终，"交换样式 D"（或"联合""X"等）既是一种交换的原理或形态，同时在社会构成体的意义上，它也不是任何现实中已经存在的交换原理或形态。任何在现实社会中寻找"交换样式 D"的对应物的做法都是徒劳的。但这并不（仅仅）是一个消极的事实；恰恰相反，这一事实说明，"交换样式 D"不是别的，而正是所有其他三种交换样式都无法克服的、始终包含在所有交换行为中的"外部"。根据柄谷在《世界史的构造》等著作中的论述，如果任何一个社会构成体都是由四种"交换样式"的复杂关系形成的，那么，"交换样式 D"以非现象的形式参与其中的事实本身就提示我们，一种标志着偶然性、他异性的"外部"，一种标志着交换或交流的（不）可能性的因素，一种能够让社会构成体的既有规则、秩序瞬间解体的力量，总已处于每一个貌似稳定和自足的体系内，总已存在于每一次有待进行和已经完成的"交换"中。

不过，如果对"交换样式"的理解仅仅停留在上述抽象层面，那么我们不仅无法恰当把握柄谷后期的思想，甚至有可能回退到80年代中期以前的那个专注于"形式化"的思考阶段。因此，有必要详细地考察一下"交换样式"理论如何具体地展开；也就是说，考察一下柄谷自从致力于建构积极的理论体系以来，在经历了过去二十多年的思考后，他的后期思想的"现在时态"具有何种面貌。接下来，我将以柄谷思想的最新"到达点"——所谓"交换样式"的"观念性力量"——为线索，重新整理四种"交换样式"之间的相互关系及其政治与历史意义。

二 "交换样式"及其变形

如前所述，柄谷首次系统性地论述"交换样式"理论，是在2010年出版的《世界史的构造》一书中。只要翻开目录，我们便能从几个部分的标题上看到这部著作的宏大野心——"微型世界体系""世界＝帝国""现代世界体系""现在与未来"。再结合书中涉及的定居革命、普遍宗教、产业资本、现代国家、民族主义等议题，可以说《世界史的构造》的章节构成不免让人觉得，柄谷想要在这本书中系统性地重新勾勒一部围绕"交换"而展开的世界历史。社会学家大泽真幸做出过一个非常有趣的评论，他说，柄谷的这部著作就像一些伟大的思想家生前未完成的最后的工作那样——例如，我们容易想到马克思的《资本论》或本雅明的《拱廊街计划》——一般而言，它们应该会以一大堆手稿和资料的形式留给后世，直到某天有研究者从芜杂的笔记中整理出有待完成的"交换样式"理论。然而，柄谷不仅亲手完成了这部按说是"未完成"的著作，甚至继续往前思考和写作，仿佛《世界史的构造》仍然不是其思想的终点。①

确实，在《世界史的构造》出版十余年后的 2022 年，柄谷又出版了一部延续和推进前作构想的宏大著作，并为之赋予了一个颇为奇特的标题：《力与交换样式》。可以注意到，在这两本著作间隔的十多年内，柄谷在完成了自身的"理论体系"②后，陆续通过深化拓展这一理论体系的不同侧面，围绕一些特殊的论题撰写了不少著作，包括但不限于《哲学的起源》《论游动》《帝国的构造》《宪法的无意识》《世界史的实验》等；但是，除了在杂志上连载或在自己的网站上公开的一些文章（如《交换样式入门》和《D 的研究》）之外，柄谷并没有在这些著作中对《世界史的构造》中提出的理论体系本身做出整体反思或重审。在这个意义上，《力与交换样式》毋宁说提供了一个必要且及时的契机，让我们可以站在柄谷思想的"当下"形态，较为完整地审视他关于"交换样式"的思考。

前面提到，在《世界史的构造》中，柄谷行人通过提

① 参见大澤真幸「柄谷行人試論（その一）」，『atプラス』2015 年 11 月号，第 74 页。
② 柄谷行人『世界史の構造』，第 iii 页。

出四种"交换样式"，试图全面而系统地重新梳理从古至今所谓的"社会构成体"如何形成和运作，梳理世界历史如何从氏族社会逐步向近代产业资本主义社会演变。无须多言，这样说并不意味着柄谷打算从历史学的角度重新撰写一部从古至今的政治史或人类社会史。他明确交代，自己的目的不是勾勒历史，而是"在先验的意义上阐明多个基础性的交换样式的关联。这种阐释并非与经验性事实没有对应关系，但我的关切不在这里"。[①]

正是在这个意义上，柄谷笔下的"世界史"，与当今史学界热议的所谓"世界史"几乎没有关联[②]，更与由高山岩男等京都学派思想家在战争时期提出的臭名昭著的"世界史的哲学"毫无关系。[③] 毋宁说，柄谷之所以展开"交换样式"和"世界史的构造"这一系统性的尝试，其根本问题意识源于他对传统历史唯物论的质疑，后者试图从"生产方式（生产力与生产关系）"的角度解释诸种"社会

① 柄谷行人『世界共和国へ』，第 40 页。
② 当然，仍然有学者试图在柄谷与当代历史学界有关"世界史"的探讨之间建立关联。近期在这一方面最值得关注的或许是历史学家成田龙一的详细考察。参见成田龍一「柄谷行人における「世界史」の問い方——その「起源」と「構造」」，连载于『現代思想』2022 年 8 月号至 2023 年 5 月号。
③ 因此，柄谷没有在《世界史的构造》或相关著作中讨论高山岩男的学说，并不奇怪；站在柄谷的后期思想的角度，可以说高山等人致力于思考的"普遍性"与"特殊性"的关系问题，在柄谷这里已经通过对"单独性"的强调而得到解决。高山的"世界史的哲学"，很可能在柄谷看来仍然围于黑格尔主义的辩证法论述。关于京都学派的"世界史的哲学"，最具代表性和系统性的论著无疑是高山岩男出版于 1942 年的《世界史的哲学》。学界已经有许多针对这一著作的批评，我认为其中最值得参考的是高桥哲哉颇具"解构"风格的批判性解读（参见高桥哲哉「《運命》のトポロジー——〈世界史の哲学〉とその陥穽」，高橋哲哉『記憶のエチカ』所收，第 175—236 页）。

构成体"的发展演变,然而由此形成的解释不仅非常不充分,而且产生许多牵强之论,因而在问世之初便遭遇了诸多批评。不过,正如他经常做的那样,柄谷并没有从外部质疑历史唯物论,而是选择回到马克思的著作来重新理解"世界史"。事实上,早在一篇写于 1979 年的文章中,柄谷就已经对"世界史"有独特阐述:

> 马克思所谓的交通(Verkehr)的概念非常广泛,意思包括交换、交易、交流、生产关系。……世界史并不存在黑格尔所谓的理念,也没有必然性或意义。世界史是通过字面意思上的"世界交通"而实现的。从交通的观点来看,"亚细亚的停滞"是杜绝交通的结果,而西欧文化则是由地中海的交通(异种交配)那里产生的。西欧占有"世界",不过是最近数百年的事态。交通的观点将"历史的必然"予以排除。由此而言,马克思的想法既不是西方中心主义,也不是多元文化论。交通的概念并不意味着对中心的拒斥,而是意味着中心的不断移动、中心本身的偶然性。[①]

尽管柄谷在这一阶段还没有显示任何有关"交换样式"的思考,但通过强调"交通"的偶然性和移动性,柄谷把马克思的思想从目的论叙述中解放出来。与此同时,在柄谷这里,对"世界史"的考察也就意味着对各种"交通"的关注——简言之,柄谷始终强调,并不是社会组织

---

① 柄谷行人「仏教について——武田泰淳の評論」,柄谷行人『批評とポスト・モダン』所収,第 164 页。

或意义带来交通，相反，正是交通（偶然地）产生意义和社会组织。

当然，关于柄谷对于以"生产方式"作为解释框架的历史唯物论的质疑，以及他用"交换样式"作为替代性的框架是否可行的问题，学界已经积累了相当数量的讨论和批评。① 在这些讨论中，论者们涉及最多的问题之一，或许就是柄谷笔下的"交换样式 D"。根据《世界史的构造》的说明，"交换样式 A"指的是以氏族社会为典型的一种基于"赠与"和"还礼"原则的互酬性交换，"交换样式 B"指的是以国家（包括帝国和现代民族国家）为典型体现的、基于"服从与保护"与"掠夺与再分配"等原则的、包含暴力和垂直性统治关系的交换，而强调货币和商品交换的"交换样式 C"则以现代资本主义市场交易为其突出表现。柄谷反复强调，"交换样式"之间的区分并不对应于历史上诸种社会构成体的线性更迭，也不存在仅仅依靠某种单一的"交换样式"成立的社会；相反，在任何历史时期、任何一个社会构成体中，多种"交换样式"始终同时存在，只是彼此的比重和互动方式有所不同。因此，在不同时期、不同的社会构成体中，占据支配地位的交换样式可能发生变化，但并不存在某种交换样式完全遭到压抑

---

① 其中也不乏来自左翼知识分子的批判乃至轻蔑。例如，子安宣邦就对整个"交换样式"理论不屑一顾，认为它是柄谷自己批评的黑格尔主义的另一个版本。关于子安的具体批评，参见子安宣邦『帝国か民主か』中的相关论述。另一方面，关于《世界史的构造》和"交换样式"理论的一些具有启发性的探讨，可参见柄谷行人ほか『「世界史の構造」を読む』中收录的文章。

或彻底消失的情况。①

　　然而，在柄谷关于四种交换样式的讨论中，"交换样式D"一直显得扑朔迷离：一方面，如果各个社会构成体都包含了四种交换样式间的复杂互动，那么读者似乎应该期待可以在现有的历史状况中找到"交换样式D"的形态；另一方面，柄谷始终坚持认为，"交换样式D"将是经历了"交换样式C"占据主导的资本制经济之后的"交换样式A"在更高次元上的恢复，因此，"交换样式D"就"不是像前三种交换样式那样实际存在，而是想象性地恢复交换样式B和C所压抑的互酬性契机"②。有时候，柄谷甚至认为，"交换样式D"根本就不是一种严格意义上的交换样式。例如，在2017年撰写的《交换样式入门》中，柄谷如此写道："严格来说，D并不是一个交换样式。它是一种对'交换'（A也罢，B也罢，C也罢）进行否定和扬弃的冲动（驱力）。而且，它会作为观念和宗教性的力量出现。但它也和经济性的基础、也即交换密切相关。"③

　　应该说，无论是在《世界史的构造》中，还是在《力与交换样式》中，当柄谷探讨从古至今出现过的诸种社会构成体的时候，似乎前三种交换样式之间的复杂关系已经足以对社会构成体的形成和运作方式做出解释——对此，前面已经提到的最著名也最典型的例子，无疑就是柄谷笔

---

① 关于这一点，参见柄谷行人『世界史の構造』第15页以下的论述。
② 柄谷行人『世界史の構造』，第12页。
③ 转引自2022年7月3日柄谷在东京大学驹场校区所作的演讲，参见柄谷行人ほか『柄谷行人「力と交換様式」を読む』，第47页。

下的"资本＝民族＝国家"（capitalist-nation-state）。众所周知，这是柄谷从交换模式的角度出发，对于现代国家形态的概括。柄谷认为，"资本""民族""国家"构成了"三位一体"式的圈环，彼此之间相互补充、相互配合。对此，柄谷写道："例如，经济上的自由行动带来阶级对立和种种矛盾时，就通过国民的相互扶助式的感情进行克服，在国会中借助国家权力进行管制和财富再分配。"[①] 于是，民族、国家和资本分别对应于交换样式 A、B、C 三原则，而三者的复杂互动似乎充分说明了为何所有旨在对抗其中某一项的社会和政治运动都宣告失败。

与三种交换样式构成的"资本＝民族＝国家"相对，柄谷强调，"交换样式 D"将是对所有其他交换样式的超越和克服，而与之相应的社会构成体也将超越和克服现代资本主义民族国家的"三位一体"。——因此，问题在于，如果"交换样式 D"是在更高的次元上恢复以互酬和平等为原则的"交换样式 A"，它会采取何种面貌恢复？究竟什么是以"交换样式 D"为主的社会构成体？从理论上对这一至关重要的问题做出解答，似乎是柄谷在《力与交换样式》一书开始的地方就给予读者的承诺："迄今为止我在著作中讨论了交换样式，中心都是 A、B 和 C。事实上本书才首次真正面对 D。"[②]

如前所述，在首次提出"交换原理"的《跨越性批

---

① 参见柄谷行人『日本精神分析』，第 55 页。
② 柄谷行人『力と交换样式』，第 34 页。下文引自此书的引文皆随文标注页码，不另作注。

判》中，"交换样式 D"是被和柄谷所谓"联合"或新型社会运动结合在一起的。事实上，柄谷本人早在 2000 年就发起过名为"NAM（新联合运动）"的社会运动，试图以国际性的"作为消费者的劳动者"为基本出发点，一方面在消费领域对资本市场展开抵制，另一方面则在资本市场的外部建立新型的生产和消费的协同组织，发行地域性的流通货币，从而通过非暴力的、绕开与国家机器和市场直接对抗的方式——我几乎要说，通过"农村包围城市"的战略——对于 19 世纪以来在世界范围内畅行无阻的"资本 = 民族 = 国家"形成抵抗和超越。回顾起来，这场包括了众多知识分子和艺术家参与的社会运动，据说其会员数量在短时间内就突破了七百人；不过，由于缺乏明确的活动形式，加上组织内部的各种人事变动和矛盾，"NAM"在短短两年半之后便宣告终结，并没有留下任何鲜明的成果。[1] 从此以后，思想家柄谷行人似乎就从社会运动领域彻底退回到思考和写作的领域。作为一个明显的症候，柄谷在《力与交换样式》中讨论"交换样式 D"时，只字未提新型联合或社会运动——甚至可以认为，这部著作对《世界史的构造》的关键重写，恰恰就在于否认在当下通过任何社会运动或组织筹划（无论是在经济领域还是在政

---

① 当时参加"NAM"的成员，很多都是原先《批评空间》的读者。关于这场短暂的运动，参见吉永剛志『NAM 総括──運動の未来のために』中的回顾和反思。

治领域）来构想和实现"交换样式 D"的可能性。①

那么，什么是"交换样式 D"——除了强调它是"交换样式 A 在更高次元上的恢复"外？在《力与交换样式》中，柄谷明确地告诉我们："严格来说，D 与其说是交换样式，不如说是令交换样式 A、B、C 都无效的一种力。"（第34 页）并且，这种他称作"观念之力"甚或"神之力"的力量，不会以人的意志、规划、努力为转移（第 35 页）。如果将这一论述与《世界史的构造》中有关"交换样式 D"的论断进行简单对比，便不难看出两者的差异。在《世界史的构造》中，柄谷写道：

> 交换样式 D……不仅否定了交换样式 B 所带来的国家，而且超越了交换样式 C 内部产生的阶级分裂，可以说是让交换样式 A 在高次元上恢复的东西。这种交换样式是自由的，同时也是相互性的。但是，它不像前三种交换样式那样实际存在。它想象性地让遭到交换样式 B 和 C 压抑的互酬性契机得以回归。所以，交换样式 D 最初是作为宗教运动出现的。②

---

① 迄今为止，柄谷明确从政治和经济的层面提出过的最接近"交换样式 D"的设想，分别是古希腊爱奥尼亚城邦中实现"自由"和"平等"的"无支配"的制度形式"isonomia"（参见柄谷行人『哲学の起源』），以及在共同体内创立的"市民通货"，它将区别于货币和市场而形成一种单独的流通和交易体系（参见柄谷行人「市民通貨の小さな王国」，柄谷行人『日本精神分析』所收）。而在《世界史的构造》中，柄谷将"isonomia"称为"对氏族社会的约束进行否定的同时，恢复了受到压抑的游动性。换句话说，这是在高次元上恢复游动民社会"（参见柄谷行人『世界史の構造』，第 182 页）。

② 柄谷行人『世界史の構造』，第 12 页。

与之相对，到了《力与交换样式》中，"交换样式 D"不仅将在"高次元"上恢复"交换样式 A"，也是让"A、B、C 都无效"的一种"力"。柄谷认为，之所以许多论者和活动家觉得可以凭借各种新颖的社会运动来实现"交换样式 D"，恰恰是因为人们对于"交换样式 A、B、C"所产生的不可思议的"观念性力量"缺乏正确的理解。因此，为了说明"交换样式 D"具有的力量，我们就有必要重新审视其他三种"交换样式"产生的力量——这是《力与交换样式》一书的标题已经透露的大致论述方向。

也可以说，这次通过"力与交换样式"的论题，柄谷再次向读者提示：自己关于"世界史"所做的、基于"交换样式"的重构，在何种意义上有别于、也超越了过去一系列从理论上对马克思的历史唯物论做出反思和修正的尝试——无论是葛兰西（Antonio Gramsci）的"领导权"理论，还是阿尔都塞（Louis Althusser）的"多重决定"理论，或是鲍德里亚（Jean Baudrillard）对于"生产"这一着眼点的批判。当然，就"交换样式"理论与历史唯物论的关系而言，这个问题在柄谷迄今为止的一系列著作中已经反复出现并得到过不同解答。如今，在柄谷看来，此前针对马克思主义的批评和修正都没有充分回答的问题在于，"国家、民族、宗教等'政治和观念的上层建筑'那里存在的'力'是如何产生的"（第 8 页）。换句话说，当传统马克思主义的"经济基础—上层建筑"的论述遭到包括西方马克思主义在内的各路学说的挑战或否定，当马克思主义者开始以各种方式调整所谓的"经济决定论"，并企图为

"上层建筑"赋予某种自律性和独立性时，柄谷恰恰从中看到对马克思主义的真理性的放弃。对于这个问题，柄谷在一次演讲中说道：

> 即使观念性的上层建筑被经济基础规定，它也具有相对的自律性——这样的看法已经是标准见解了。但是，如此一来，经济基础就变得没那么重要。于是，历史唯物论在变得柔软的同时，也失去了力量。因为这一"力量"毋宁说就是从"决定论"那里来的。[1]

在这个意义上，柄谷试图以"交换样式"的观察视角取代马克思主义历史唯物论那里的"生产模式"的视角，不是为了强调"上层建筑"相对于"经济基础"的自律性；恰恰相反，柄谷的目的在于通过将"经济基础"还原为更根本、更深层的"交换"，重新确立马克思理论的"决定论"色彩——不过，这不再是一种单向或单义的"决定论"，而是由多种"交换样式"的复杂互动构成的"决定论"。例如，在《世界史的构造》中，柄谷明确将这一点表述如下："国家和民族具有无法被还原为资本主义经济结构的自主性，不是因为它们作为'具有相对自主性的意识形态上层建筑'存在，而是因为它们拥有不同的经济基础，即植根于不同的交换样式。"[2]

到了《力与交换样式》中，柄谷进一步为上述论断加

---

① 参见柄谷行人ほか『柄谷行人「力と交換様式」を読む』，第139页。
② 柄谷行人『世界史の構造』，第17页。

上了一层"观念论"的色彩——但绝不是为了将"交换样式"理论改写为某种形而上学或神秘论，而恰恰是为了打破原有的表述容易引起的静态的、结构式的印象。例如，柄谷在一次演讲中如此说道："交换样式很少单独存在。它们复数性地共存，相互竞争、相互支撑。所以，即使作为观念性力量，它们也作为复杂而矛盾的东西呈现出来。"① 不同的"交换样式"会产生不同"观念性力量"，这些力量之间通过相互对抗、配合、竞争、补充所形成的社会构成体的历史，将成为对传统历史唯物论基于"生产样式"的"决定论"的扬弃。

那么，究竟什么是柄谷试图强调的"交换样式"的"观念性力量"？

三 "死亡冲动"与"原游动性"

在《力与交换样式》的题为"预备性考察：何谓力"的部分，柄谷对他使用的"力"一词进行如下说明："我所谓的'力与交换样式'，这个力说的不是物理性的力量，而是观念性或灵性的力量。并且，这是人与人之间的'交换'所产生的东西。这种力量因'交换'的种类不同而不同"（第 45 页）。

关于这里的"力"，柄谷在书中反复提及的一个文本例证，就是马克思在《资本论》第一卷中有关"商品拜物

---

① 柄谷行人ほか『柄谷行人「力と交換様式」を読む』，第 131—132 页。

教"——或称"物神"（fetish）——的著名说法："桌子一旦作为商品出现，就转化为一个可感觉而又超感觉的物。它不仅用它的脚站在地上，而且在对其他一切商品的关系上用头倒立着，从它的木脑袋里生出比它自动跳舞还奇怪得多的狂想。"[1]马克思基于"商品"的这种奇特性质指出："劳动产品一旦作为商品来生产，就带上拜物教性质，因此拜物教是同商品生产分不开的。"[2]只不过，在柄谷的阐释中，"商品拜物教"的重心从生产环节转移到交换环节。

正如柄谷所强调的，在以往关于《资本论》的解读中，马克思关于商品何以产生"物神"的讨论，往往被作为一种隐喻而遭到打发——例如，卢卡奇在《历史与阶级意识》中曾经著名的将马克思关于"物神"的讨论重新解释为"物化"理论。如今柄谷认为，这一做法恰恰遮蔽或压抑了隐藏在商品交换中由"物神"一词而得到提示的不可思议之"力"：

> 重要的是，交换不是在共同体的内部开始，而是在和外部的共同体之间，即通过与未知的、因而可怕的他者的接触而开始的。正因如此，这种交换不单单是人们的同意和约定，而必须有强制性的"力"。它就是拜物教。（第22页）

事实上，强调共同体之间形成的交换或交易，进而强调这种交换的无根基性、危险性、偶然性，乃是柄谷自80

---

[1] 《马克思恩格斯文集》第5卷，第88页。
[2] 同上书，第90页。

年代中期开始写作《探究》以来反复探讨的问题之一。甚至在一篇写于 1990 年的文章中，柄谷就已经简略地提到了蕴含在交换过程中的特殊"力量"——它并不产生于资本主义制度，反而是资本主义得以成立的前提："资本主义归根结底不是'物质性'的，也不是经济的下层结构。它与人和人的交换＝交流有关，它是由此产生并对交换＝交流做出规范的现实性力量。"①

　　沿着同样的思考路径，柄谷如今以"观念之力"或"灵性之力"对资本制经济的交换和交易给出新的解释，从而把自身关于"交换样式 C"的思考重新写入马克思的《资本论》中——事实上，《力与交换样式》的一个明显的特征便是，柄谷指出，基于"交换样式"的思考方式其实早已存在于《资本论》内部，甚至《资本论》也应该被读作一本关于"交换样式"的著作。例如，柄谷写道：

　　　　亚当·斯密所谓在市场上运作的"看不见的手"，其实就是货币和货币的运作。那么，货币的力量来自哪里？他没有问这个问题。首先对此进行追问的是《资本论》的作者马克思。他试图从共同体之间的交换中发现货币的起源。也就是说，货币的力量是交换样式 C 所产生的观念之力。马克思将此称作物神。
　　　　（第 59 页；亦参见第 325 页）

---

① 柄谷行人「歴史の終焉について」，柄谷行人『終焉をめぐって』所收，第 185 页。因此，资本主义造成的各种意识形态"幻觉"扎根于交换或交流的"必然性"，所以具有"不容易被打破的'现实性'"（第 184 页）。

将货币在市场上的运作归结为"观念之力",或许会引起不少论者的批评甚或嘲笑。不过,柄谷想要主张的是,如果马克思在《资本论》中所做的不是基于"生产方式"的历史考察,那么,以"生产方式"为着眼点而建构的后来被恩格斯称作"科学社会主义"的历史唯物论,乃至由此勾勒的世界历史上的生产方式(从亚细亚生产方式、古典古代的生产方式,到封建和现代资本主义的生产方式),当然就无法被视为《资本论》关于资本主义的真正洞见。因而《资本论》之于我们当下社会的相关性和紧迫性,也就不再受制于马克思所处时代的特定生产方式的局限。

不过,如何将《资本论》从对它的当代批评、忽视和各种"超越"中解放出来,仅仅是柄谷此书的一个次要目的;如前所述,柄谷的主要问题意识是考察不同的"交换样式"在何种意义上产生各自的"观念之力"——为此,《力与交换样式》花了相当多的篇幅重述了三种交换样式在世界历史上的展开和呈现方式。接下来,我将简要考察这些不同的"观念之力"如何形成,又各自带来了何种结果。

首先,在柄谷的论述中,"交换样式 A"形成于人类从游牧的生活方式转变为定居生活之时——我们知道,这一过程在《世界史的构造》中被强调为一场"定居革命"。值得注意的是,"交换样式 A"虽然出现于上述阶段,但它却不是共同体内部的交换法则。"严格来说,这种交换样式 A 不是共同体内部的原理"(第 8 页)。与其他几种"交换样式"一样，基于赠与和还礼的"互酬"原则，同样是"共同体与共同体之间产生的"（第9页）。另外，尽管人们在这一阶段定居了下来，但是，"被迫定居的人们一方面自发地遵守定居共同体的规则，同时也保持着游牧阶段的个体性、独立性"，而这就是氏族社会的特征（第389页）。

在《世界史的构造》中，柄谷继续借用人类学家莫斯（Marcel Mauss）关于"赠礼"的著名考察，将氏族社会之间的互酬性关系得以维系的推动力，归结为被视作寄寓在礼物之中的一种神秘力量"豪"（hau）。而在《力与交换样式》中，柄谷一方面继续沿用上述说法，但另一方面则借用弗洛伊德关于"死亡冲动"的讨论，试图重新解释"交换样式A"如何产生自身的"观念之力"。如今，关键问题与其说是"豪"本身，不如说是"豪"得以产生并发挥效力的根本契机。

为了说明这一契机，柄谷引入了"原流动性（U）"的概念，它指的是人们在"交换样式A"以前的状态。具体而言，柄谷将游牧民开始定居之后的生活状态（即"互酬制"成为人们的一般交换形态的状态）称作"有机"的状态，并且指出，正如在弗洛伊德笔下"死亡冲动"指的是一种回到"无机物"状态的冲动，定居生活中的人们也始终保持着一种想要回到游牧状态的冲动。当这种"死亡冲动"向外表现为攻击冲动的时候，便出现了"对此进行压抑的、要求向他者进行让渡＝赠与的'反复强迫'，而这是以'灵'的命令出现的"（第94页）。在出版于2019年的《世界史的实验》中，柄谷在同样意义上改写了弗洛伊德关于弑杀"原父"的理论:"由于定居而'遭到压抑'的东西不是什么原父,而是'原游动性'(U)。它的回归产生了兄弟同盟,后者不允许存在不平等。而这就阻止了国家的出现。所以,氏族社会不是受制于自上而下的禁止的压抑性社会。"①

在这里(以及在其他地方),柄谷的论述是否符合历史真实,并不是我们讨论的对象。重要的是,在柄谷的上述说明中,"交换样式A"所产生的"观念之力"事实上并不是"赠与和还礼""互酬性"等观念本身所带来的力量,也不是具体的物品本身带有的神秘力量,而是人们对于已经消失却作为"冲动"而残存下来的"无机物状态=游牧生活"的记忆,以及由此唤起的、针对这一记忆的压抑所产生的力量。换句话说,恰恰是柄谷称作"原游动性"的状态和氏族社会的定居状态之间的紧张关系,一方面为后者确立了其中成员的独立性和个体性,另一方面产生了"赠与和还礼"的规则。对此,柄谷写道:

> 从交换样式的观点来看,首长制社会由交换样式A和由此产生的力量所维系。这种"力"的基础是定居过程压抑的原游动性(U)的强迫性恢复。因此,原游动性在某种程度上通过A得以保持下来。具体来说,氏族社会和部落社会的人们一方面形成集团、遵守其中的规则,另一方面则维持着平等性和独立性(自由)。(第123页)

---

① 柄谷行人『世界史の実験』,第125页。

同样地，在《世界史的实验》中，柄谷通过对日本柳田国男（日本最重要的民俗学家之一）的讨论，阐述了"游动民"与"定居社会"之间的张力：

> 在游动民的游牧社会里，成员很少，而且随时可以切断与他人的关系。在这个意义上，他们的社会是"无机"的。但是，在定居开始以后的社会中，多数成员结合成为"有机体"。这是一种充满紧张和冲突的状态。在那里，想要回到无机状态的"死亡冲动"首先成为对于阻碍这一点的他者的攻击冲动。由此产生各种紧张关系。为了消除这些紧张，向他人的攻击冲动就得调整到内部。于是出现了规范全体成员的强迫性规矩。这就是互酬原理。①

---

① 柄谷行人『世界史の実験』，第 124—125 页。值得注意的是，在这部著作中，柄谷将"互酬性"和"原游动性"的对峙扩展到柳田所论述的"先祖信仰"与"固有信仰"的区别，借此来讨论"固有信仰"的普遍性："通常，在先祖信仰那里，死者与生者的关系是互酬性的。也就是说，由于生者祭拜死者，死者就成为'御灵'，因此祖灵就向生者返礼。但是，[固有信仰]这里不存在上述互酬性。祖灵单方面地，即无条件地爱着子孙。柳田将此视为日本的固有信仰。需要注意，他的意思并不是这种信仰只存在于日本。毋宁说，这是人类的固有信仰。"（第 160 页）而同样关于柳田笔下的"固有信仰"，柄谷在 1974 年发表的《柳田国男试论》中则写道："柳田所谓的日本人的'固有信仰'，不过是'事实'的问题。基本上，它是先祖信仰之一，不是和佛教、神道或儒教等'宗教'并列的东西。柳田只是将这种宗教背后的东西，在日本人的生活中持续存在的东西，称为固有信仰。……换言之，固有信仰不是个人的内面的问题，也不是原始的心性，而是日本人的生活所体现的'事实'问题。"（参见柄谷行人『柳田国男論』，第 109 页）对于柄谷如今将"固有信仰"实质化的倾向，大塚英志提出了尖锐的批评："柄谷以［'3·11'］大地震为契机，开始谈论'古层'和'固有信仰'。这个时候，'固有信仰'的意义发生了巨大变化。'固有信仰'的意思收敛为日本人的先祖观念。"（参见大塚英志『二層文学論　古層の実装』，第 47 页）在战后的日本知识界，围绕柳田国男形成的多种阐述，本身就构成一个重要的思想史议题，在此限于篇幅和论题无法展开。

氏族社会的"互酬制"并不是自然的，更不是理想性的交换原则；毋宁说，它本身已经在内部包含了一种压抑。"交换样式 A"的力量，正来自两种生存状态之间的张力——或更准确地说，这种"观念之力"正是对于想要回到"无机"状态（或者前共同体状态）的"被压抑者的回归"的焦虑所带来的。正因如此，如果我们根据"生产方式"而将氏族社会和国家的关系视为一种自然的进化或线性的历史演变，就错失了问题的关键，即这两种"社会构成体"乃是基于完全不同的"交换样式之力"而形成的。

因此，在氏族社会那里占据主导地位的"交换样式 A"及其产生的力量，不同于国家和帝国那里的"交换样式 B"及其产生的力量。事实上，早在《世界史的构造》中，柄谷就已经讨论过不同"交换样式"所产生的力量，只不过此前他用"权力"一词来笼统地指涉如今被明确为"观念之力"或"灵性之力"的东西："任何一种交换样式都会产生其固有的权力，而与交换样式的差异相应，权力的类型也各有不同"（第 23 页）。无疑，谈到国家"权力"或作为"权力"的国家，熟悉马克思主义学说的人们也许会立即将它解释为支配阶级用于维持统治的暴力机器。对此，柄谷在《力与交换样式》中明确否认：国家拥有的"力"首先不是暴力，而是一种强大的、"基于交换样式 B"的观念性力量（第 284 页）。这种观念性的力量并不来自国家权力，更不同于暴力机器，因为基于纯粹的强力或暴力的支配与被支配关系并不能持久；而国家为了维持长久和稳定的支配所必需的观念性力量，被柄谷提炼为霍布斯笔下那个引用自《圣经》的海兽"利维坦"。

那么，具体而言，"交换样式 B"如何以不同于"交换样式 A"的方式产生自身的"观念之力"，它又是一种什么样的力量？

四　"交换样式 B"的（不）可能性条件

不难看出，在涉及"交换样式 B"的问题上，柄谷在《世界史的构造》和《力与交换样式》中的着眼点不尽相同。一方面，《世界史的构造》明显更强调国家的对外性质——例如，柄谷写道："交换样式 B 也是共同体之间产生的。它始于一个共同体掠取其他共同体。……如果要进行持续性的掠取，那么就不能仅仅进行掠取，而是必须向对方有所给予。换言之，支配性的共同体要保护服从自己的被支配共同体免遭侵略，要在灌溉等公共事业上予以扶持。这就是国家的原型。"① 也就是说，这里的重点在于，当国家之间不存在一个超越于国家的更高权力机构来确立政治秩序，各个国家之间如何达成一种稳定而和平的相互关系。甚至国家的成立也是在一个共同体与其他共同体的关系中确立的："国家是通过让多数的都市国家和部落共同体从属自己而成立的。"②

与之相对，到了《力与交换样式》那里，柄谷将论述

① 柄谷行人『世界史の構造』，第 9 页。
② 同上书，第 209 页。

的重点转移到共同体的内部层面，即《利维坦》中刻画的臣民与主权者之间基于服从与保护的社会契约。例如，如今柄谷关于国家的成立写道：

> 国家之成立，乃是不同于 A 的交换样式得以成立之时，即支配和服从的关系——某人具有绝对的支配性，而其他所有人都自发服从——得以成立之时。换言之，就是首长成为王的时候。而这正是交换样式 B。……军事征服是用物理性的力量压制对手，但仅仅如此不能做到让对手自发地服从。要让这成为可能，就不能依靠物理性的力量，而是要依靠比交换样式 A 的灵性之力更高的灵性之力。这种力量是由交换样式 B 所带来的。只有交换样式 B 才能为王赋予超越首长的力量。（第 116 页）

简言之，不同于《世界史的构造》中所突出的"交换样式 B"的掠夺和暴力的面相，柄谷如今更侧重于这一"交换样式"中包含的自发性服从、服从与保护的相互性，以及通过"社会契约"形式呈现的交换。而且，依据《利维坦》中的论述，柄谷强调指出，在这一使得国家得以形成的、人民与主权者的相互性契约关系中，关键之处并不是主权者本人的性质和能力，而是主权者占据的位置："主权者是谁都行。毋宁说，主权不在于人，而在于人置于其上的那个场所。位居那个场所的人拥有'力量'。换言之，正是某种交换带来了'力'。它让主权者不仅具有

权利下达命令，而且有义务回应臣民的要求。"（第103
页）①

然而，乍看之下，柄谷此处的论述乍看下有一个再明
显不过的悖论：一方面，主权者和臣民之间的"保护与服
从"的关系，由"交换样式B"的"观念之力"所保证；
另一方面，"交换样式B"又成立于上述关系得以确立之
时。归根结底，究竟"交换样式B"的这种"比交换样式
A的灵性之力更高的灵性之力"如何形成？

要回答上述问题，我们需要考察柄谷如何解释氏族社
会向国家的变化，又如何解释这一过程中"交换样式A"
与"交换样式B"的相互关系。柄谷反复强调，我们不能
从历史上的氏族社会、部落社会或首长制社会自然推导出
国家的形成；毋宁说，这些前国家形式的"社会构成体"
在原则上恰恰阻碍了国家的诞生：

> 必须这样说：国家无法从氏族社会或其扩张形式
> 的首长制社会的内部出现。也就是说，国家的王不是
> 首长的简单延伸，而是所谓"凌驾于订立契约的众人
> 的个别利害之上的第三者"。他具有结束氏族社会和
> 首长制社会产生的战争状态的"力"。这是一种灵性
> 之力。（第115页；比较第214—215页）

---

① 有意思的是，在《迈向世界共和国》中，这一点被阐述为一种由国家制造的"表
象"："支配者与被掠夺者的关系要想持久，掠夺—再分配就必需被表象为如同互
酬性交换一般。不然的话，任何权力都无法持续存在。"（参见柄谷行人『世界共
和国へ』，第49页）如下文所述，从"交换样式"的"力"的角度来看，支配者
与被支配者的"保护—服从"的契约关系不仅是一种让被支配者自以为进行着
"互酬性交换"的单纯"表象"，更是"交换样式A"的一次极端的变形。

因此，尽管柄谷在《力与交换样式》的第二部分遵照马克思主义的历史唯物论有关"社会构成体"的解释次序，历时地考察了古典古代时期、封建制、绝对王权国家和近代资本主义国家，我们却不能认为，几种"交换样式"在不同时期的比例关系的变化，具有自然的线性发展的特征。当然，这并不意味着"交换样式 B"占据主导地位是一种无法说明的偶然结果。相反，我们会看到，"交换样式 B"产生的"观念之力"必须从"交换样式 A"在不同历史时期和不同地域的变化来解释。此话怎讲？

　　还是让我们回到柄谷对"交换样式 B"的说明。前面提到，柄谷指出，国家成立于支配者和被支配者的相互关系（自发的服从与保护的义务）形成之时。按照霍布斯的论述，在这种社会契约下，被统治者所让渡的是他们在前政治状态下用于自我保全的自然权利——在被霍布斯描述为"一切人反对一切人的战争状态"的自然状态中，每个人都有权根据自己的需要而动用一切可能的手段夺取他人的生命来保全自己的生命，而所谓的"自然权利"无非就是这种不择手段自我保全的权利；但是，由此带来的结果是，每个人都将生活在惶恐之中，生命变得贫瘠、严酷而短暂。出于这种个体对于暴死的恐惧，霍布斯认为，最终每个人都会选择放弃自己的"自然权利"，并将它转交给一位更高的主权者，而这份"社会契约"就是政治共同体形成的基础。也就是说，由此产生的主权者原则上具有或保留了一种生杀予夺的绝对权利。

　　换言之，通过一份总体上的"社会契约"，主权者其实并没有从被支配者那里获得任何积极意义上的权利，而仅仅是不必将他人都已经让渡出去的"自然权利"让渡给任何人。于是，从被支配者一方来看，他们变成臣民（subjects）而从主权者那里获得保护的承诺，与其说是他们向主权者让渡权利的结果，不如说是他们放弃自我保全的手段的结果。换言之，从霍布斯所设想的"社会契约"来看，支配者和被支配者的关系在某种意义上恰恰是政治共同体形成之前的"自然状态"下所有人之间的平等性的极端变形。

在这个意义上，如果说国家诞生之前的社会构成体中产生的种种权力关系，始终保留了"交换样式A"所承诺的互酬、平等和独立，那么"为了确立交换样式B，就必须压制A"（第124页）。然而，这里的重点在于，事实上，这两种"交换样式"并非相互排斥或无法兼容；相反，柄谷甚至指出，"交换样式B"是"交换样式A"的一种变形：

> B和A不同，但又和A类似。如果A的互酬性是水平性的，那么B就将它变成垂直性的上下关系。……在某种意义上，交换样式B是A的变形，而且是由A来维系的。（第106—107页）

我认为，上述论断绝不是一个随意的思想操演，而是与柄谷所谓"交换样式B"的"观念之力"如何形成的问题密切相关。简言之，正如"交换样式A"的"力"并不来自它自身，而来自对"原游动性"的记忆的压抑，同样，

"交换样式 B"并不来自国家本身。相反，在国家形成过程中遭到压抑的"交换样式 A"，它所构成的自我恢复的威胁和国家对此威胁做出的抵抗，才形成了"交换样式 B"的"观念之力"。于是，"支配一方那里产生了保护对方的义务。应该注意的是，在这里，存在着一种与交换样式 A 有异的互酬性（相互性）"（第 124 页）。

重复一遍：这里的关键在于，一方面，"交换样式 A"无论在积极的意义上（独立性和相互友好）、还是在消极意义上（引发战争）都阻碍着国家的形成，阻碍着垂直性的等级秩序的形成（第 114 页），所以我们原则上无法从"交换样式 A"自然地过渡到"交换样式 B"，仿佛国家不过就是复杂化了的部落社会或首长制社会；但另一方面，"交换样式 A"在前国家的共同体中呈现的不稳定状态（根本上源于共同体的"死亡冲动"），使得它的自我变形有可能呈现出极端的面貌，即促使水平的相互关系变成垂直的等级关系，从而形成基于"交换样式 B"的共同体形式，即国家。（与此形成对照的是，在《世界史的构造》的论述中，"交换样式 A"在国家中发挥的作用仅仅被归诸"意识形态装置"[①]。）

要言之，"交换样式 A"的互酬性，既构成了"交换样式 B"的可能性条件，又构成了其不可能性条件——为了稳定和维持后者那里的"服从与保护"的相互关系，就必须同时压抑和遵循"交换样式 A"。极端点说，"交换样式

[①] 参见柄谷行人『世界史の構造』，第 209 页。

B"的力量恰恰脱胎自"交换样式 A";正是由于"交换样式 A"的变形中潜藏着某种不稳定性和张力,"交换样式 B"的"观念性的力量"才得以诞生。

另一方面,通过对日耳曼社会和官僚制的考察,柄谷试图表明"交换样式 A"在国家中始终以特殊的方式存在。而在特定的国家形式瓦解后,"交换样式 A"的存在方式便体现为"民族":

> 在部落社会和首长制社会,A 在相当程度上仍然留存,而到了国家阶段,A 就遭到了 B 的压抑。不过并没有被消灭。例如,可以说它曾作为农业共同体继续存在。在那里残留着部落社会的那种平等性和连带性。不过,根本而言,这些都从属于国家。……并且,重要的是,这种共同体在国家在形式上消失后仍然存续——作为所谓超越于氏族和部落的"民族"而存续。它将成为支撑和复兴国家的母体。但归根结底,没有国家就不存在"民族"。(第 127 页)

柄谷颇具启发地指出,正是这种随着国家的建立而形成的、以"交换样式 A"的互酬性为原则的"民族",在历史上的前现代国家解体后,以自古以来存续至今的某种同一性的面貌重新浮出历史地表,成为被安德森(Benedict Anderson)称为"想象的共同体"的重要历史条件。因此,柄谷在《世界史的构造》中将民族主义称为在情感和想象的层面上恢复的"交换样式 A",认为它的角色是弥补随着资本=国家的运行必然带来的社会、政治、经济等各方面的不平等，从而完成现代资本主义体制下"资本＝民族＝国家"的"三位一体"。而在《力与交换样式》中，柄谷则将"民族"称为"交换样式 A 的'低次元'上的恢复"（第 292 页），并提出以下论断："因此，它在和国家（B）与资本（C）共存的同时，也带有对两者形成抵抗的东西。过去在政治上对此加以利用的，是意大利的法西斯主义和德国的纳粹主义。而在今天大致可以认为，它残存于所谓的'民粹主义'那里"（第 292 页）。换句话说，柄谷试图从"交换样式"的角度，为过去十年内全球各地出现的形态各异的"民粹主义"和"去全球化"浪潮做出解释：民族主义走上前台，正是国家（B）与资本（C）之危机的又一次反复。

更进一步说，随着 70 年代以后资本主义的全球扩张和积累由于一般利润率的下降而变得越发困难，各个资本主义国家都开始削减在社会福利和劳动者权益上的支出，同时"新自由主义"经济政策让资本市场对人的剥削变得愈发野蛮；过去几十年内各国采纳"新自由主义"政策发展经济的历史，也是"交换样式 A"在共同体的意义上逐步劣化，民族主义逐步堕落为排外性民族主义或民粹主义的历史。不过，无论是温和还是激进的民族主义，甚至无论是对内还是对外的民族主义，其实都以"交换样式 A"在现代国家中的残留为基础。在这个意义上，依据情感上的民族主义是不足以摆脱资本主义民族国家框架的。柄谷以昭和时代著名的农本主义者权藤成卿和橘孝三郎为例表明，哪怕在最激进的民族主义者那里，也就是说，哪怕以民族主义的名义反对国家，最终也还是只会强化"资本＝民族＝国家"的互补结构。[①]

事实上，柄谷在著作中除了提示"交换样式 D"作为 A 在"高次元上的恢复"将带有"普遍宗教"的性质之外（参见 189 页），并没有对所谓"高次元"上的恢复做出明确规定；相比之下，它在"低次元"上的恢复的意思则相对明确，即"强化从属于国家的共同体的约束"（第 174 页）。可以说，在现代资本主义制度下，民族主义作为"交换样式 A"的变形，对于国家和资本的运行而言，同时发挥了"抵抗"和维系的功能——这里为"抵抗"加上引号，是因为"民族"所体现的互酬性的痕迹，最后都将服务于国家和资本的进一步扩张。而在另一个地方，柄谷则将"交换样式 A"的这种"低次元"上的恢复称为一种"自我堕落"（第 189 页）。在这个意义上，正如小林敏明指出的，我们今天在世界各国看到的越发激进和凶险的民族主义表现，或许恰恰是"民族"的题中应有之义："虽然民族代替'宗教'而承担了'平等'的理念，但这至多不过是一个民族内部的情况。只要资本不放弃它从'共同体和共同体之间'的差异（贫富差距）获得利润的本性，某个民族与其他民族之间的'平等'在原则上就不可能成立。反过来说，这种一国内部的'平等'本质上必然具有排外

---

① 参见柄谷行人『日本精神分析』，第 57—58 页。柄谷指出，权藤等人以"社稷"和"天皇"为旗号反对当时的政府和国家机器，最终却促成了以天皇为顶点的国家主义。应该说，这一论断对于我们思考当今的时代状况依然有重要意义。

主义的性质。"①

五 "物神"——对马克思的黑格尔式颠倒

至此，我们已经看到前两种"交换样式"的互动以及它们带来的"观念之力"，接下来的问题便是："交换样式C"的"力"如何产生？它和前两种"交换样式"的具体关系是怎样的？

首先，关于"交换样式C"和国家的关系，柄谷指出："B在确立的时候，C也扮演了重要角色"，两者是"同一时期开始的"（第131页）。他继而将"交换样式C"的特征概括为"商品之间的'社会契约'"（第104页），以表明两种"交换样式"之间的密切关系。对于这种关系，大泽真幸的阐释具有很大的启发性："货币（利维坦）是商品的社会契约的产物。这就是说，单纯从物品之间的关系、货币与商品的关系来看，会发现和交换样式B那里同样的事情。商品自发地隶属于货币，反过来也受到货币的保护（即被赋予可以进行交换的价值）。"②

不过，在体现"交换方式B"的各种不同"社会构成体"那里，"交换样式C"所发挥的作用也不尽相同。例如，柄谷在讨论亚洲社会和日耳曼社会时，特别指出了两

---

① 小林敏明『柄谷行人論』，第225页。
② 大澤真幸「柄谷行人はすべてを語った」，柄谷行人ほか『柄谷行人「力と交換様式」を読む』所収，第205页。

种"交换样式"在其中的不同关系：

> 在亚洲，都市从属于国家，其发展与国家机构的扩张成正比。与之相对，在日耳曼社会，都市处于半独立于国家的状态。从交换样式的观点来看，在亚洲社会，C 以从属于 B 的形式发展；另一方面，在日耳曼社会，由于 A 很大程度上残存着，于是就有了 C 不从属于 B 而自行扩大的可能。（第 221 页）

比如，在古代中国的朝贡体系中，中国与各个朝贡国之间的"经济关系"与其说是一种贸易关系，不如说更多带有显示帝国自身的政治地位和威信、维系既有政治关系结构的目的；因此，如大泽真幸所说："古代世界中交易的扩大，与其说发展了 C，不如说是为 B 的发展做出了贡献。"[1] 另一方面，在探讨现代产业资本主义社会的形成时，柄谷写道：

> 产业资本以前的社会构成体中，交换样式 C 从属于 B 之下，但国家在那里可以说是"否定"的权力。然而，随着 C 占据支配地位，国家的功能也发生了变化。国家开始积极形成规则。在这个意义上，国家成为"生产"劳动力商品的东西。换言之，福柯从"比国家机关更下层的别的层次"发现的"权力装置"，就是在交换样式 C 的优先地位下发生变化的 B。这不

---

[1] 大澤真幸「柄谷行人はすべてを語った」，柄谷行人ほか『柄谷行人「力と交換様式」を読む』所収，第 206 页。

是说资本家阶级和国家权力相互媾和，而是说，现代国家与现代资本主义密不可分地相互关联。（第251—252页）

通过这些段落，我们可以看到，在"交换样式C"占比最大的现代资本主义社会形成以前，C和B的关系虽然密切，但并非不可分割；甚至可以说，在很长一段时期内，C都处于隶属于B的位置。因此，对于商品交换而言，国家不仅占据一个相对独立的地位，而且在经济上发挥的作用（即再分配）也是否定性的。与之相对，一旦进入到现代资本主义社会、形成"资本＝国家"的结构，随着经济从整个社会中"脱嵌"出来（借用波兰尼［Karl Polanyi］的说法），我们就无法脱离资本的运行而谈论国家，反之亦然。只要我们仍处于"资本＝国家"的基本构造内部，就无所谓用哪一方超克另一方——在日本现代史上，日本帝国主义炮制的"大东亚共荣圈"设想，以及一批知识分子虚构出的"近代的超克"话语，已经显明了这一点。

不过，在"交换样式C"如何摆脱对"交换样式B"的从属地位而一跃占据主导位置的问题上，《世界史的构造》和《力与交换样式》似乎提供了不同论述。在《世界史的构造》中，这个问题得到了柄谷的重点讨论，其中的关键仍然在于一次"巨大的飞跃"：柄谷以雅典城邦为例指出，在以"交换样式B"为基础的共同体中，"无论交换样式C如何发展，都不可能优越于交换样式B"，而这种基本关系直到近代社会为止，都没有发生根本改变。例如，柄谷写道："交换样式 C 在社会构成体中变成支配性的，就像交换样式 B 变成支配性的交换样式一样，即就像国家出现的时候一样，需要一次巨大的飞跃。"①

毋须赘言，这种"巨大的飞跃"和柄谷关于一般意义上的"交换"（从商品交换到交流）实现合意所需要的"惊险一跃"的论断一脉相承。但是，通过强调交换中这种无法弥合的"断裂"，柄谷在《世界史的构造》中进一步将论述引向劳动者在现代资本主义中发挥的根本作用：

> 产业资本的划时代性在于形成一个自我生产式的系统，即让劳动者为了再生产自身的劳动力，而购买"劳动力"这一商品所生产的商品。据此，商品交换的原理 C 得以成为贯彻全社会、全世界的原理。……正是由于依赖劳动力商品，产业资本需要积极普及商品交换的原理。②

简言之，正是因为产业资本的交易中，劳动者同时是生产者和消费者，而资本的扩张有赖于劳动者的消费者身份，柄谷便从消费环节中、从劳动者相对于资本（要求无限扩张和增值）的有限性中，看到了有组织地抵抗资本主义的可能性。

然而，在《力与交换样式》中，上述侧重点很大程度上让位给了对商品交换过程中"物神"之力的强调。具体而言，柄谷以马克思在《资本论》第一卷开头关于"商品

---

① 柄谷行人『世界史の構造』，第 164 页。
② 同上书，第 298 页。

拜物教"的讨论为依据,指出马克思所谓的"物神"(或"拜物教")从始至终一直伴随着资本主义发展的各个阶段以及商品交易的各种形式,并且是一种根本性的、无法还原的推动力。吊诡的是,这种根本性的推动力一方面使得C中始终包含着A的因素,另一方面却也构成了对A的压抑。对此,柄谷写道:"在我看来,物神和之后莫斯所考察的赠与交换(交换样式A)的问题相关。因此,马克思在讨论货币形态的起源时提出物神,意味着在交换样式C的源头看到A。不过,这里有意思的是,物神这个词本身就是从'共同体与共同体之间的交换'那里开始出现的。"① 关于最后这一点,柄谷所举的例子是欧洲人在美洲以相当廉价的工艺品换取贵金属的历史;旁观的第三者会用"物神"一词表达自己对于这种不对称交易的惊讶,但在交易双方那里,哪怕是实质上不对称或不公平的交易也仍然是基于"交换样式A"的行为——正如霍布斯笔下基于强迫的契约也仍具有契约的效力。

事实上,柄谷关于"物神"的论调看起来是如此极端,以至于他简直重新用黑格尔颠倒了马克思:

> 可以说,这本书(《资本论》)试图描述的是商品物神向货币物神,进而向资本物神转化的过程,以及在股份资本中资本本身转化为商品的全过程。在这个意义上,《资本论》的工作是以黑格尔的《逻辑学》为基础,考察精神=物神的发展。而在最后阶段出现

---

① 柄谷行人ほか『柄谷行人「力と交換様式」を読む』,第162页。

的股份资本，意味着资本本身开始作为商品得到交易。（第 268 页）

乍看起来，柄谷似乎将一种带有黑格尔式"精神"色彩的"物神"放在了马克思对商品交换的考察的出发点，将货币、资本的出现过程都视作"物神"带来的结果（如果不是"物神＝绝对精神"的自我展开的话）。当然，柄谷并非没有注意到，"物神"（或"拜物教"）一词在《资本论》中并不是关键概念；不过，他对此做出如下解释：

> 其实马克思在《第一卷》第一卷做出了相关阐述后，就没有再使用过"物神"一词。然而，事实上，马克思试图通过各种形式来发现灵性的"力"。例如，他从"信用"中看到了这种力量。契约、交易和决算之间产生时间上的乖离时，信用是不可或缺的东西，它是当事人间的信赖。不过，这不单单是信赖，而是对人具有强制性的观念之力，在这个意义上具有物神性质。（第 270 页）

不得不说，柄谷将"信用"和"物神"联系在一起的做法略显牵强。事实上，关于"信用"和"货币"在交易中具有的力量，柄谷曾在《世界史的构造》中做出过不同的考察，甚至《力与交换样式》中多次出现的"商品的社会契约"这一表述，也已经在之前的著作中登场。更进一步说，通过重读马克思来对现代资本主义制度下的商品交易做出考察，始终是柄谷自从 70 年代撰写《马克思，其

可能性的中心》以来一以贯之的思想主题。① 例如，在
《世界史的构造》中，关于货币的"力"，柄谷论述道：

> 从交换样式 C 中也产生了其固有的"力"。这不
> 是由国家产生的，相反，国家需要这种力量。具体而
> 言，这种力量就是货币的力量。货币的力量是通过交
> 换而直接获得其他物品的权利。也就是说，据此可以
> 通过自发的契约来让他人服从，而不是通过"恐怖"
> 实现这一点。②

在此，货币的力量不是"物神"或"观念之力"，而
仅仅是"获得其他物品的权利"。在另一个段落中，柄
谷将货币本身作为商品的"力"等同于货币所发挥的"一般
等价物"的特殊功能：

> 之所以作为货币的商品具有这种"力"，是因为
> 它被置于一般等价形态的位置上。可以说，这种力量
> 源于商品之间的社会契约。然而，一旦货币成立，就
> 发生了某种颠倒。货币不再仅仅是商品交换的手段，
> 而成了始终可以交换商品的"力"。因此，想要追求
> 和积蓄货币的欲望和以此为目的的活动就产生了。这

---

① 因此，在 2019 年所做的一次演讲中，柄谷明确将"交换样式"的理论称呼为
"马克思的可能性的中心"（参见柄谷行人ほか『柄谷行人「力と交換様式」を読
む』，第 148 页）。当然，我们也不能由此认为《力与交换样式》的关切已经潜藏
在《马克思，其可能性的中心》之中了。一个明显的例子就是，同样针对马克思
的"商品拜物教"批判，柄谷在 70 年代的著作中如此写道："马克思所谓的商品
拜物教，简单点说，无非就是下述事态——'自然形态'（也就是对象物）包含
了'价值形态'"（参见柄谷行人『マルクスその可能性の中心』，第 29 页）。
② 柄谷行人『世界史の構造』，第 131 页。

就是资本的起源。①

同样，上面这段话中的颠倒显然无法被简单地替换为"物神"。我们不妨直观地比较一下这段论述和《力与交换样式》中一段涉及货币与国家之关系的论述：

货币的"力"不是由国家给予的。国家参与的活动仅仅是保障货币为真，例如为贵金属保障其含量。赋予货币能够与诸多物品交换的"力"的，不是国家，而是附着在货币之上的"某种东西"，即货币物神。（第 138 页）

显然，在这段关于货币与国家之关系的论述中，为货币赋予力量的不再是货币在成为"一般等价物"的过程中发生的颠倒，而是"交换样式 C"所带来的作为"物神"的"观念之力"。在另一个地方，柄谷甚至明确表示，对于马克思而言，"重要的不是一般的关系或一般的社会关系，而是共同体与共同体之间的交换中产生的问题。由此产生的社会关系，并不是像物化论者认为的那样，被拜物教遮蔽起来了。相反，如果没有拜物教，这样的社会关系就不成立"。②

那么，柄谷为什么要用如此带有"唯心主义"色彩的方式，重新解读马克思的《资本论》、重新理解现代社会的商品交换？哪怕我们已经尝试探讨了前两种"交换样

---

① 柄谷行人『世界史の構造』，第 149 页。
② 参见柄谷行人ほか『柄谷行人「力と交換様式」を読む』，第 159 页。

式"形成各自的"观念之力"的方式，但如果无法回答上述问题，那么就等于从未打开过《力与交换样式》。

六　作为"差异化"运动的资本

探讨柄谷为何执着于"物神"，和探讨"交换样式 C"如何产生其"观念之力"，其实是一个问题的两面。在讨论货币作为"商品的社会契约"的产物时，柄谷写道：

> 马克思在《资本论》中试图从商品交换中揭示货币的形成。货币不是人类意志和规划的结果。它是在商品交换过程中通过合意而成立的，并且作为"物神"而运作。（第 273 页）

前文已经提到货币作为"物神"的角色；在此，重要的是"合意"一词——在我看来，作为"商品的社会契约"，这里的"合意"指的并不是进行交易的双方达成的合意（否则这种合意就重新落入了"人类意志和规划"的范围之中），而是商品之间的"合意"。问题是，不同于在前政治的"自然状态"下的个人，商品之间要如何达成"合意"？

为了回答这个问题，让我们稍微进行一下迂回。我们在上文提到，在现代资本主义社会中，"交换样式 B"和"交换样式 C"密切结合，并卓有成效地利用了"交换样式 A"作为自身的必要补充。随着产业资本主义的发展，国家不仅仅是保证资本和交易有序运行的"守夜人"角色，更发挥着培养合格劳动者的重要职能。因此，无论 A 和 B 如何变化，"A＝B＝C" 的基本结构都不会发生改变，而这也就意味着，仅仅依靠前两种"交换样式"的变化本身，无法解释"交换样式 C"的"观念之力"由何产生。更重要的是，根据柄谷的论述，这一切早在 19 世纪 40 年代就已经得到阐明。例如，在讨论恩格斯关于 1848 年欧洲革命的反思时，柄谷关键地写道：

> 1848 年的革命是社会主义的失败，但同时某种意义上也是社会主义的实现。从那以后，无论在英国还是德国，国家都采纳了社会主义式的政策。英国的费边社会主义和德国的社会民主主义（拉塞尔主义）都显示了这一点。从别的观点看，1848 年革命以后，欧洲各地可以说都形成了资本＝民族＝国家。（第 266—267 页）

如果说 1848 年革命恰恰使得欧洲各国在制度层面吸收或收编了一系列社会主义诉求——也就是说，这些诉求在共同体内部而言是成功了，而在"世界同时革命"的愿景上则失败了——那么，马克思和恩格斯在《共产党宣言》开头宣告的"共产主义的幽灵"，某种程度上也就早已获得了现实政治上的"实体"，从而不再是一个有待实现、有待制度化的未来规划。与之相对，柄谷认为，"这个时候马克思获得了新的认识。或不如说，发现了新的'幽灵'。就是说，他发现的不是'共产主义的幽灵'，而是'资本主义的幽灵'。换句话说，马克思发现了作为物神的

— 326 —

资本。在 1848 年革命之后，他专注的对象就是探究这种幽灵是如何产生的"（第 267 页）。

柄谷关于马克思的观察是否正确，不是这里要探讨的。因为更重要的是，如果"资本＝民族＝国家"的基本结构早在 19 世纪欧洲已经确立并吸纳了当时的共产主义诉求，并成为马克思在《资本论》等后期著作中的反思对象，那么这至少意味着一件事情：20 世纪出现的资本主义国家的种种变体或对立面——从福利国家、苏联到"新自由主义"国家——根本而言都只是上述结构的拓扑学式重复，而无法构成对资本主义本身的超越。

在这个意义上，虽然商品交换在具体历史中的实现始终离不开"交换样式 A"和"交换样式 B"的支持，以至于柄谷在《世界史的构造》明确指出"始于共同体之间的商品交换样式 C，只能通过与其他交换样式 A 和 B 联动的方式存在"[①]，但是——回到有关商品之间达成"合意"的问题——就商品与商品的交换而言，我们可以说，商品之间达成"合意"，既不取决于交易双方的意图和规划，也不是由 B 和 A 所提供的支撑性条件事先决定的（无论这里的条件是国家对于"信用"的法律担保，还是参与交易双方在社会地位上的独立和公平）。柄谷提示我们，使商品达成"社会契约"的，是纯粹的差异性本身：

归根结底，为资本带来价值增值的不是物品的生

---

① 柄谷行人『世界史の構造』，第 131 页，亦参见第 153 页。比较柄谷行人『力と交換様式』，第 133 页。

产本身，而是由此造成的差异化。换句话说，资本制下的生产毋宁说是差异的生产。在这个意义上，商人资本和产业资本的区别不是决定性的。马克思就曾这样认为。而比起制造业占据优势的 19 和 20 世纪，这一点可以说在如今追求差异＝情报的资本主义经济中愈发明显了。（第 297 页）

的确，在过去数十年中，我们似乎看到了资本主义的巨大变化：从生产、流通到消费，资本的对象逐渐从"物"转向"信息"、从有形转向无形、从"福特主义"转向"后福特主义"，从集约型劳动到"大数据"和"人工智能"的运用，等等；站在"生产方式"的角度来看，似乎资本主义的当今形态早已不同于马克思撰写《资本论》时的样子。不过，柄谷认为，尽管论者们在这些年热衷于讨论各种版本的"后资本主义"或"后社会主义"，但当今资本主义的发展变化仍然处在《资本论》的论述范围之内，因为资本运作的逻辑并没有超越马克思的洞见，即"使资本的自我增值得以可能的、不断的'差异化'"（第 298 页）——

产业资本的对象由物向情报转化、由有形向无形转化，看上去是划时代的变化＝差异，但资本本来追求的就是"差异"，所以本来追求的就是"无形"的东西。这一追求过程的推动力，既不是人也不是物，而是"物神"。（第 298 页）

在这个意义上，"交换样式C"的"观念之力"的特殊之处恰恰在于，当它在社会构成体中相较于其他两种"交换样式"而占据主导地位的时候，它会将其他两种"观念之力"都收编和重组进"差异化"的过程中，从而将它们转化为自身进一步扩张的辅助动力。柄谷认为，任何基于合理计算和规划的"社会改造方案"，都未能看到资本的"物神"力量不是人的意志所能操纵的（第314页）——因为它追求的仅仅是纯粹且没有止境的差异化。

当然，在历史上"交换样式C"并未占据主导的社会构成体中，这种追求差异化的"观念之力"有可能受到其他力量的抵抗和压抑；不过，柄谷想说的是，一旦我们将现代资本主义国家的"资本＝民族＝国家"的圈环为考察的出发点，那么资本主义从19世纪以来的各种发展变化都应该被作为一个连续性的进程来理解——到了"新自由主义"经济政策占据主导地位的时代，"交换样式C"已渗透到社会的方方面面，甚至可以说，哪怕资本增值过程在现实中迎来它的边界，国家也将基于"交换样式C"对于差异化的寻求而回到"战争、暴力支配、侵略"的时代。[1]

七　来临中的"共产主义"

那么，作为"首次真正面对D"的著作，《力与交换样式》对于"交换样式D"做出了何种论述，它会如何具体

---

① 参见柄谷行人「NAM（ニュー・アソシエーショニスト運動）再考」，第81页。

地向我们提示超越资本主义制度的契机和条件？或许有些令人惊讶的是，柄谷在这部长达四百多页的著作中，并没有对"交换样式D"给出任何积极正面的规定性论述——相反，他反复强调的是，如同"物神"和其他"观念之力"超越于人们的意图和计划，"交换样式D"也不可能是筹划的产物，因而也拒绝任何积极的规定性论述：

> D不是可以如其所是地、意识性地把握的东西。……而且，它也不是依靠人的意识性规划所能实现的东西。它是"从对面到来"的东西。（第188页）

值得注意的是，虽然柄谷从始至终强调的是"交换样式D"作为"交换样式A"的更高次元上的恢复，然而，在将摩西和其他《旧约·圣经》中记载的预言者视为体现"交换样式D"的形象时，也就是说，在将"交换样式D"投射为"普遍宗教"那里超越民族、国家、资本运动的"神之力"①时，柄谷从这些形象中发现的其实依然是被压抑的"原游动性"：

> 以色列的预言者们想要恢复的是在国家即交换样式B的支配下丧失了的原游动性。可以说，D就出现在这个时候。不过，他们并不是"意识"到这一点而行事的。毋宁说，D的出现与他们的意志相反。由于D不是从自己内部出现，而是强迫性地到来的东西，我们就无法预知也无法理解它。（第174页）

---

① 参见柄谷行人『世界史の構造』，第227—231页。

在这个意义上，"交换样式 A 在高次元上的恢复"不仅将不再以"互酬性"的形态出现，甚至不再是一种严格意义上的"交换"。正如"原游动性"作为"定居状态"存在之前的生活状态，其特征恰恰是随时随地的移动和偶然的联系，同样地，"交换样式 D"所带来的社会构成体，也许将不再具有迄今为止的政治共同体所必需的特征和条件，甚至也许将不具备任何一种社会构成体所必需的形式和质料——也许它最终暗示了柄谷一以贯之的思想姿态：寻求孤独，不畏连带。①

然而，不得不说，关于"交换样式 A 在高次元上的恢复"，柄谷在不同场合的侧重点时有不同：有时候，他着眼于氏族社会的各个成员之间的独立、自由和平等；有时候，像上面这段话显示的那样，他的着眼点更在于没有"交换"需求的、定居状态之前的游牧状态。但无论如何，柄谷告诉我们，"交换样式 D"将是继前三种"交换样式"之后出现的东西，而且它必然要到来（第 396 页）——从我们无法预知也无法理解的地方到来，"从对面到来"。借用马克思的语汇，柄谷将这种未来称为"共产主义"，并将它和"单纯的国有化或共同所有化"区别开来（第 350

---

① 参见小林敏明『柄谷行人論』，第 288 页。自不待言，这句话是对谷川雁在全共斗运动中写下的著名口号"寻求连带，不畏孤独"的颠倒，也是柄谷曾经刊登在 NAM 运动的官方网站上的一篇文章的标题（2001 年 4 月和 5 月）。柄谷自己最早使用这个说法，应该是在 1991 年和岩井克人的一次对谈中，那次对谈后来以《现在正是"寻求孤独，不畏连带"的时候》为题发表在《SPA!》1991 年 1 月 30 日上。不过，柄谷曾说，自己对谷川雁本人"感到讨厌"（参见柄谷行人、長崎浩「全共闘運動と 60 年代安保」，柄谷行人『ダイアローグⅠ』所收，第 73 页）。

页）。柄谷在多个场合强调，马克思设想的"共产主义"不是一种政治或社会制度，甚至不是一种稳定的状态，而是一种进行中的运动和过程。[①] 而无论这种"共产主义"的承诺将会是什么，它带来的平等和自由，无疑必须克服作为劳动者的个人在资本主义制度下获得的所谓"双重自由"：一方面，劳动者从前资本主义共同体的互酬性关系和约束中解放出来而获得个人自由；另一方面，如此得到解放的劳动者在市场中获得的根本自由，事实上是出卖自身劳动力的自由。

最后，让我们引用柄谷在探讨马克思主义思想家布洛赫（Ernst Bloch）时，关于"希望"写下的一段颇有"乌托邦精神"的话，作为追随后期柄谷的"交换样式"理论之旅的终点——在某种程度上，这段话也可以被视作柄谷在从种种社会运动那里"撤回"之后，留下的一则关于"交换样式 D"的寄语：

> 所谓"希望"，不是人们对于未来有意识的期待。希望也不是什么要去实现的事情。无论人们意愿如何，希望都会从对面到来。毋宁说，正是在似乎看不

[①] 在此仅举一例："如果像马克思所说的那样，'共产主义'只能是'现实的种种条件'所带来的'扬弃现状的现实运动'，更进一步，如果'共产主义'就在于否定那种封闭在'个与类'的回路中的思考方式，如果'共产主义'体现为类（共同体）之外的个体的单独性和社会性，那么［'共产主义'］同样只会作为没有'终结（目的）'的斗争而存在。"（参见柄谷行人「歴史の終焉について」，第202 页）前面提到，柄谷后来对于这种将马克思主义当作"没有终结（目的）的斗争"或批判的做法进行了态度和立场上的修正，但这段话中有关"共产主义"的"性质"的论断，可以说在柄谷的思想中贯穿始终。

见希望的时候，希望会作为"被中断的、被阻断的未来之路"而到来。也就是说，恰恰是在似乎怎么也无法实现的状况下，共产主义才会到来。（第383页）

如果对于柄谷的论述稍加引申，或许可以说，恰恰由于我们身处无法找到"资本＝民族＝国家"之圈环的突破口的历史状态，无法被这一圈环回收的、令人毛骨悚然的外部才仍然是可能的。在此，大泽真幸对于这一结论的阐释，可以帮助我们很好地将柄谷自20世纪90年代末以来关于"交换样式"的系统性思考，与80年代中期开始的"探究"系列连载结合起来，找到一以贯之的思想线索：

> 例如，从《探究（一）》到《跨越性批判》，柄谷一直关注"教—学"关系（或"卖—买"关系）。在此，"我"位于"教"的立场上。我可能会认为，自己对处于"学"的立场上的"他者"具有优越性，自己处于强势的位置上，但并非如此。因为这个时候，我所面对的是真正的他者，也就是并不与我共有同一个语言游戏的他者。即使我认为自己用语言进行了表达，如果他者对此并不承认、并不学习，那么结果就是，我的话甚至都没有意义。我是否进行了教学，这取决于他者有没有从我这里学习；我根本上处于弱势的位置。
>
> 即便如此，我也不得不教。不得不下赌注去教。为什么？现在知道答案了。这是因为，他者仅凭自己的存在就已经发动了灵性的"力"。归根结底，与他

— 333 —

者的关系，就是对于灵性的"力"的体验。①

可以说，"交换样式 D"与《探究》中的"他者""外部""单独性"等主题的关系，迄今为止很少得到研究者的关注——也许是因为在很多人看来，一旦柄谷开始致力于建构自身的理论体系，他就与包括《探究》在内的批判性的哲学考察告别了。然而，正如大泽指出的，对于"他者"和"外部"的关注是贯穿柄谷的前后期思想的一个根本性的问题意识。另一方面，如果"从对面到来"的"交换样式 D"与《探究》中那个陌生而平常的、全然他异又并不超越于此世的"他者"具有对应关系，我们或许必须重新审视柄谷整个"交换样式"理论的前提和预设——事实上，这里的问题始终萦绕在我们关于"交换样式"理论的全部讨论中。简单来说，既然前三种"交换样式"的复杂关系在柄谷的历史性阐述中似乎已经足以用来说明各个社会构成体的形成和演变，既然历史上偶然出现过的一些具有"普遍宗教"性质的人物或运动（如耶稣），尽管带有"交换样式 D"的色彩，却未能形成相应的社会构成体——因为在社会构成体的层面上，"交换样式 D"需要同时克服其他三种"交换样式"——那么，我们又再次回到最初提到的问题：为什么柄谷从一开始就要把"交换样式 D"放入其交换样式理论？

如前所述，这个问题的答案其实早已在两册《探究》中得到阐明。正如所有涉及语言体系和交流的规则都是在

---

① 大澤真幸「柄谷行人はすべてを語った」，第 232—233 页。

"我"和截然不同的、无法预测的"他者"交流后回溯性建立的偶然结果，以各种"交换样式"的复杂关系来说明历史上的社会构成体，同样应该被视为一种事后的追溯。换言之，"交换样式"并不像康德哲学中的"先验条件"那样，规定着认知一个社会构成体所应遵循的根本原则，更不是构成社会构成体的政治本体论条件；毋宁说，"交换样式 D"从始至终都如幽灵一般萦绕在所有的社会构成体周围，提示我们意识到包括我们自身所处的政治共同体在内的社会构成体的偶然性和历史性。如果从来就没有什么原理或基础能保证或要求我们必然结成社会，那么"交换样式 D"所承诺的、"交换样式 A"在更高次元上的恢复或复归，隐隐约约指向的便是"交换"开始之前的那种"原游动性"。

寻求孤立，不畏连带。

参考书目

柄谷行人著作

［日文］

柄谷行人『マルクスその可能性の中心』，講談社文庫，1985 年/講談社学術文庫，1990 年

柄谷行人『ダイアローグ I』，第三文明社，1987 年

柄谷行人『意味という病』，講談社文芸文庫，1989 年

柄谷行人『隠喩としての建築』，講談社学術文庫，1989 年/岩波書店，2004 年

柄谷行人『批評とポスト・モダン』，福武文庫，1989 年

柄谷行人『畏怖する人間』，講談社文芸文庫，1990 年

柄谷行人『言語と悲劇』，講談社学術文庫，1993 年

柄谷行人『終焉をめぐって』，講談社学術文庫，1995 年

柄谷行人編『近代日本の批評 II』，講談社文芸文庫，1997 年

柄谷行人『ヒューモアとしての唯物論』，講談社学術文庫，1999 年

柄谷行人『〈戦前〉の思考』，講談社学術文庫，2001 年

柄谷行人『世界共和国へ──資本＝ネーション＝国家を超えて』，岩波新書，2006 年

柄谷行人『定本　日本近代文学の起源』，岩波現代文庫，2008 年

柄谷行人『日本近代文学の起源　原本』，講談社文芸文庫，2009 年

柄谷行人『柄谷行人　政治を語る』，図書新聞，2009 年

柄谷行人『トランスクリティーク――カントとマルクス』，岩波現代文庫，2010 年

柄谷行人『「世界史の構造」を読む』，インスクリプト，2011 年

柄谷行人『哲学の起源』，岩波書店，2012 年

柄谷行人『反文学論』，講談社文芸文庫，2012 年

柄谷行人『政治と思想　1960―2011』，平凡社，2012 年

柄谷行人『柳田国男論』，インスクリプト，2013 年

柄谷行人、蓮實重彦『柄谷行人蓮實重彦全対話』，講談社文芸文庫，2013 年

柄谷行人『遊動論――山人と柳田国男』，文春新書，2014 年

柄谷行人『柄谷行人インタビューズ　1977―2001』，講談社文芸文庫，2014 年

柄谷行人『世界史の構造』，岩波現代文庫，2015 年

柄谷行人『思想的地震』，ちくま学芸文庫，2017 年

柄谷行人『内省と遡行』，講談社文芸文庫，2018 年

柄谷行人『世界史の実験』，岩波新書，2019 年

柄谷行人、浅田彰『柄谷行人浅田彰全対話』，講談社文芸文庫，2019 年

柄谷行人『ニュー・アソシエーショニスト宣言』，作品社，2021 年

柄谷行人『力と交換様式』，岩波書店，2022 年

柄谷行人ほか『柄谷行人「力と交換様式」を読む』，文春新書，2023 年

柄谷行人『柄谷行人の初期思想』，講談社文芸文庫，2023 年

柄谷行人『柄谷行人対話篇Ⅲ　1989―2008』，講談社文芸文庫，2023 年

[中文]

柄谷行人：《日本现代文学的起源》，赵京华译，生活·读书·新知：三联书店，2003 年

柄谷行人：《作为隐喻的建筑》，应杰译，中央编译出版社，2010 年

柄谷行人：《日本现代文学的起源（岩波定本）》，赵京华译，生活·读

　书·新知：三联书店，2019 年

柄谷行人：《探究（一）》，王钦译，西北大学出版社，2023 年

柄谷行人：《探究（二）》，王钦译，西北大学出版社，2023 年

［英文］

Kōjin Karatani, *Architecture as Metaphor: Language, Number, Money*,
　trans. Sabu Kohso, MIT Press, 1995

Kōjin Karatani, *Marx: Towards the Centre of Possibility,* trans. Gavin
　Walker, Verso, 2020

其他著作

［日文］

秋山駿『内部の人間』，南北社，1967 年

東浩紀監修『現代日本の批評　1975—2001』，講談社，2017 年

池上彰、佐藤優『激動　日本左翼史——学生運動と過激派 1960—
　1972』，講談社現代新書，2021 年

岩井克人『貨幣論』，ちくま学芸文庫，1998 年

江藤淳『成熟と喪失——"母"の崩壊』，講談社文芸文庫，1993 年

大塚英志『二層文学論　古層の実装』，大塚八坂堂，2024 年

加藤典洋『批評へ』，弓立社，1987 年

加藤典洋『空無化するラディカリズム』，海鳥社，1996 年

九鬼周造『偶然性の問題』，岩波文庫，2012 年

小林敏明『柄谷行人論——〈他者〉のゆくえ』，筑摩書房，2015 年

子安宣邦『帝国か民主か』，社会評論社，2015 年

高山岩男『世界史の哲学』，こぶし文庫，2001 年

合田正人『吉本隆明と柄谷行人』，PHP 新書，2011 年

斎藤幸平『人新世の「資本論」』，集英社新書，2020 年

島弘之『〈感想〉というジャンル』，筑摩書房，1989 年

絓秀実『増補　革命的な、あまりに革命的な』，ちくま学芸文庫，
　　2018 年

鈴木貞美『現代日本文学の思想——解体と再編のストラテジー』，五
　　月書房，1992 年

鈴木貞美『「日本文学」の成立』，作品社，2009 年

関井光男編『国文学解釈と鑑賞別冊　柄谷行人』，至文堂，1995 年

外山恒一『改訂版　全共闘以後』，イースト・プレス，2018 年

田中久文『日本の哲学をよむ』，ちくま学芸文庫，2015 年

立花隆『中核 VS 革マル』，講談社文庫，1983 年

高橋哲哉『記憶のエチカ——戦争・哲学・アウシュヴィッツ』，岩波書
　　店，1995 年

伴野準一『全学連と全共闘』，平凡社新書，2010 年

中村光夫『日本の近代小説』，岩波新書，1954 年

福田和也『甘美な人生』，ちくま学芸文庫，2000 年

吉永剛志『NAM 総括——運動の未来のために』，航思社，2021 年

林少陽『戦後思想と日本ポストモダン』，白澤社，2023 年

[**中文**]

埃米尔・本维尼斯特：《普通语言学问题》，王东亮译，生活・读书・新
　　知：三联书店，2008 年

费尔迪南・德・索绪尔：《普通语言学教程》，高名凯译，商务印书馆，
　　2004 年

马克思、恩格斯：《马克思恩格斯文集》，中共中央马克思恩格斯列宁斯
　　大林著作编译局编译，人民出版社，2009 年

莎士比亚：《莎士比亚全集》（第 5 卷），朱生豪等译，人民文学出版社，
　　1994 年

斯宾诺莎：《神学政治论》，温锡增译，商务印书馆，1996 年

瓦尔特・本雅明：《启迪》，汉娜・阿伦特编，张旭东、王斑译，生活・
　　读书・新知：三联书店，2008 年

赵京华：《日本后现代与知识左翼（修订版）》，生活・读书・新知：三

联书店，2017 年

[英文]

Jacques Derrida, *Of Grammatology*, trans. Gayatri Chakravorty Spivak, The Johns Hopkins University Press, 1976

Jacques Derrida, *Limited Inc.*, ed. Gerald Graff, Northwestern University Press, 1988

Joseph de Maistre, *Considerations on France*, ed. Richard A. Lebrun, Cambridge University Press, 1995

Rober Young ed., *Untying the Text: A Post-Structuralist Reader*, Routledge & Kegan Paul, 1981

Saul Kripke, *Naming and Necessity*, Harvard University Press, 2001

Slavoj Žižek, *The Parallax View*, MIT Press, 2006

柄谷行人简略年谱①

1941 年 8 月 6 日，出生于日本兵库县尼崎市南塚口町，本名善男。祖上代代为地主。作为父母最小的孩子，家中另有两位姐姐。家里有不少藏书，包括河上肇、福本和夫、三木清等马克思主义思想家的著作。

1945 年 住宅附近遭受烧夷弹攻击后的残迹成为儿时最早的记忆。

1948 年 4 月进入尼崎市上坂部小学。小学期间爱读吉川英治的《三国志》和大仲马的《基督山伯爵》。在课堂上沉默寡言。

1954 年 3 月小学毕业，4 月升入私立甲阳学院中学。在入学典礼上，被选为新生代表宣读誓词。中学期间爱读陀思妥耶夫斯基，也阅读萨特和加缪。日本文学方面，阅读了夏目漱石和谷崎润一郎的一些作品。

1957 年 3 月中学毕业，4 月升入私立甲阳学院高中。

---

① 根据柄谷行人『柄谷行人の初期思想』所附年谱以及柄谷行人回忆录『私の謎』编写。

积极参加篮球部活动，每次比赛都能得 20 分以上。高中时期阅读了石原慎太郎和大江健三郎。

1960 年 3 月高中毕业，4 月升入东京大学文科一类。入学前参加安保斗争，在国会前听了西部迈的演说。未参加入学典礼。

1961 年 3 月共产主义者同盟解散，社会主义学生同盟重建。开始远离学生运动。

1962 年 4 月进入东京大学经济学部。在驹场寮中与广松涉、加藤尚武等教授展开交流。在东京御茶水语言专门学校学习了法语。熟读铃木鸿一郎编写的《经济学原理论》。

1965 年 3 月，东京大学经济学部留级一年后毕业。4 月，考入东京大学大学院人文科学研究科英国文学专攻课程。最初希望进入大学院法国文学专攻，后作罢。研讨班授课教师为福克纳研究专家大桥健三郎。同年，与原真佐子结婚。

1966 年 5 月 6 日，《思想如何可能》作为第十一届"五月祭"评论部门佳作刊载于《东京大学新闻》，笔名"原行人"。

1967 年 3 月，大学院毕业，提交论文 "Dialectic in Alexandria Quartet"。4 月，担任国学院大学非常勤讲师。5 月 15 日，《新的哲学》作为第十二届"五月祭"评论部门佳作刊载于《东京大学新闻》，笔名"柄谷行人"。

1968 年 4 月，担任日本医科大学专任讲师。

1969 年 5 月，《"意识"与"自然"——漱石试论》

作为第十二届群像新人文学奖（评论部门）获奖作刊载于《群像》6 月号。得知获奖消息时，正值父亲去世。

1970 年　4 月，担任法政大学第一教养部专任讲师。

1971 年　1 月，共著《现代批评的结构》由思潮社出版。4 月，担任法政大学助教授。

1972 年　2 月，第一册评论集《恐惧之人》由冬树社出版。同年，与柄谷真佐子合译 Eric Hoffer 的 *The Temper of Our Time* 一书并由晶文社出版。

1973 年　2 月，《论麦克白》发表于《文艺》3 月号。夏天赴欧洲旅行。12 月，《柳田国男试论》开始在《月刊 economist》上连载。

1974 年　3 月，《马克思，其可能性的中心》开始在《群像》上连载。

1975 年　2 月，第二册评论集《意义之疾》由河出新房新社出版。4 月，担任法政大学教授。9 月开始至 1977 年 1 月，赴耶鲁大学东亚系担任客座教授并开设日本文学相关课程。

1976 年　1 月，受德·曼（Paul de Man）之邀，撰写"Interpreting Capital"。8 月，赴欧洲旅行。

1977 年　2 月回国。9 月，《马克思的系谱学——准备性的考察》发表于《展望》10 月号。《货币的形而上学——马克思的系谱学》开始在《现代思想》上连载。

1978 年　7 月，《马克思，其可能性的中心》由讲谈社出版。11 月，该书获得第十届龟井胜一郎奖。

1979 年　4 月，《反文学论》由冬树社出版。9 月，与中上健次的对谈《超越小林秀雄》由河出书房新社出版。12 月,《内省与溯行》开始在《现代思想》上连载。

1980 年　8 月,《日本现代文学的起源》由讲谈社出版。9 月至翌年 3 月,担任耶鲁大学比较文学系客座研究员。12 月,《作为隐喻的建筑》开始在《群像》上连载。

1981 年　3 月回国。12 月,从《文艺》1 月号开始连载《一页时评》。

1982 年　发表《论平庸》《对于建筑的意志:阅读〈美对语言而言是什么〉》《再论〈反核宣言〉》《获奖之时——某种错乱》等文章。

1983 年　3 月,《语言·数·货币》开始在《海》上连载。9 月至翌年 3 月,担任哥伦比亚大学东亚系客座研究员。

1984 年　2 月,赴墨西哥旅行。4 月回国。5 月,对话集《思考的悖论》由第三文明社出版。10 月,《批评与后现代》开始在《海燕》上连载。12 月,《探究》开始在《群像》上连载。

1985 年　与笠井洁的对话集《后现代主义批判——从据点到虚点》由作品社出版,《内省与溯行》由讲谈社出版。10 月,访谈集《批评的三和音》由トレヴィル社出版。

1986 年　1 月,在法国巴黎高等师范学院进行题为"Postmodern and Premodern in Japan"的演讲。2 月,《注释学的世界——江户思想绪论》开始在《季刊文艺》上连载(未完结)。12 月,《探究(一)》由讲谈社出版。在巴黎蓬皮杜中心与莲实重彦、浅田彰一同出席研讨会。

1987 年 4 月，在波士顿进行关于"后现代与日本"的研讨班。6 月，担任群像新人文学奖评审委员。9 月 7 日，《解读昭和》分五次在《读卖新闻》晚刊上连载。12 月，《论专名》开始在《海燕》上连载。

1988 年 4 月，赴杜克大学演讲。5 月，与铃木忠志、市川浩共同创办杂志《季刊思潮》（思潮社）。与莲实重彦的对话集《斗争的伦理》由河出新房新社出版。12 月，担任野间文艺新人奖评审委员。

1989 年 5 月，在加州大学圣地亚哥分校进行题为"On Conversion"的演讲。6 月，《探究（二）》由讲谈社出版。

1990 年 1 月，《论〈历史的终结〉》开始在《读卖新闻》晚刊上连载。3 月，《论历史的终结》发表于《季刊思潮》第 8 期，杂志停刊。5 月，在新潟的安吾之会上进行演讲。与中上健次、筒井康隆等人一同退出文艺家协会。5 月开始在加州大学欧文分校作为"Professor in Residence"进行为期一个月的访问。9 月至 12 月，担任哥伦比亚大学东亚系客座教授授课。11 月，与岩井克人的对话集《没有终结的世界》由太田出版社出版。

1991 年 1 月，参加反对海湾战争的活动。2 月，与中上健次、高桥源一郎、田中康夫等作家共同签署"文学家的反战声明"。3 月，与浅田彰一同创办季刊杂志《批评空间》（福武书店）。《〈日本现代文学的起源〉再考》开始在《批评空间》上连载。《"海湾"战争下的文学家》发表于《文学界》4月号。5月，在洛杉矶召开的 ANY 会议上演讲。8月，在比较文学会世界大会（青山学院）作题为"Nationalism and Ecriture"的演讲。11月，在东京大学驹场校区的国际研讨"米歇尔·福柯的世纪"上作"牧领权力与日本"的演讲。12月，《日本精神分析》开始在《批评空间》上连载。

1992 年　1月，在 NHK 上与川村凑、利比英雄、岩井克人进行座谈会。同月，得知中上健次患癌的消息，因此失眠一周左右。1月至 5月，在康奈尔大学 Society for the Humanities 做访问。3月，与酒井直树共同授课。4月初，在 AAS（全美亚洲学会）上作题为"日本的法西斯主义与美学"的演讲。5月回国，探望中上健次。8月 12 日，中上健次去世。同月 22 日，在中上健次的追悼会上担任葬礼委员长。9月，悼文《朋辈中上健次》发于《文学界》10月号。《漱石论集成》由第三文明社出版。11月，在比较文学国际大会上作题为"书写与民族主义"的演讲。12月，《探究（三）》开始在《群像》上隔月连载。

1993 年　6月，在巴塞罗那召开的 ANY 会议上演讲。同月，在立教大学负责杰姆逊（Fredric Jameson）演讲的评议。8月 3日，参加熊野大学研讨会"'千年'的文学——中上健次与熊野"。《作为幽默的唯物论》由筑摩书房出版。9月，在第二节日韩作家会议上作题为"韩国与日本的文学"的演讲。

1994 年　1月至 3月，在哥伦比亚大学授课。3月，第二期《批评空间》由太田出版社创刊。4月，担任近畿大学文艺学部大学院研究科客座教授。同月3日，在波士顿召开的AAS上进行演讲。6月，在蒙特利尔召开的ANY会议上演讲。8月3日，参加熊野大学研讨会"差异/差别，以及叙事的生成"。11月，在杜克大学举办的关于全球化的国际会议上演讲。同年，在济州岛的日韩作家会议上进行演讲。

1995年 1月，追悼福田恒存的文章《平衡感觉》发表于《新潮》2月号。4月，参加加州大学欧文分校为期三天的研讨班。德里达关于柄谷提交的两篇论文作了报告。同月，在华盛顿的AAS上作报告。同月21日，妻子在加州萨克拉门托的医院去世。23日，在萨克拉门托完成葬礼。5月，在立命馆大学作题为"论中上健次"的演讲。6月，出席《中上健次全集》出版研讨会（集英社）。同月，在首尔召开的ANY会议上演讲。10月，《作为隐喻的建筑》英译本由MIT Press出版。同月，在自由之森学院演讲。11月，在早稻田大学早稻田祭演讲。

1996年 2月，《坂口安吾与中上健次》由太田出版社出版。3月，《日本现代文学的起源》德文版出版。同月，在科隆和法兰克福演讲。6月，《坂口安吾与中上健次》获得第七届伊藤整奖。出席在小樽举行的颁奖仪式。9月至12月，在哥伦比亚大学授课，主题为"责任与主体"。10月，在蒙特利尔大学举办的"柄谷行人国际研讨会"上演讲。同月，在哥伦比亚大学比较文学系作题为"Uses of Aesthetics"的演讲。同年，《日本现代文学的起源》德译本由Stroemfeld Verlag出版。

1997 年 4 月，担任近畿大学文艺学部特任教授。6 月，在鹿特丹召开的 ANY 会议上演讲。随后在莱比锡大学、包豪斯大学演讲。同月，《日本现代文学的起源》韩文版出版。作为出版纪念，受民音社和民族文学会之邀进行演讲。7 月，在近畿大学文艺学部和庆应大学演讲。9 月，担任哥伦比亚大学比较文学系客座教授。11 月，在韩国庆州召开的日韩作家会议上演讲。12 月，在女性与战争学会（大阪市）上作题为"责任与原因"的演讲。同月，在纪伊国屋 Hall 纪念福克纳诞辰一百周年的活动上作题为"福克纳与中上健次"的演讲。

1998 年 1 月至 4 月，在哥伦比亚大学授课。3 月，在罗格斯大学作关于安迪·沃荷的演讲。4 月，担任近畿大学文艺学部大学院研究科教授。5 月，与关井光男共编的《坂口安吾全集》（全十七卷）开始由筑摩书房刊行。8 月，《跨越性批判》开始在《群像》上连载。12 月，出席在北京召开的"东亚知识共同体"会议。同年，移居至兵库县尼崎市。

1999 年 3 月，在纽约逗留两周。在波士顿召开的 AAS 上演讲。4 月，在伦敦 ICA 上作题为"On Associationism"的演讲。5 月，为"アソシエ21"创立纪念演讲。10 月，在东洋大学井上圆了纪念学术中心主办的坂口安吾研讨会上演讲。同年，辞任群像新人文学奖、野间文艺新人奖的评审委员职务。

2000 年 1 月，《可能的共产主义》由太田出版社出版。1 月至 5 月，在哥伦比亚大学比较文学系授课，主题为"康德与马克思"。2月，《伦理21》由平凡社出版。3月，第二期《批评空间》停刊。5月，在哈佛大学作题为"Introduction to Transcritique"的演讲。6月，在纽约召开的ANY会议上作题为"Thing-itself asOthers"演讲。同月10日，在法政大学国际文化学部创立纪念上作题为"语言与国家"的演讲。同月，与山口菜生子结婚。同月30日，在NAM（New Associationsit Movement）成立大会上演讲。9月，在韩国首尔召开的"全球化与文学的危机"国际会议上作报告。10月，《NAM原理》（合著）由太田出版社出版。12月，在大阪召开NAM全国大会。

2001年 1月至5月，在哥伦比亚大学比较文学系授课，主题为"马克思与无政府主义者"。2月，佛罗里达大学演讲。3月，在加州大学洛杉矶分校、普林斯顿大学演讲。3月，《〈战前〉的思考》由讲谈社学术文库刊行。4月，《NAM生成》由太田出版社出版。6月回国。同月16日，在京都精华大学举行NAM京都的研讨会。7月，在一桥讲堂举行NAM全国大会。7月至翌年4月，在哥伦比亚大学授课。8月，《增补 漱石论集成》由平凡社出版。10月，《跨越性批判——康德与马克思》由株式会社批评空间社出版。第三期《批评空间》创刊号发行。同月11日，开始戒烟。

2002年 4月，担任近畿大学国际人文科学研究所所长。同月，与渡部直己、浅田彰等合著的《必读书150》由太田出版社出版，《柄谷行人初期论文集》由批评空间社刊行。同月6日，在华盛顿召开的AAS上作题为"Iki and love"的演讲。7月，《日本精神分析》由文艺春秋出版。9月，在新加坡大学作题为"Architecture and Association"的演讲。11月，在韩国岭南大学演讲。12月，赴印度旅行。

2003年 1月，《日本现代文学的起源》中译本由生活·读书·新知三联书店出版。1月至3月，在加州大学洛杉矶分校授课。2月，在加州大学圣地亚哥分校作题为"On Associationism"的演讲。3月，在加州大学欧文分校作题为"On Transcritique"的演讲。4月，在包豪斯大学作题为"Architecture and Association"的演讲。5月，《跨越性批判》的英译本由MIT Press出版。7月，参加新宿"风花"进行的古井由吉朗读会，朗读《论麦克白》。9月，在近畿大学国际人文科学研究所东京Community College和大阪Community College授课，主题为"现代日本文学的终结"。

2004年 1月，《定本 柄谷行人集》（全五卷）开始由岩波书店刊行。1月至4月，在哥伦比亚大学授课，主题为"论现代文学的终结"。10月30日与11月13日，与浅田彰在近畿大学国际人文科学研究所大阪Community College授课。12月，与关井光男在近畿大学国际人文科学研究所东京Community College围绕"《日本现代文学的起源》改定版"授课。同月，赴印度南部旅行，遭遇海啸。

2005年 1月至4月，在哥伦比亚大学授课，主题为"Reading Marx"。3月，在加州大学洛杉矶分校召开的学术会议"Rethinking Soseki's Theory of Literature"上作报告。

4月，担任朝日新闻书评委员。同月13日，在哥伦比亚作题为"Revolution and Repetition"的演讲。5月，在韩国高丽大学进行题为"The Ideal of the East"的演讲。11月，《现代文学的终结：柄谷行人的现在》（合著）由INSCRIPT出版。

2006年 1月19日，在近畿大学进行最终讲演，3月从近畿大学退职。4月，《迈向世界共和国》由岩波新书刊行。同月6、7日在克罗埃西亚的萨格勒布，8日在斯洛文尼亚的卢布尔雅那演讲。5月，在静冈艺术剧场作题为"全球化与帝国主义"的演讲。7月，《马克思，其可能性的中心》中译本由中央编译出版社出版。10月27日，在马萨诸塞大学埃玛斯特分校召开的"Rethinking Marxism学会"上演讲。同月31日，在芝加哥大学哲学系演讲。12月2日，在朝日文化中心·新宿演讲。

2007年 4月，移居东京。5月，在清华大学演讲。6月在Forum神保町，7月在朝日文化中心·新宿演讲。10月，在斯坦福大学演讲。11月10日，举办第一回"长池讲演"（八王子市长池公园自然馆）。12月，在立命馆大学国际关系学部20周年庆典上演讲。

2008年 1月，在朝日文化中心·新宿作题为"世界体系与亚洲"的演讲。4月，在罗耀拉大学作演讲。8月9日，与小林敏明、东浩纪、浅田彰、高泽秀次共同参加熊野大学研讨会。10月20日，在伦敦大学维多利亚学院演讲。同月22日，在纽约州立大学演讲。11月27日，在早稻田大学作"为何不游行"的演讲。12月，在京都造型艺术大学演讲。同月，赴印度和尼泊尔旅行。

2009 年 1 月 24 日，与高泽秀次一同在朝日文化中心·新宿作题为"论权力"的演讲。3 月，《日本现代文学的起源 原本》由讲谈社文艺文库刊行。5 月 28 日，在土耳其的埃尔基耶斯大学作题为"乌托邦主义再考"的演讲。8 月，在《at＋》杂志上开始连载《关于〈迈向世界共和国〉的笔记》。9 月 11 日，在墨西哥国立自治大学演讲。12 月 8 日，在伦敦的泰德不列颠美术馆演讲。

2010 年 1 月 30 日，在关西四叶草会上作题为"论联合"的演讲。2 月 27 日，在近畿大学东京 Community College 作题为"论《世界史的构造》"的演讲。5 月 27 日，在大谷大学作题为"世界史的构造"的演讲。

2011 年 1 月，《作为隐喻的建筑》《历史与反复》《跨越性批判》中译本由中央编译出版社出版。3 月 12 日，第八回"长池讲演"，主题为"中国的左翼"。4 月，与中上健次的对话集《柄谷行人中上健次全对话》由讲谈社出版。6 月 18 日，在朝日文化中心·湘南作题为"自然与人"的演讲。同月，在《新潮》上开始连载《哲学的起源》。9 月 11 日，在"9·11 新宿停止核能发电游行"集会上发言。同月 29 日，与鹈饲哲、小熊英二发表共同声明，支持"游行与广场的自由"。11 月，《历史与反复》英译本由 Columbia University Press 出版。12 月 17 日，在东京大学驹场校区参加汪晖策划的"中国直面的问题——重审国民与民主的概念"系列演讲，作题为"《世界史的构造》与中国"的演讲。

2012 年 3 月 11 日，参加"3·11 东京大行进"和"停止核能发电！人链包围国会"的活动。同月，《政治与思想 1960—2011》由平凡社出版。同月 30 日，在东京堂书店为该书的出版发表纪念演讲。6 月 29 日，起草了反对大饭核能发电再启动的文章《要求野田首相下台的声明文》。9 月，《世界史的构造》中译本由中央编译出版社出版。9 月至 11 月，在清华大学授课。在此期间，在中央民族大学、社会科学院、上海大学等机构演讲。11 月，《哲学的起源》由岩波书店出版。

2013 年 2 月，在台北和台南演讲。同月，《哲学的起源》获得纪伊国屋人文大奖 2012 奖。4 月，在《现代思想》上开始连载《在中国阅读〈世界史的构造〉》。9 月，在《文学界》上开始连载《柳田国男论》。10 月，《柳田国男论》由 INSCRIPT 出版。

2014 年 1 月，《游动论——柳田国男与山人》由文春新书出版。3 月，《世界史的构造》英译本由 Duke University Press 出版。4 月 18、19 日，在杜克大学参加出版纪念国际研讨会。8 月，《知识的现在与未来》（合著）由岩波书店出版。同月，《帝国的构造：中心·周边·亚周边》由青土社出版。11 月 12 日，在台湾新竹市交通大学作题为"论日本战后左翼运动"的演讲。同月 13 日，在台北市国立台湾师范大学作题为"论周边、亚周边"的演讲。

2015 年 3 月 21 日，参加早稻田大学大隈纪念讲堂的活动"中川武教授 最终讲演纪念研讨会"。8 月，《哲学的起源》中译本由中央编译出版社出版。9月，在《图书》上开始连载《思想的散步》。

2016年 1月，《定本 柄谷行人文学论集》由岩波书店出版。4月，《宪法的无意识》由岩波新书刊行。7月，《民族与美学》中译本由西北大学出版社出版。11月4日，在天主教上野教会堂作题为"宪法九条与'上帝之城'"的演讲。同月11日，在广州中山大学作题为"'D的研究'——为国际研讨会而作"的演讲。同月14日，在香港中文大学举办的"柄谷行人研究国际研讨会"上演讲。

2017年 4月至6月，担任加州大学洛杉矶分校客座教授。4月13日，在俄亥俄州立大学作题为"世界资本主义的历史诸阶段"的演讲。同月21日，在加州大学洛杉矶分校拉斯金中心作题为"帝国与帝国主义"的演讲。5月，在加州大学洛杉矶分校历史系作题为"作为历史阶段的新自由主义"的演讲。同月，《民族与美学》英译本由Oxford University Press出版。9月28日，在哥伦比亚的瓦杰大学作题为"作为资本的精神"的演讲。10月，《坂口安吾论》由INSCRIPT出版。同月7日，在莱比锡大学作题为"论宪法九条"的演讲。9月，《哲学的起源》英译本由Duke University Press出版。11月，《新版 漱石论集成》由岩波现代文库刊行。

2018年 1月，《意义之疾》由讲谈社文艺文库大尺寸版刊行。4月，《内省与溯行》由讲谈社文艺文库刊行。5月，《世界史的构造》法译本由CNRS EDITIONS出版。7月，与大江健三郎的对话集《大江健三郎柄谷行人全对话：世界、日本与日本人》由讲谈社出版。

2019年　2月16日，在朝日文化中心·新宿作题为"力与交换样式 D 的研究"的演讲。同月，《世界史的实验》由岩波新书刊行。8月24日，进行第十三回"长池讲演"，主题为"'力'与交换样式"。10月，与浅田彰的对话集《柄谷行人浅田彰全对话》由讲谈社文艺文库刊行。11月5日至8日，在耶鲁大学比较文学系开设关于"灵与交换样式"的研讨班。同月，《战后思想的到达点：柄谷行人自述　见田宗介自述》（共著）由 NHK 出版。

2020年　1月，《哲学的起源》由岩波现代文库刊行。11月，《柄谷行人发言集　对话篇》由读书人出版。

2021年　1月，《新联合主义宣言》由作品社出版。3月，《柄谷行人对话篇Ⅰ　1970—83》由讲谈社文艺文库刊行。4月13日，在网站"人文堂"发表文章《思想家柄谷行人向被新冠扰动的世界宣告新的社会变革的可能性》。5月3日，在东京都立大学南大泽校区举办的活动上作题为"宪法再考"的网络演讲。

2022年　3月，《柄谷行人对话篇Ⅱ　1984—1988》由讲谈社文艺文库刊行。7月3日，在东京大学驹场校区参加与国分功一郎、斋藤幸平的对谈。10月，《力与交换样式》由岩波书店出版。12月，获得 2022 年度博古瑞哲学·文化奖。

2023年　2月20日，网站"人文堂"开始连载长篇访谈"我的谜　柄谷行人回忆录"。3月，《柄谷行人对话篇Ⅲ　1989—2008》由讲谈社文艺文库刊行。同月，辞任

2005 年以来担任的《朝日新闻》书评委员。4 月，在《群像》5 月号上发表追悼文章《大江健三郎与我》。同月 27日，在国际文化会馆参加博古瑞奖颁奖礼。5 月，《阅读柄谷行人〈力与交换样式〉》由文春新书刊行。7 月，《探究（一）》《探究（二）》中译本由西北大学出版社出版。11月，《帝国的构造》由岩波现代文库刊行。

后　记

　　本书是我自己多年来阅读柄谷行人的一次短暂小结。关于这位我很喜欢的思想家，我愿意在"后记"中再多说几句。

　　在 20 世纪末进行的一次访谈中，柄谷曾经明确说道："我不想读什么'柄谷行人论'。相比之下，我更喜欢他人受到我的启发而撰写的思考或批评性的对话。"在这个意义上，或许没有比本书这样距离柄谷的期待更远的写作了。

　　那么，为什么要讨论柄谷行人，甚至为此专门写一本书？——记得 2023 年秋天，我受到同属东京大学大学院综合文化研究科的田尻芳树教授的邀请，参加了一次有关柄谷行人的报告会。在东京大学，一般遇到这种不太正式的报告会，听众都不会很多，当天也不例外。报告人是一位来自波兰的博士生，当时正在田尻教授那里进行为期一年的访问。在大约十来人的会场里，报告人讨论了柄谷从文学批评向哲学领域的转变。虽然我已经完全不记得报告的具体内容，但让我印象深刻的是，在报告后的问答环节，与柄谷私交甚笃的田尻教授向报告人提出了一个简单却意味深长的问题：你为什么研究柄谷行人？

那位报告人的回答，我同样不记得了。柄谷行人重要吗？在某种意义上，当然很重要。众所周知，他是"博古瑞奖"（号称"哲学诺贝尔奖"）的获奖者，是 80 年代风靡日本社会的"新学院派"思想的代表性人物之一，也是被包括杰姆逊、齐泽克等西方左翼思想家高度重视的当代日本著名思想家，他的著作不仅在日本国内影响巨大，而且深深影响了包括中国在内的多国知识分子，他关于日本现代文学的批判性考察，在韩国甚至引起了一场围绕"韩国现代文学"展开的大讨论；同时，他的著作也对世界各地的社会运动和民间团体产生了或大或小的影响。——但是，无须多言，所有这些都和我自己阅读和研究柄谷行人没有多大关系。把柄谷的著作视为理论书单上的"必读经典"来阅读，和围绕柄谷撰写一本著作，是两件全然不同的事情。

记得我是在本科一年级的时候，第一次接触到柄谷的著作。和许多中国读者一样，当时我也是通过赵京华老师翻译的《日本现代文学的起源》开始了解柄谷的思想。我清楚地记得，在之后的若干年里，几乎每年都能在有关中国现当代文学的学术报告或论文中，听到或看到所谓的"风景的发现"。在我所在的研究领域内，柄谷行人俨然成了"'风景发现'专家"。当然，这也没什么不好。毕竟柄谷自己也指出，他对于"风景""儿童""自白"等问题的讨论，其实与现代民族国家的制度性建立有着密切的关联。因此，在中国现代文学研究领域看到对柄谷论述的引用或讨论，一点也不让人惊讶。相比之下，令人惊讶的倒是，多年以后，当我进入美国纽约大学攻读比较文学系的博士学位时，同年级有一位对拉康和精神分析十分精通、对日本文学或文艺批评倒所知甚少的美国同学告诉我，柄谷的《作为隐喻的建筑》是他非常喜欢的一本书。我这才后知后觉地知道，柄谷的不少著作早已被翻译成英文，并在英语世界中收获了不少读者。

在此之后，我陆陆续续读了柄谷的大部分著作，伴随着阅读过程中不时出现的兴奋和欣喜，便逐渐萌生了写一部专著来讨论柄谷思想的想法。然而，想要相对完整地梳理柄谷的思想，并不是一件容易的事情。这倒不是因为他的著作有多么艰涩——柄谷对文学的敏感和对艰涩的哲学和理论文本的关键点的敏锐洞察，往往使他能够用深入浅出的文字，根据自己的问题意识来创造性地将一连串思想家的论述安排得井井有条（东浩纪曾将两部《探究》比作电子游戏《超级机器人大战》，可谓生动形象）。自从登上文学批评的舞台以来，柄谷在方法上对于"类比"和"隐喻"的娴熟运用，使得他的论述在很多时候能一举跳出围绕某个特定主题或对象经年累月的研究所形成的壁垒和偏见，让读者感到耳目一新。无论是《意识与自然》中的夏目漱石、《论麦克白》中的莎士比亚、《马克思，其可能性的中心》中的马克思，还是《内省与溯行》中的胡塞尔和索绪尔、两部《探究》中的维特根斯坦和斯宾诺莎、《论游动》中的柳田国男，都是如此，类似的例子可谓不胜枚举。

讨论柄谷思想的难度，很大程度上源于一个外部的事实：关于他自己的著作，柄谷在不同场合已经说了太多了。尽管柄谷经常说，自己几乎不会阅读曾经写下的著作，甚至不记得那里写了什么——而这一点他也已经提过多次——但是，或许是由于柄谷从"出道"以来撰写的几乎每一部著作都受到大量关注，从 70 年代至今，柄谷所接受的采访、进行的对谈、参加的访谈，已经让他出版了多本"对话集"和"访谈集"。而未曾收录这些集子的访谈或对话，竟然能够单独作为一本厚逾 900 页的著作出版（『柄谷行人発言集 対話篇』，読書人，2020 年）。由此造成的一个结果是，无论是关于柄谷撰写的某一本著作，还是关于柄谷的某个生平细节，围绕它积累起来的话语和阐述——包括柄谷自己和其他论者的回忆和解读——都会呈现出一种散乱的状态，既充满了重复，又不乏细节上大大小小的差异。或许可以设想，在 AI 如此发达的时代，将来会有人制作一台"柄谷行人机器"，自动根据输入的关键词搜罗所有相关论述并整理出一条线索。然而，"导论"中已经提到的关于柄谷思想的"变与不变"的讨论，也许又会使得这样的操作变得毫无意义。

无论如何，本书仅仅是我自己的一次尝试。我并不致力于描绘一个所谓客观正确的"柄谷行人形象"，更不以"定论"为目标（毕竟柄谷仍然在进行新的思考和写作）。本书旨在通过对于柄谷不同时期著作的重读，探索柄谷思想的某种"可能性的中心"。至于这一点在多大程度上得到了实现，以及是否形成了与既有的解读之间的差异化，就不是我所能评判的事情了。除此以外，由于本书旨在对柄谷的思想进行全貌式勾勒，在处理有关柄谷和他分析对象的关系时，难免挂一漏万，例如，除了马克思，柄谷对索绪尔、康德、维特根斯坦、弗洛伊德、斯宾诺莎、克尔凯郭尔、胡塞尔、柳田国男、坂口安吾、中上健次、大江健三郎、江藤淳、吉本隆明、小林秀雄等思想家的解读，都值得全面细致的梳理。这些工作在本书中都无法展开，敬请读者谅解。关于其中的一些题目，我希望将来可以在别的语境下探讨，并把柄谷的论述包括进来。

本书一些内容曾以不同形式零星出现在学术杂志和报刊上，这次我对它们进行了全面的修订。在过去数年里，我关于柄谷的著作还写过一些长长短短的书评或论文，有些经大幅修改被整合进本书的论述，更多的则没有。这是因为，我对自己理解的"柄谷行人形象"的不断调整，当然也会反映在具体的阐述上。觉今是而昨非，此之谓也。

最后，由于杂务缠身加上自己的拖拉，本书交稿距离约定日期晚了近半年的时间。在此要感谢编辑耐心的等待和辛勤的劳作。本书的写作获得杭州市钱塘教育基金会的支持，在此一并感谢。

王钦

日本东京

2024 年 10 月 13 日